CHRISTOPH ZUSCHLAG

EINFÜHRUNG IN DIE PROVENIENZFORSCHUNG

Die Restitution von NS-Raubgut, die Entdeckung der Sammlung Gurlitt, die Debatten um Enteignungen in der DDR und in den ehemaligen Kolonien – seit einigen Jahren hat Provenienzforschung Konjunktur und steht im Zentrum des öffentlichen Interesses. Provenienzforschung schreibt Biografien – nicht von Menschen, sondern von Objekten in ihrem jeweiligen historischen Kontext. Erstmals liegt mit diesem Buch eine profunde Einführung in dieses wichtige Aufgabengebiet der Kunstgeschichte vor.

Christoph Zuschlag hat den Alfried Krupp von Bohlen und Halbach-Lehrstuhl für Kunstgeschichte der Moderne und der Gegenwart (19.-21. Jh.) mit Schwerpunkt Provenienzforschung/Geschichte des Sammelns an der Rheinischen Friedrich-Wilhelms-Universität Bonn inne.

CHRISTOPH ZUSCHLAG

EINFÜHRUNG IN DIE PROVENIENZFORSCHUNG

Wie die Herkunft von Kulturgut entschlüsselt wird

C.H.BECK

Gedruckt mit freundlicher Unterstützung der
Gielen-Leyendecker-Stiftung, Bonn

Mit 30 Abbildungen

www.chbeck.de
Umschlaggestaltung: Kunst oder Reklame, München
Umschlagabbildung: Ausstellungsansicht «Bestandsaufnahme Gurlitt.
Ein Kunsthändler im Nationalsozialismus», Ausstellung der Bundeskunsthalle
und des Kunstmuseums Bern im Gropius Bau Berlin, 14. 09. 2018 bis 07. 01. 2019,
© Foto: Bernd Lammel/Kunst- und Ausstellungshalle
der Bundesrepublik Deutschland, Bonn
Satz: Janß GmbH, Pfungstadt
Druck und Bindung: Pustet, Regensburg
Gedruckt auf säurefreiem und alterungsbeständigem Papier
Printed in Germany
ISBN 978 3 406 78046 2

myclimate

klimaneutral produziert
www.chbeck.de/nachhaltig

für Hendrik, dessen Provenienz
glücklicherweise eindeutig geklärt ist

INHALT

3. TRANSLOKATION VON KULTURGÜTERN
43

4. METHODEN DER PROVENIENZFORSCHUNG
83

5. PROVENIENZFORSCHUNG IN BEZUG AUF HISTORISCHE UNRECHTSKONTEXTE 115

1. EINLEITUNG: WAS HEISST UND ZU WELCHEM ENDE BETREIBT MAN PROVENIENZFORSCHUNG?

Die Kunstwerke wandern. Das war und ist ihr Schicksal, und niemals wird es sich ändern.

Adolph Donath 1925[1]

Provenienzforschung hat Konjunktur. Sie wird mit staatlichen Mitteln gefördert, in Museen, Bibliotheken und Archiven von teilweise eigens dafür angestelltem Personal praktiziert, in Sonderausstellungen und Katalogen dem Publikum vermittelt, an Universitäten von neu eingerichteten Professuren und im Rahmen spezialisierter Masterstudiengänge und Weiterbildungsprogramme gelehrt. Längst hat sie die Sphäre fachlicher Diskurse verlassen, werden Themen wie NS-Raubgut oder der Umgang mit Kulturgütern aus kolonialen Kontexten von einer breiten Öffentlichkeit wahrgenommen und in den Medien diskutiert.

Bevor der Frage nachgegangen wird, wie es zu dieser Konjunktur kam, sollen die Fragestellungen und Ziele der Provenienzforschung kurz umrissen werden.[2] Provenienz (von lateinisch provenire = hervorkommen, herkommen, entstehen) bezeichnet allgemein die Herkunft einer Person oder einer Sache. Der Begriff wird in verschiedenen Kontexten verwendet. So ist im Archivwesen seit dem 19. Jahrhundert das sogenannte Provenienzprinzip verbreitet, dem zufolge Archivgut nach Herkunft und Entstehungszusammenhängen geordnet wird – im Gegensatz zu dem (im Bibliothekswesen vorherrschenden) Pertinenzprinzip, bei dem Bestände unter sachlich-inhaltlichen Gesichtspunkten kategorisiert werden.

Provenienzforschung untersucht die Herkunft und Geschichte von Kunstwerken und anderen Kulturgütern – im Idealfall von der Entstehung, beispielsweise im Künstleratelier,[3] über sämtliche Besitzer- und Ortswechsel bis zum aktuellen Aufbewahrungsort. Sie widmet sich der Rekonstruktion von *Objektbiografien* im jeweiligen historischen Kontext, fragt also einerseits nach den Umständen, unter denen Objekte ihren Ort und Besitzer gewechselt haben, andererseits aber auch nach dem Funktions-, Bedeutungs- und Präsentationswandel sowie physischen Veränderungen im Laufe der Zeit.[4] Sie zeigt die Vielschichtigkeit der materiellen wie auch ideellen Werte auf, die Kulturgütern in verschiedenen Gesellschaften, sozialen Konstellationen und auch von Individuen zugesprochen werden. Provenienzforschung ist dem Wesen nach Kontextforschung und interdisziplinär zwischen Geschichte, Kunstgeschichte, Wirtschafts- und Sozialgeschichte angesiedelt. Je nach Gegenstand und Fragestellung können auch die Perspektiven anderer Fachdisziplinen relevant sein, etwa aus den Bereichen Anthropologie, Archäologie, Asienwissenschaften, Ethnologie, Jura, Kulturwissenschaften, Naturwissenschaften und Philosophie. Doch sie überschreitet nicht nur Fachgrenzen, sondern unter Umständen auch Epochenschwellen und Ländergrenzen.

Die Anwendungsgebiete der Provenienzforschung sind zahlreich. So wurde und wird sie etwa im Zuge der Erforschung privater und öffentlicher Sammlungen betrieben. Sie ist notwendiger Bestandteil der Museums- und Geschmacksgeschichte und findet ihren Niederschlag zum Beispiel in Form von *Objektbiografien* in Bestandskatalogen. Auch im Hinblick auf den Kunstmarkt, der im engen Bezug zur Sammlungsgeschichte steht und in jüngerer Zeit verstärkt in das Blickfeld des Faches Kunstgeschichte rückt, ist Provenienzforschung von großer Bedeutung. Zudem spielt sie bei Fragen der Zuschreibung und der Echtheit eines Kulturguts eine wichtige Rolle. So basiert Fälschungserkennung immer auf drei Säulen: der Stilkritik, der naturwissenschaftlichen Untersuchung (etwa der Materialanalyse) und eben nicht zuletzt der Provenienzforschung. Diese ist ebenso bei der Erarbeitung eines Werkverzeichnisses (Catalogue raisonné) unerlässlich.[5]

Provenienzforschung ist kein neues Phänomen, sondern seit jeher Bestandteil des Methodenspektrums der Kunstgeschichtswissenschaft und musealer Praxis. Sie gehört zu den Kernaufgaben eines Museums: So legen die ethischen Richtlinien des *International Council of Museums* (ICOM) fest, dass Museen vor einer Erwerbung «mit aller gebotenen

Sorgfalt [versuchen müssen], die vollständige Provenienz des betreffenden Objekts zu ermitteln, und zwar von seiner Entdeckung oder Herstellung an». Die Sammlungsdokumentation solle über die Herkunft eines jeden Stückes Auskunft geben. Ferner sollten «Museen […] vermeiden, Gegenstände fragwürdigen Ursprungs oder solche ohne Herkunftsnachweis auszustellen oder auf andere Weise zu nutzen».[6] Auch der gewerbliche Kunsthandel ist (im Rahmen des wirtschaftlich Zumutbaren) zur sorgfältigen Provenienzüberprüfung angehalten.[7] So führt das am 6. August 2016 in Kraft getretene *Kulturgutschutzgesetz* (KGSG) in § 41 unter den allgemeinen Sorgfaltspflichten aus: «Wer Kulturgut in Verkehr bringt, ist verpflichtet, zuvor mit der erforderlichen Sorgfalt zu prüfen, ob das Kulturgut abhandengekommen ist, unrechtmäßig eingeführt […] oder rechtswidrig ausgegraben worden ist.» § 42 präzisiert diese Pflichten: «Wer in Ausübung seiner gewerblichen Tätigkeit Kulturgut in Verkehr bringt, ist verpflichtet, zuvor […] die Provenienz des Kulturgutes zu prüfen.» Auf diese Weise soll sichergestellt werden, dass nur Kulturgüter eindeutiger und legaler Provenienz in den Handel gelangen und Sammler besser vor Rückgabeforderungen Dritter geschützt sind.

Lange Zeit fristete die Provenienzforschung ein Schattendasein; ohne besondere fachliche (und schon gar nicht öffentliche) Anerkennung wurde sie eher beiläufig, im Sinne einer Hilfswissenschaft, praktiziert. Weil man ihr bis in jüngere Zeit keinen eigenständigen Wert beimaß, wurde sie weder in methodischer und theoretischer Hinsicht besonders reflektiert und ausdifferenziert noch an den Universitäten als eigenes Fach gelehrt. Auch die Frage nach der Rechtmäßigkeit oder Unrechtmäßigkeit von (musealem) Besitz wurde kaum gestellt.

Das sollte sich 1998 ändern. Die historische, unpolitische Provenienzforschung trat aus dem Schatten eines akademischen Faches und musealer Praxis heraus und rückte plötzlich in den Fokus gesellschaftlicher Debatten und medialen Interesses. Sie wurde aktuell und politisch, womit die eingangs beschriebene Konjunktur ihren Anfang nahm. Dies hing vor allem mit der Entschädigung jüdischer Opfer des Nationalsozialismus zusammen, die bereits kurz nach Ende des Zweiten Weltkrieges begonnen hatte und nach der Vereinigung beider deutscher Staaten 1990 eine neue Dynamik erfuhr, die sich im Dezember 1998 mit der *Washington Conference on Holocaust-Era Assets* nochmals steigerte.[8] Auf der Washingtoner Konferenz legten 42 Staaten, darunter die Bundesrepublik Deutschland, nicht bindende Grundsätze für die Rückgabe von Kunstwerken fest, die von den Nationalsozialisten beschlagnahmt worden waren (Washington Principles): Wird ein Kunstwerk oder ein anderes Kulturgut als «NS-verfolgungsbedingt» entzogen identifiziert, also als NS-Raubgut, so fordert die am 3. Dezember 1998 verabschiedete Washingtoner Erklärung dazu auf, «gerechte und faire Lösungen» mit den rechtmäßigen Eigentümern bzw. deren Nachfahren zu finden. Das können, müssen aber nicht, Restitutionen sein (eventuell mit der Option des Rückkaufs durch die restituierende Institution oder auch der Dauerleihgabe bzw. Schenkung an die restituierende Institution). Auch andere Formen gütlicher Einigungen mit den rechtmäßigen Eigentümern bzw. deren Erben sind möglich, etwa Ausgleichszahlungen. Bei den Washingtoner Prinzipien handelt es sich nicht um eine rechtlich bindende Vereinbarung, sondern um eine freiwillige Selbstverpflichtung, ein «soft law». Die Rückgabe von Ernst Ludwig Kirchners Gemälde *Berliner Straßenszene* aus dem Brücke-Museum im August 2006 an die Enkelin des jüdischen Fabrikanten und Kunstsammlers Alfred Hess war einer der ersten ebenso spektakulären wie umstrittenen, international viel beachteten Restitutionsfälle in Deutschland.[9]

Um den Anforderungen der Washingtoner Erklärung gerecht zu werden, richteten Bund und Länder 1998 die Koordinierungsstelle für Kulturgutverluste in Magdeburg ein. Diese initiierte 2001 die Lost Art-Datenbank mit internationalen Such- und Fundmeldungen zu NS-Raubgut und zu kriegsbedingt verbrachten Kulturgütern (Beutegut). 2008 wurde die Arbeitsstelle für Provenienzrecherche/-forschung beim Institut für Museumsforschung der Staatlichen Museen zu Berlin – Stiftung Preußischer Kulturbesitz eingerichtet und mit der Vergabe staatlicher Fördermittel beauftragt. Diese Mittel ermöglichten es Museen, Bibliotheken und Archiven, ihre Bestände nach möglichem NS-Raubgut zu durchforsten. Die im November 2013 durch die Medien bekannt gemachte staatliche Beschlagnahme des Kunstbesitzes von Cornelius Gurlitt, die auf ein weltweites Echo stieß (und heute rechtlich umstritten ist), schärfte das öffentliche Bewusstsein für die Dimensionen des NS-Kunstraubs und wirkte wie ein Katalysator für den Ausbau der Provenienzforschung in Deutschland.[10] So gründeten Bund, Länder und kommunale Spitzenverbände am 1. Januar 2015 das Deutsche Zentrum Kulturgutverluste als rechtsfähige Stiftung bürgerlichen Rechts mit Sitz in Magdeburg. Es vergibt ebenfalls Fördermittel: «Das Deutsche Zentrum Kulturgutverluste ist national und international der zentrale Ansprechpartner zu Fragen unrechtmäßiger Entziehungen von Kulturgut, das sich heute in Sammlungen deutscher kulturgutbewahrender Einrichtungen befindet. Das Hauptaugenmerk des Zentrums gilt hierbei dem im Nationalsozialismus verfolgungsbedingt entzogenen Kulturgut insbesondere aus jüdischem Besitz (sog. NS-Raubgut).»[11] Das Zentrum führt die Aufgaben der vormaligen Koordinierungsstelle Magdeburg und der Arbeitsstelle für Provenienzforschung fort – mit mittlerweile deutlich erweitertem Zuständigkeitsbereich.

Zusätzlich zur NS-Zeit werden vom Deutschen Zentrum Kulturgutverluste nämlich zwei weitere historische Zeiträume in den Blick genommen, in denen es vermehrt zu, nach heutigen Wertmaßstäben, unrechtmäßigen Kulturgutentziehungen kam: zum einen die Sowjetische Besatzungszone und die DDR, zum anderen der Kolonialismus. Die aktuelle, kontrovers geführte Debatte um Kulturgüter aus kolonialen Kontexten[12] in den Museen wurde durch drei Ereignisse befeuert: erstens durch den Streit um das Humboldt Forum in Berlin – hier geht es vor allem um die Frage des Umgangs mit den Provenienzen in den außereuropäischen Sammlungen der Staatlichen Museen zu Berlin; zweitens durch die Rede des französischen Staatspräsidenten Emmanuel Macron am 28. November 2017 in Ouagadougou, der Hauptstadt von Burkina Faso, in der er ankündigte, binnen fünf Jahren die Voraussetzungen für temporäre oder dauerhafte Restitutionen kolonialer Kulturgüter nach Afrika schaffen zu wollen; drittens schließlich durch den von Präsident Macron bei Felwine Sarr und Bénédicte Savoy in Auftrag gegebenen und von ihm am 23. November 2018 entgegengenommenen Bericht über die Rückgabe des afrikanischen Kulturerbes («Rapport sur la restitution du patrimoine culturel africain – Vers une nouvelle éthique relationelle»).[13] 2019 richtete das Deutsche Zentrum Kulturgutverluste den Fachbereich «Kulturgüter aus kolonialen Kontexten» mit einem eigenen Förderbeirat ein. In allerjüngster Zeit war es der Fall des bei einem gewaltsamen Polizeieinsatz am 25. Mai 2020 in Minneapolis ums Leben gekommenen Afroamerikaners George Floyd, der in den USA und in anderen Ländern zu Protesten gegen Polizeigewalt und Rassismus führte, in deren Rahmen die Debatte um Objekte aus der Kolonialzeit in westlichen Museen und Sammlungen, aber auch um Ehrungen kolonialer Akteure in Form von Denkmälern und Straßennamen, neu entflammte.

Grundlage für alle Entscheidungen hinsichtlich des ethisch gebotenen Umgangs mit Kulturgütern, die im Zuge von historischen Unrechtskontexten[14] in Museen und Sammlungen gelangt sind, also auch für die Frage von Restitutionen, ist stets die Provenienzforschung. Dabei muss betont werden, dass Provenienzforscher selbst überhaupt keine Restitutionen vornehmen! Vielmehr stellen sie ihre Recherchen den Trägern der jeweiligen Institutionen zur Verfügung, welche dann die Ergebnisse bewerten und auf Basis dieser Bewertung letztlich ihre Entscheidungen treffen. Dennoch sind die gesellschaftlich-politischen Dimensionen nicht zu unterschätzen, wie Nicolas Lippert betont:

> «Die Provenienzforschung stellt die Integrität der Kunstwerke und vor allem die grundrechtlich verbriefte Würde der Opfer ohne Preisgabe des öffentlich geführten demokratischen Aushandlungsprozesses über den Umgang mit sogenannter Raubkunst wieder her. Sie leistet dabei nicht nur einen historischen und kunstwissenschaftlichen, sondern vor allem einen freiheitlich-demokratischen Beitrag zur sozialen und politischen Ordnung.»[15]

Indes: Provenienzforschung hat viele Dimensionen, die sich nicht auf die Frage Recht oder Unrecht, nicht auf die gesellschaftlich relevanten Aspekte reduzieren lassen. Mit welchem Erkenntnisinteresse aber widmet sich Wissenschaft der Rekonstruktion von *Objektbiografien*, worin liegt der Mehrwert solcher Studien?

Provenienzforschung, verstanden als breit angelegte Kontextforschung, nimmt alle Epochen und europäische wie auch außereuropäische Regionen in den Blick. Sie liefert neue Erkenntnisse über die Geschichte und Erwerbungsstrategie der kulturgutbewahrenden Institutionen und Sammler. Sie wirft ein neues Licht auf das einzelne Kunstwerk, indem sie es an der Schnittstelle von Objekt- und Sammlungsbiografie verortet. Denn die Provenienz eines Objekts hat unmittelbare Auswirkungen auf seine Wahrnehmung. Wer die Biografie eines Kunstwerks oder anderen Kulturguts (inklusive der Bedeutungsverschiebungen und Umcodierungen im Laufe der Geschichte) und die Umstände, unter denen Besitzer- und Ortswechsel stattgefunden haben, kennt, sieht es mit anderen Augen. Provenienzforschung erschließt somit neue Zugänge zum Verständnis eines Kulturguts und seiner Rezeptionsgeschichte im Wandel der Zeiten. In der musealen Vermittlungsarbeit ermöglicht die Darstellung von Provenienzen, dem Publikum andere Narrative anzubieten, jenseits von Stilgeschichte, Schulzusammenhängen und Epochenerzählungen. Zudem ist die Erforschung von *Objektbiografien* integraler Bestandteil der Geschichts- und Erinnerungskulturen und des kollektiven wie auch kulturellen Gedächtnisses einer Gesellschaft (oder, etwa im Falle von Kulturgütern aus kolonialen Kontexten, mehrerer Gesellschaften).

Dies weist bereits weit über kunstgeschichtliche Fragestellungen im engeren Sinne hinaus. In der Tat hat Provenienz das Potenzial, ein neues Paradigma in den Kultur- und Geisteswissenschaften zu werden (*provenancial turn*),[16] weil sie an verschiedenste fachliche Diskurse und transdisziplinäre Fragestellungen anschlussfähig ist. Neben der Kunst- und Kulturgeschichte sind auch andere sammelnde Disziplinen wie Altertums- und Asienwissenschaften mit der Frage der Herkunft ihrer Objekte und der Legitimität des Besitzes konfrontiert. Historiker beschäftigen sich mit den historischen Kontexten von *Objektbiografien*, Ökonomen mit der Preisbildung auf dem Kunstmarkt, Soziologen beispielsweise mit der Netzwerkanalyse von am NS-Kunstraub beteiligten Protagonisten, Kultursoziologen und Sozialpsychologen mit der identitätsstiftenden Rolle einzelner Kulturgüter, Historiker, Politologen, Juristen und Philosophen aus ihrer jeweiligen Perspektive mit der überaus komplexen Restitutionsthematik, Linguisten und Medienwissenschaftler mit der sprach- und diskurstheoretischen Analyse, etwa der Presseberichterstattung.

Es ist noch nicht abzusehen, welchen Stellenwert die Provenienzforschung langfristig im Methodenspektrum der Kunstgeschichte einnehmen wird und welche grundlegenden methodischen Impulse künftig von ihr ausgehen werden. Hierzu ein knapper Rück- und ein Ausblick: Die Veröffentlichung der Lebensbeschreibungen italienischer Künstler durch den Architekten und Maler Giorgio Vasari Mitte des 16. Jahrhunderts markiert den Beginn der Kunstgeschichtsschreibung als einer Geschichte von Künstlerbiografien. Erste Ansätze zu einer Geschichte der Malerei finden sich in Roger de Piles' mehrbändigem Werk *Abrégé de la vie des peintres* (1699, dt. 1710). Als Begründer der modernen Kunstgeschichte (wie auch der Klassischen Archäologie) gilt im 18. Jahrhundert Johann Joachim Winckelmann, der in seinem Hauptwerk, der 1764 in Dresden erschienenen *Geschichte der Kunst des Alterthums*, eine erste Stilgeschichte der (antiken) Kunst entwickelte, wie sie Luigi Lanzi ab 1792 mit seiner *Storia pittorica della Italia* für die italienische Malerei und Johann Dominik Fiorillo ab 1798 unter dem Titel *Geschichte der zeichnenden Künste von ihrer Wiederauflebung bis auf die neuesten Zeiten* für die europäische Malerei vom Mittelalter bis zum 18. Jahrhundert vorlegten. Im Laufe der Zeit wurde ein breites Spektrum von Methoden zur Interpretation von Kunstwerken ausgebildet, ausgehend von der Stil-, Form- und Strukturanalyse über die inhaltliche Deutung (Ikonografie, Ikonologie und Funktionsgeschichte), rezeptionsästhetische und -historische sowie geschmacksgeschichtliche Ansätze, über semiotische, hermeneutische, systemtheoretische und soziologische Modelle bis hin zu Erweiterungen der (westlichen) Kunstgeschichte zu einer *Global Art History* und zu einer allgemeinen Wissenschaft vom Bild (Bildwissenschaft) oder gar vom Visuellen (*Visual Culture Studies*). Feministische Ansätze werden zu kunstwissenschaftlichen *Gender Studies* und *Queer Studies* weiterentwickelt, außerdem finden die *Postcolonial Studies* Eingang in den fachlichen Diskurs. Von besonderem Interesse ist darüber hinaus das breite, kulturwissenschaftlich und transdisziplinär angelegte Feld der *Material Culture Studies*. In den historischen Disziplinen lässt sich seit einigen Jahren sowohl eine verstärkte Hin- bzw. Rückwendung zum Materiellen (*material turn*) und den Objekten (Ding-Geschichte) konstatieren als auch ein verstärktes Interesse an Transformationsprozessen, Mobilität, Migration sowie transkulturellen Austauschbeziehungen und Verflechtungsgeschichten (*entangled histories, histoire croisée*). In diesem breiten Spektrum bieten sich mannigfache Anknüpfungspunkte für die methodische Ausdifferenzierung und theoretische Weiterentwicklung der Provenienzforschung.

Es gibt mittlerweile zahlreiche Schriften zur Provenienzforschung, vor allem in Form von Ausstellungskatalogen und Sammelbänden, aber noch keine kompakte Einführung in ihre Methoden, Anwendungsgebiete und Erkenntnisdimensionen. Diese Lücke möchte das vorliegende Buch schließen. Es richtet sich in erster Linie an Studierende und Lehrende, aber auch an Beschäftigte in Museen, Bibliotheken, Archiven, im Kunsthandel sowie an Sammler und an eine breite interessierte Öffentlichkeit. Meine Perspektive ist die eines lehrenden und forschenden Hochschullehrers. Würde ich an einem Museum oder als freiberuflicher Provenienzforscher arbeiten, es wäre vermutlich, zumindest in Teilen, ein anderes Buch geworden.

Der Hauptteil umfasst vier Kapitel: In Kapitel 2 wird die Geschichte von Provenienzangaben rekapituliert, die eng mit der Geschichte des Kunstsammelns und -inventarisierens verbunden ist und bis in das ausgehende Mittelalter zurückreicht. Provenienzforschung rekonstruiert die physischen Verbringungen, die sogenannten Translokationen von Kulturgütern, die Thema des dritten Kapitels sind. Seit der Antike werden Kulturgüter transloziert, unter anderem infolge von Kriegen (Beutekunst), Kreuzzügen, Entdeckungs- und Eroberungsreisen, Handelsbeziehungen und staatlichen Aktionen (allein die NS-Femekampagne «Entartete Kunst» führte zur Verlagerung und teilweisen Vernichtung von rund 21 000 Kunstwerken). Wichtig ist, welchen Bedeutungs- und Funktionswandel die Objekte durch die Translokationen erfahren, welche Rolle sie für das kulturelle Selbstverständnis in den jeweiligen Gesellschaften spielen. Das vierte Kapitel informiert über die Methoden der Provenienzforschung und ihre verschiedenen Zugänge und Schritte – von den Objekten selbst über Personen-, Institutionen- und Kontextforschung sowie Archivalien bis hin zu Literatur und Online-Ressourcen. Darüber hinaus zeigt es die Methoden der Darstellung, Dokumentation und Vermittlung von Rechercheergebnissen auf. Das fünfte und umfangreichste Kapitel zur Provenienzforschung in Bezug auf historische Unrechtskontexte bildet, zusammen mit dem Methodenkapitel, das Herzstück des Bandes. Die drei in diesem Zusammenhang zentralen historischen Zeiträume Kolonialismus, Nationalsozialismus und Sowjetische Besatzungszone/DDR werden nach einem einführenden Abschnitt, in dem u. a. der jeweilige rechtliche Rahmen skizziert wird, an Fallbeispielen exemplifiziert. Im abschließenden kurzen Ausblick (Kapitel 6) wird die Perspektive nochmals geweitet, die These vom *provenancial turn* erläutert und ein Plädoyer für mehr Transparenz in den Museen (nicht nur) hinsichtlich der Herkunft ihrer Objekte gehalten.

Das heißt und zu diesem Ende betreibt man Provenienzforschung.

2. VON DER LEGENDARISCHEN PROVENIENZ ZUR HISTORISCH-KRITISCHEN PROVENIENZANGABE

Die Geschichte von Provenienzangaben (im Sinne von Hinweisen auf die Herkunft und Geschichte eines Objektes) ist viel älter als die moderne Provenienzforschung. Seit wann gibt es solche Verweise, aus welchen Beweggründen und in welcher Form werden sie dokumentiert? Diesen Fragen kann im Folgenden nicht umfassend, sondern nur in kursorischer Form nachgegangen werden, wobei ich chronologisch vorgehe und mich auf die Bereiche Archäologie und Kunstgeschichte in Mitteleuropa konzentriere. Es wird sich zeigen, dass es ein breites Spektrum an Motiven war, das zur Angabe und Verzeichnung von (echten oder erfundenen) Provenienzen führte: Konstruktion von Tradition, Beglaubigung von Authentizität, Betonung der Einzigartigkeit und Originalität eines Werkes, Steigerung des ideellen Wertes für den Sammler durch Verweis auf einen prominenten Vorbesitzer, Verbesserung der Verkaufschancen am Markt, Steigerung des materiellen Wertes, Nobilitierung von Fälschungen etc.

Provenienz als Legende: Reliquien und Spolien, nicht nur im Mittelalter

Die Geschichte von Provenienzangaben ist engstens mit der Geschichte des Sammelns und der Inventarisierung von Sammlungen verknüpft, an deren Beginn in Europa die mittelalterlichen Kirchenschätze *(Thesauri)* stehen.[1] In deren Zentrum befinden sich Reliquien, also physische Überreste von Heiligen oder andere mit ihnen verbundene Gegenstände. Reliquien sind Kultgegenstände, die für sich genommen – Blutstropfen, Knochensplitter, Stofffragmente – wenig aussagekräftig sind. Sie bedürfen der materiellen Rahmung in speziellen Behältnissen (Reliquiaren), der Inszenierung und der Texte, um ihre Authentizität zu beweisen und damit erst ihre Bedeutung zu erlangen. Bei den Reliquien befindliche kleine Zettel identifizieren sie, indem sie auf ihre Herkunft verweisen, und beglaubigen somit letzten Endes ihre Existenz.

> «Inventare ermöglichten es […], Serien von Objekten als solche zu erfassen. Diese Dokumente zeugen durch die Vielfältigkeit ihrer Herstellungsweisen, ihrer Träger, ihrer Form und ihrer Verwendungen von der aktiven Rolle, welche die Schrift in der Erfindung, Verwaltung und Vermittlung von Reliquien spielte – von ihrem Einschließen in den Altären über die Konstituierung der ersten systematischen Sammlungen in karolingischer Zeit bis hin zu den großen Reliquienweisungen am Ende des Mittelalters.»[2]

Zu den hier erwähnten Reliquienweisungen, also rituellen «Vorzeigungen» und Ausstellungen von Reliquien und Reliquiaren, erschienen im Zeitraum von 1487 bis 1520 sogenannte Heiltumsbücher, die Abbildungen und zum Teil auch Angaben über die Provenienz der Heiltümer enthalten und als Vorläufer von Sammlungs- und Ausstellungskatalogen gelten.[3]

Auch Spolien, also in neue architektonische Kontexte überführte ältere Bauteile (ein Phänomen, auf das im nächsten Kapitel ausführlicher eingegangen wird), können, Reliquien nicht unähnlich, materielle Erinnerungsstücke sein, deren Bedeutung aus ihrer Herkunft resultiert. Ein berühmtes Beispiel sind die spätantiken Weinrankensäulen in Sankt Peter in Rom, die nach alter Überlieferung aus dem Tempel Salomos stammen sollen, wobei eine davon – die *Colonna santa* steht heute im Museo del Tesoro della Basilica di San Pietro – dadurch nobilitiert ist, dass Christus sie berührt haben soll. Es war Gianlorenzo Bernini, der für acht der Spiralsäulen in der Vierung des Petersdoms die architektonische Lösung fand:

> «An jedem der vier Kuppelpfeiler tragen hoch oben auf einem Balkon je zwei der Säulen ein monumentales Wandtabernakel, das jeweils eine kapitale Reliquie – das Schweißtuch der Veronika, das Haupt des Apostels Andreas, die Heilige Lanze und einen Kreuzsplitter – zugleich entrückt und monumental inszeniert. Die Säulen dienen der Rahmung der Reliquien und erhalten durch den Kontext selbst Reliquiencharakter.»[4]

Die prominente Provenienz der Weinrankensäulen ist im *Liber Pontificalis*, dem frühmittelalterlichen Verzeichnis der Päpste und ihrer Biografien (Viten), überliefert. 1438 wurde die *Colonna santa* mit einer Steinbrüstung umgeben, deren Inschrift «de Salomonis Templo» die Herkunft der Säule nochmals bestätigte.[5]

Bei Reliquien und Spolien sind es erst die legendarischen Überlieferungen, die den Objekten zu ihrem Fluidum, ihrer Aura, ihrer Bedeutung verhelfen. Diese Erzählungen entziehen sich einer historisch-kritischen Überprüfung, weswegen sie als legendarische Provenienzen bezeichnet werden können.[6]

Fundort und Sammlungszugehörigkeit: Antike Skulpturen in Sammlungen der Renaissance

Nike von Samothrake, Venus Medici, Borghesischer Fechter – wer durch den Louvre schlendert, stößt auf berühmte antike Skulpturen, deren Namen auf ihren Fundort oder auf prominente Sammlungen, in denen sie sich einst befanden, verweisen. Hier verleiht die Provenienz dem Objekt sogar den Namen, in vielen Fällen seit alters her. Die archäologischen Ausgrabungen im 15. Jahrhundert begründeten eine neue Kultur des Kunstsammelns. Im 15. und 16. Jahrhundert entstanden bedeutende Sammlungen antiker Skulptur wie Savelli, Cesi, Cesarini und Pio da Carpi. Die Sammler und Antiquare hielten die Fundorte der Objekte fest, die Inventare verzeichneten die Wanderungen der Objekte durch die Sammlungen.[7]

Eine wichtige Quelle für die Geschichte der Antikensammlungen im 16. Jahrhundert bieten die Zeichnungsalben, die der spanische Antiquar und Gelehrte Alphonsus Ciacconius, der von 1567 bis zu seinem Tod im Jahre 1599 in Rom lebte, über Jahrzehnte zusammentrug – Vorarbeiten für eine geplante, aber nie realisierte Publikation. In den heute über mehrere Bibliotheken verstreuten Konvoluten sind rund 800, vor den Originalen angefertigte, detailgetreue Zeichnungen vor allem antiker Skulpturen enthalten, die sich damals in verschiedenen römischen Sammlungen und Kirchen befanden. Der kunsthistorische Wert der Zeichnungen «wird durch die handschriftlichen Kommentare des Ciacconius noch gesteigert: auf der Mehrzahl der Blätter sind die Objekte nicht nur benannt und teilweise mit gelehrten Hinweisen versehen, sondern es werden auch die Besitzer und Aufbewahrungsorte angegeben. Diese Angaben sind in ihrer Umfänglichkeit ein Alleinstellungsmerkmal der Ciacconius-Zeichnungen. Auf diese Weise erfahren wir von immerhin 65 Antikensammlungen, die sich zwischen 1567 und 1599 in Rom befanden.»[8]

Ein Inventar aus dem 15. Jahrhundert

Der Bruder des französischen Königs Karl V., Johann von Valois (1340–1416), Herzog von Berry, war ein wichtiger Sammler verschiedenster Preziosen wie Reliquien, Bücher und Juwelen sowie ein bedeutender Auftraggeber wertvoller Handschriften, darunter des berühmten Stundenbuchs *Les Très Riches Heures*. In seinem grundlegenden Werk über die *Kunst- und Wunderkammern der Spätrenaissance* schreibt Julius von Schlosser über den Herzog von Berry, er sei «der erste moderne Sammler im großen Stile, der nicht bloß aus Prunkliebe oder der Kuriosität halber seinen Schatz mit Kunstwerken»[9] fülle. Der Schatzmeister des Duc de Berry, Robinet d'Estampes, betreute und inventarisierte die Sammlung von 1402 bis zum Tode des Herzogs 1416.

Sein Bestandsverzeichnis (Tafel 1) dokumentiert nicht nur die bedeutendste Sammlung des Mittelalters, sondern zeichnet sich darüber hinaus durch eine erstaunliche Detailgenauigkeit aus:

«Die übliche Gliederung nach Sachgruppen ergänzte er durch eine minutiöse Unterteilung beispielsweise der religiösen Kleinodien in Kreuze, Kelche, Leuchter und ähnliches. Doch damit nicht genug: Die Objekte jeder Untergruppe sind nach Provenienz aufgelistet, wobei zusätzlich alter Bestand vor Geschenken und Ankäufen rangiert. In den beiden letzteren Fällen notierte er den Vorbesitzer und das Datum des Erwerbes.»[10]

Robinet d'Estampes war «einer der ersten Kunstkenner im modernen Sinne des ‹*Connaisseurs*›».[11] Ihn darüber hinaus bereits einen Provenienzforscher *avant la lettre* zu nennen, wäre sicher übertrieben, aber sein ausgeprägtes Interesse für die Provenienzen der Sammlungsobjekte ist für das frühe 15. Jahrhundert außergewöhnlich.

Ein stolzer Albrecht Dürer

Provenienzforscher beginnen ihre Arbeit, wie in Kapitel 4 erläutert wird, in der Regel am Objekt selbst mit der Suche nach Provenienzmerkmalen wie Stempeln und Markierungen aller Art, Aufklebern und handschriftlichen Notizen. Einen solchen (mutmaßlich) eigenhändigen Vermerk brachte Albrecht Dürer 1515 auf einer Rötelzeichnung mit zwei Männerakten und einer Kopfstudie an, die heute unter der Inventarnummer 17 575 in der Albertina in Wien aufbewahrt wird. Dürer notierte auf der Vorderseite des Blattes: «Raphahell de Urbin, der so hoch peim Pobst geacht ist gewest hat der hat dyse nackette Bild gemacht und hat sy dem albrecht dürer gen Nornberg geschickt, Im sein hand zw weisen.»[12] Nicht ohne Stolz hält der Nürnberger fest, dass die Zeichnung ein Geschenk des berühmten, beim Papst hoch angesehenen Raffael von Urbino sei, der ihm damit ein Zeugnis seiner Hand habe senden wollen. Dass diese Zeichnung eine Gegengabe auf ein vorausgegangenes Geschenk Dürers an den Italiener war, erfahren wir von Giorgio Vasari, der 1568 in seiner Lebensbeschreibung Raffaels überliefert, Dürer habe Raffael «als Tribut seiner Huldigung einen Kopf, sein eigenes Bildnis, mit Wasserfarbe auf ganz feiner Leinwand ausgeführt» geschickt, das Raffael wunderbar («maravigliosa») erschien, worauf dieser Dürer «eine Menge Blätter von seiner Hand gezeichnet» zugesandt habe, «welche dieser ungemein wert hielt».[13] Die Wiener Zeichnung belegt den Kontakt zwischen den beiden Künstlerheroen der Hochrenaissance. Zugleich ist die Textstelle bei Vasari ein Beleg für dessen Interesse an Provenienzen einzelner Werke. Im Hinblick auf das (heute verschollene) Selbstporträt Dürers lässt er uns wissen, dieses befinde sich «zu Mantua unter den Besitztümern von Giulio Romano, dem Erben Raffaels»,[14] womit er insgesamt drei aufeinanderfolgende Besitzer (Dürer – Raffael – Giulio Romano) anführt.

Reiseberichte

Für die Geschichte der Provenienzangaben sind ferner Reiseberichte eine aussagekräftige Quellengattung. Friedrich Gerschow (1568–1635), Jurist und Erzieher (Hofmeister) von Herzog Philipp Julius von Pommern-Wolgast (1584–1625), begleitete diesen von 1602 bis 1603 auf seiner Kavalierstour durch Deutschland, Frankreich, England, Italien und die Schweiz und verfasste darüber ein ausführliches Reisetagebuch. Gerschow besuchte mit dem jungen Herzog auch mehrere Kunstkammern, darunter jene von Landgraf Moritz von Hessen-Kassel (1572–1632). Dabei interessierte sich Gerschow insbesondere für die Ethnographica – und deren Herkunft, wenn er festhält: «In der kunstkhammer wharen nicht so viele wunder, alß außlendische frembde Sachen, welche meistestheils der izige landtgraff mit grossem gelde von doctorenius Paludano erkhaufft undt vör die vornhembsten stücke in die sechs tausendt thaler gezhalett.»[15] Die Nennung des honorigen Vorbesitzers – Bernardus Paludanus (1550–1633) war ein niederländischer Gelehrter, Arzt und Botaniker, der intensiv Europa, Asien und Afrika bereiste, eine eigene Kunstkammer zusammentrug und 1597 Landgraf Moritz besuchte[16] – und der beträchtlichen Kaufsumme sind Ausdruck von Gerschows Bewunderung und unterstreichen den Rang der Objekte.

Inventare, Kataloge und Galeriewerke im 17. Jahrhundert

Im 17. Jahrhundert häufen sich in den Inventaren, Katalogen und Galeriewerken – das sind repräsentative Sammlungen druckgrafischer Reproduktionen von Gemälden einer Sammlung in gebundener Form – der adligen Kunstkammern Angaben zur Provenienz einzelner Stücke oder Bestandsgruppen.[17] Im Inventar der Kunstkammer Kurfürst Maximilians I. von Bayern (1573–1651) aus den Jahren 1627–1630 sind zwei Hinweise zu Vorbesitzern von Werken Albrecht Dürers bemerkenswert: «Erstlich das weit und brait berüehmbte stuckh Albrecht Dürers, die himmelfarth oder Crönung unser lieben Frauen, so lange Jahr zue Frankhfort bey den *Dominicanern* gestanden.»[18] Diese Aussage bezieht sich auf die Herkunft des *Heller-Altares*, dessen Mitteltafel – mit einer Darstellung der Himmelfahrt und Krönung Mariens – Maximilian I. von Bayern 1614 für seine Kunstsammlung gekauft hatte (und die 1729 bei einem Brand der Münchner Residenz vernichtet wurde); der Altar stammte tatsächlich aus der Dominikanerkirche in Frankfurt am Main, für die Jakob Heller (1460–1522), Patrizier und Bürgermeister in Frankfurt, das Triptychon bei Dürer und Matthias Grünewald in Auftrag gegeben hatte. An anderer Stelle heißt es im Münchner Inventar über die «Geburt Christi vom Albrecht Dürer»: «Dise Tafel ist lr. F. D. [Ihrer Fürstlichen Durchlaucht] von der Statt Nürnberg, daselbst sie in hocher *reputation* gehalten gewest, anno 1613 verehrt worden, ist zu ruckh gezaichnet mit N°. 1.»[19] Gemeint ist der *Paumgartner-Altar* (heute in der Alten Pinakothek in München) aus der Katharinenkirche in Nürnberg, den Maximilian 1612/13 als Geschenk des Magistrats der Stadt Nürnberg erhalten hatte. In diesem Fall wird nicht nur der Ort (Nürnberg) angegeben, an dem sich das Werk zuvor befunden hat, sondern auch das Jahr des Eingangs in die Sammlung und darüber hinaus die hohe Wertschätzung des Objekts betont. Ebenso auffallend: die Beschreibung der rückseitigen Kennzeichnung mit der Nummer 1, die wir heute als Provenienzmerkmal bezeichnen würden.

Ein weiteres Beispiel aus dem 17. Jahrhundert: Der französische Architekt, Historiograf und Kunsttheoretiker André Félibien (1619–1695) veröffentlichte 1677 den Band *Tableaux du Cabinet du Roy, au nombre des XXII. Statuës et bustes antiques des Maisons royales, au nombre des XVIII, avec leur explication* mit Kupferstichreproduktionen und Erläuterungen von Kunstwerken in den Sammlungen König Ludwigs XIV. (1638, reg. 1643–1715). In manche der Bildbeschreibungen nahm er Angaben zur Herkunft und Geschichte des betreffenden Werkes auf. So weist er etwa im Falle von Guido Renis heute im Louvre aufbewahrten Gemäldes *Heiliger Franziskus in Exstase* darauf hin, dass sich das Bild lange in Rom im Hause Savelli[20] befunden habe und es dann in die Hände des Prinzen Pamfile[21] gelangt sei, der es schließlich dem König geschenkt habe.[22] Neben einer Beschreibung der dargestellten Szene und einer Würdigung der künstlerischen Qualität des Bildes, das Félibien als eines der schönsten im Œuvre Renis bezeichnet, sind es Angaben zu den prominenten Vorbesitzern, also zur Provenienz des Gemäldes, die der Autor als mitteilungswürdig erachtet. Auch in anderen Fällen verweist Félibien auf vornehme und gebildete frühere Eigentümer, meist aus

England oder Italien. Auf diese Weise unterstreicht er die Authentizität, Nobilität und Exklusivität des königlichen Kunstbesitzes. Astrid Bähr unterstreicht den Vorbildcharakter von Félibiens Text für die späteren Galeriewerke:

> «Mit den Vorzügen des Gemäldes, seiner Stellung im Œuvre des Malers, einer Kurzcharakteristik der Malweise sowie der Provenienz und der Maße liefert Félibien die Stichpunkte, die fortan bei einer Vielzahl von Galeriewerken als begleitende Informationen den Reproduktionen zur Seite stehen und aus denen sich in der Folge, etwa bei Crozats *Recueil d'Estampes* oder Heineckens Dresdner Galeriewerk, ein erster kunsthistorischer Apparat zum Gemälde entwickeln wird.»[23]

Doch es gibt im 17. Jahrhundert auch Gegenbeispiele. Ein erst kürzlich entdecktes und publiziertes Inventar der Wiener kaiserlichen Rüstkammer aus dem Jahr 1678 ist vor allem wegen seiner zahlreichen detailgenauen Objektbeschreibungen eine sammlungshistorisch bedeutende Archivquelle, es enthält aber nur in wenigen Fällen Informationen zur Herkunft der Objekte und zu Vorbesitzern.[24]

Galerieinventare, Auktions- und Verkaufskataloge im 18. Jahrhundert

Im 18. Jahrhundert, während der Aufklärung, als die fürstlichen Sammlungen zunehmend für ein nichthöfisches Publikum geöffnet wurden, kommt Provenienzangaben nicht nur in den Inventaren und Verzeichnissen große Bedeutung zu, sondern auch in sammlungsübergreifenden Publikationen sowie in Auktions- und Verkaufskatalogen, insbesondere in Frankreich und England, wo das Sammeln und der Kunstmarkt einen enormen Aufschwung nahmen.[25] Der französische Bankier, Großsammler und Mäzen Pierre Crozat finanzierte den 1729 anonym erschienenen ersten Band des sogenannten *Recueil Crozat*, eines Kompendiums von Reproduktionsstichen nach Gemälden und Zeichnungen in den königlichen sowie weiteren französischen Privatsammlungen.[26] Der bedeutende und einflussreiche Prachtband enthält nicht nur Künstlerbiografien und kennerschaftlich-stilgeschichtliche Ausführungen aus der Feder

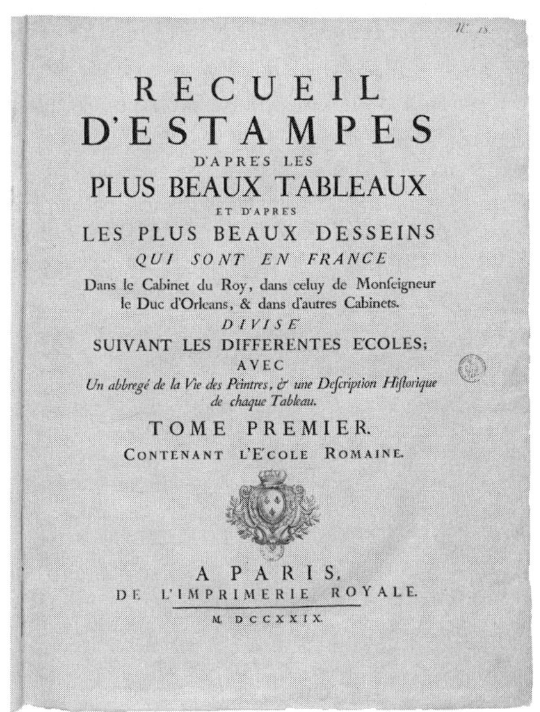

RECUEIL
D'ESTAMPES
D'APRES LES
PLUS BEAUX TABLEAUX
ET D'APRES
LES PLUS BEAUX DESSEINS
QUI SONT EN FRANCE
Dans le Cabinet du Roy, dans celuy de Monſeigneur le Duc d'Orleans, & dans d'autres Cabinets.
DIVISE
SUIVANT LES DIFFERENTES ECOLES;
AVEC
Un abbregé de la Vie des Peintres, & une Deſcription Hiſtorique de chaque Tableau.
TOME PREMIER.
CONTENANT L'ECOLE ROMAINE.

A PARIS,
DE L'IMPRIMERIE ROYALE.
M. DCCXXIX.

Abb. 1 Titelblatt des *Recueil d'estampes d'après les plus beaux tableaux et d'après les plus beaux desseins qui sont en France*, Paris 1729, Bd. 1.

von Pierre-Jean Mariette, sondern referiert auch systematisch die Herkunft und Besitzgeschichte der Werke, wie auf dem Titelblatt eigens betont wird (Abb. 1).

Aufgrund der Sorgfalt und Aufmerksamkeit, die der *Recueil Crozat* der Geschichte eines Werks als wesentlichem Element seiner materiellen Existenz widmete, gab er der Frage nach der Provenienz einen kritischen Impuls.[27] In einer Vorankündigung der Publikation, die im Mai 1728 im *Mercure de France* erschien, werden die Gründe für die ausführlichen Herkunfts- und Besitzernachweise explizit genannt: Ziel sei, die Originalität der Werke auf authentischere Weise zu belegen und festzustellen.[28]

Früh erkannten Kunstliebhaber auch den Quellenwert von Auktionskatalogen für die Feststellung von Werkcharakteristika, Eigentümerwechseln und Marktwerten. So brachte Gerard Hoet bereits 1752 in Den Haag einen zweibändigen Katalog heraus, ein von Registern

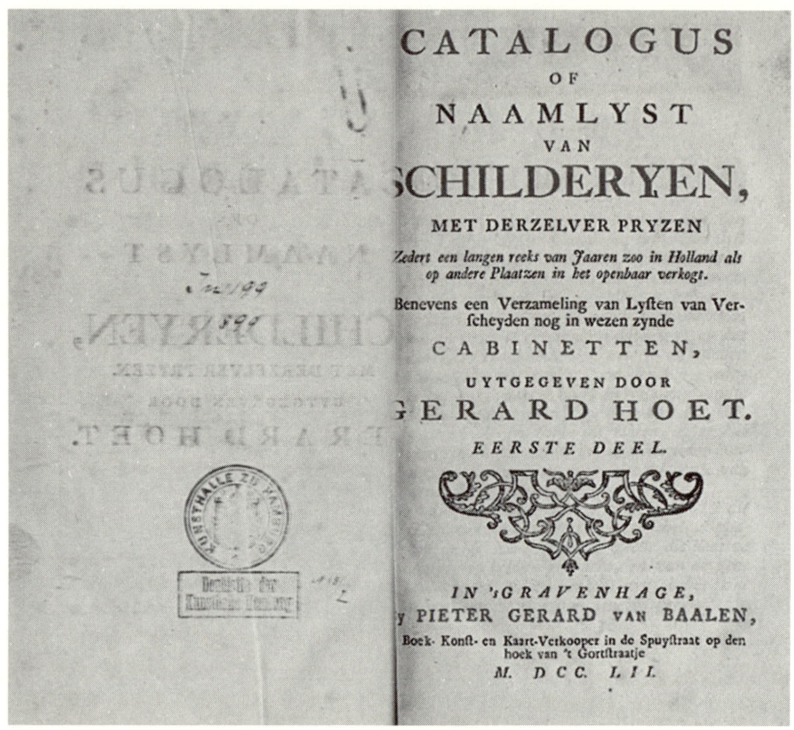

CATALOGUS
OF
NAAMLYST
VAN
CHILDERYEN,
MET DERZELVER PRYZEN
Zedert een langen reeks van Jaaren zoo in Holland als op andere Plaatzen in het openbaar verkogt.
Benevens een Verzameling van Lyſten van Verſcheyden nog in wezen zynde
CABINETTEN,
UYTGEGEVEN DOOR
ERARD HOET.
EERSTE DEEL.
IN 'sGRAVENHAGE,
y PIETER GERARD VAN BAALEN,
Boek- Konſt- en Kaart-Verkooper in de Spuyſtraat op den hoek van 't Gortſtraatje
M. DCC. LII.

Abb. 2 Gerard Hoet, *Catalogus of naamlyst van schilderyen, met derzelver pryzen*, Den Haag 1752, Bd. 1, Verso des Schmutztitels (links) und Titelblatt (rechts).

erschlossenes «Verzeichnis von Gemälden (mit Preisen) basierend auf alten niederländischen Verkaufskatalogen» (Abb. 2).[29]

Nachdem in den 1770er Jahren einige herausragende Sammlungen aufgelöst und auf den Pariser Kunstmarkt gelangt waren, publizierte der Kunsthändler François-Charles Joullain (1734–1790) 1783 das wohl erste reine Provenienzverzeichnis, das *Répertoire de Tableaux, Dessins et Estampes. Ouvrage utile aux Amateurs. Première Partie*, mit Herkunftsnachweisen und Preisangaben von 368 bedeutenden Gemälden aus 29 Pariser Sammlungen.[30] Durch die Angabe der Verkaufspreise wird ein Zusammenhang zwischen der (prestigeträchtigen) Provenienz eines Werkes und seinem materiellen Wert hergestellt – ein Marktgesetz bis heute, auf das Jean Baudrillard 1968 mit diesen Worten hinwies: «Allein die Tatsache, daß ein bestimmter Gegenstand im Besitz einer berühmten, einflußreichen Person war, genügt, um seinen Preis in die Höhe zu treiben.»[31]

Auch in Galerieinventaren des 18. Jahrhunderts etabliert sich der Provenienznachweis neben der Bildbeschreibung und der Begründung der Zuschreibung als eigenständige Kategorie. Er dient auch hier vorrangig dazu, die Einzigartigkeit und Originalität eines Werkes zu beweisen. Hierfür zwei Beispiele aus Dresden und Wien.

1782 erschien in Dresden unter dem Titel *Abrégé de la vie des peintres, dont les tableaux composent la galerie electorale de Dresde. Avec le detail de tous les tableaux de cette collection & des éclaircissements historiques sur ces chefs-d'œuvres de la peinture*, der sich explizit an ältere kunsttheoretische und kunstgeschichtliche Schriften anlehnt, ein Buch über die kurfürstlich-sächsische Gemäldegalerie im Dresdner Stallhof. Ein Autor wird nicht angegeben, doch geht die Forschung heute einhellig von Johann August Lehninger (1730–1786) als Verfasser aus.[32] Abweichend von der bis dahin in Galeriepublikationen üblichen Erfassung der Gemälde entsprechend ihrer räumlichen Anordnung nahm Lehninger eine strenge kunstgeschichtlich-systematische Klassifizierung der Kunstwerke vor. Joachim Penzel würdigt Lehningers Innovationen wie folgt:

> «Als weitere richtungsweisende Innovation erscheint in Lehningers ‹Abrégé› die oft sehr ausführliche Angabe der Erwerbungsgeschichte und der Provenienz der einzelnen Kunstwerke. So finden sich zur ‹Sixtinischen Madonna› Ankaufsdatum und -preise für ihre Aufnahme in die Dresdner Sammlung. Für Corregios ‹Heilige Nacht› zitiert Lehninger in Anmerkungen sogar ausführlich frühere Verkaufsurkunden, wodurch die Geschichte des Bildes bis ins Künstleratelier zurückverfolgt und damit dessen Originalität sicher belegt werden konnte. Aus einer disziplingeschichtlichen Perspektive betrachtet, leistete Lehningers Catalogue raisonné mit derartigen Provenienznachweisen und Literaturangaben zu einzelnen Gemälden einen entscheidenden Beitrag zur Herausbildung wissenschaftlicher Sammlungsverzeichnisse.»[33]

Ähnliches lässt sich fast gleichzeitig in Wien beobachten. Dort entwickelte der Landschaftsmaler und (seit 1772) Galeriedirektor Joseph Rosa d. Ä. (1726–1805) das von Christian von Mechel angelegte protowissenschaftliche kunsthistorische Ordnungssystem der kaiserlich-königlichen Galerie zunächst in der Stallburg und dann im Oberen Belvedere wie auch des Galerieverzeichnisses nach geografisch-chronologischen

Kriterien weiter. 1796 brachte Rosa den zweibändigen Katalog *Gemälde der k. k. Gallerie* heraus. Der erste Band umfasst die italienischen Schulen, der zweite die niederländischen Schulen. In seinen Beschreibungen verbindet Rosa stilkritische und kennerschaftliche Ausführungen mit ausführlichen historischen und quellenkundlichen Bemerkungen zu einzelnen Werken, insbesondere zu deren Provenienz. Dabei bezieht er, wie dies bereits Christian von Mechel und Johann August Lehninger getan hatten, die Möglichkeiten archivarischer Forschung ein. So schreibt Rosa etwa über Raffaels Gemälde *Eine Heilige Familie unterm Palmbaume*,[34] es sei ursprünglich «Eigenthum des K. Karl von Borrome [gewesen]. Er überließ es, laut seinem Testamente, an ein Armenstift, wie es zu Mayland aus dem Archive der Kirche St. Celso zu ersehen ist. Die unvergessliche Kaiserin. Königin Theresia hat es mit schwerem Gelde gekauft.»[35] Die historische Leistung Joseph Rosas charakterisiert Uwe Hartmann wie folgt:

> «Seine quellenkundlichen und -kritischen Anmerkungen zu Fragen der Zuschreibung wie gerade auch zu den Zeitpunkten der Zugänge der einzelnen Werke in den Sammlungsbestand und zu ihrer Herkunft stellten eine neue Qualität dar, die in Ansätzen bereits den etwa 100 Jahre später entwickelten und durchgesetzten wissenschaftlichen Ansprüchen und Standards genügte.»[36]

Das 19. Jahrhundert, die «Verwissenschaftlichung» der Kunstgeschichte – und die Fälschung von Provenienzen auf dem Kunstmarkt

Wie im Falle der habsburgischen Galerie in Wien und Joseph Rosas standen den Kunstsammlungen anfänglich stets Künstler vor, während sich das moderne «Wissenschaftlermuseum», wie wir es kennen, erst ab dem zweiten Viertel des 19. Jahrhunderts herausbildete, parallel zur Etablierung der Kunstgeschichte als akademischer Disziplin.[37] 1830 wurde Gustav Friedrich Waagen (1794–1868) zum Gründungsdirektor der Königlichen Gemäldegalerie in Berlin berufen, womit in Deutschland erstmals ein Kunsthistoriker ein Museum leitete. Ein erster kunsthistorischer Lehrstuhl wurde 1813 in Göttingen als Ordinariat *ad personam* für Johann Dominik Fiorillo eingerichtet und dementsprechend nach seinem Ausscheiden nicht sogleich wieder besetzt. Den ersten verstetigten Lehrstuhl für Kunstgeschichte auf einer der Nominalprofessuren einer Universität, also ein Ordinariat im Wortsinne, etablierte 1860 die Philosophische Fakultät der Universität Bonn für Anton Springer (1825–1891), einen habilitierten Fachwissenschaftler.[38] Insgesamt wurden im dritten Viertel des 19. Jahrhunderts an acht Universitäten kunsthistorische Lehrstühle eingerichtet, nach Bonn nämlich 1863 in Wien (Rudolf von Eitelberger), 1872 in Straßburg (Anton Springer), 1873 in Leipzig (ebenfalls Anton Springer) und Berlin (Hermann Grimm), 1874 in Gießen (Josef Maria Hugo von Ritgen) und Prag (Alfred Woltmann).[39] Mit der «Verwissenschaftlichung» und institutionellen Etablierung der Kunstgeschichte setzten sich ab Mitte der 1850er-Jahre auch normative Standards für die Sammlungskatalogisierung durch – mehr oder weniger detaillierte Provenienzangaben gehörten als fester Bestandteil dazu.

Als Vorbild für die Kodifizierung wissenschaftlicher Katalogisierungsregeln diente das neue Gemäldeinventar des Louvre, das der Maler und Konservator Frédéric Villot (1809–1875) nach der von ihm verantworteten Neuordnung des Museums ab 1849 veröffentlichte. Sein dreibändiges Werk *Notice des tableaux exposés dans les galeries du Musée national du Louvre* war streng nach sieben wissenschaftlichen Kriterien aufgebaut, die er im Vorwort des ersten Bandes erläutert und begründet. Der siebte Grundsatz betrifft die Schilderung der «histoire du tableau». In diesem Abschnitt seien, so Villot, alle Angaben verzeichnet, die dem Beleg von Authentizität und Herkunft («son originalité et sa provenance») eines Werkes dienen, indem sie Auskunft darüber geben, in welchen Sammlungen und bei welchen berühmten Verkäufen es nachzuweisen ist, und wann genau es als Ankauf oder Schenkung in den Bestand des Louvre kam. Es seien eben diese Angaben, die dem Gemälde erst seine wahre Bedeutung und seinen wahren Wert («établissent ses titres, et fixent sa valeur») verliehen. Auch falsche oder zweifelhafte Zuschreibungen ließen sich letztlich nur mittels eines gesicherten Herkunftsnachweises korrigieren («l'authenticité est établie d'une manière incontestable par la provenance»).[40] Joachim Penzel fasst die Bedeutung von Villots Louvrekatalog wie folgt zusammen: «Vor allem durch die ausführlichen, manchmal bis zu zwei Seiten langen Provenienznachweise avancierte der Katalog nun zu einem Medium der Quellenpublikation, der Zuschreibungsbegründung und der Dokumentation der Forschungstätigkeit der Verwaltungsbeamten.»[41]

Wie sehr das Thema Provenienz ab Mitte der 1850er-Jahre ganz selbstverständlich Eingang in die kunsthistorische wie auch archäologische Publizistik im Zusammenhang mit Sammlungskatalogen findet, belegt ein Blick in die *Kunst-Chronik*. Diese erschien ab dem 30. Januar 1866 wöchentlich im Leipziger Seemann-Verlag als *Beiblatt zur Zeitschrift für bildende Kunst* und war für deren Abonnenten gratis. Die *Kunst-Chronik* informierte ausführlich über das aktuelle Kunstgeschehen und veröffentlichte Ausstellungs- und Buchbesprechungen sowie aktuelle Kurznachrichten u. a. über Auktionen, Kunstvereine, Wettbewerbe und Personen. In der Ausgabe vom 27. September 1867 wurde in einer namentlich nicht gekennzeichneten Notiz auf die Publikation *Die antiken Bildwerke des lateranensischen Museums*, Leipzig 1867, hingewiesen. In dem «soeben erschienenen stattlichen Bande» strebten die Autoren Otto Benndorf (1838–1907) und Richard Schöne (1840–1922), so die *Kunst-Chronik*, «mit höchster Gewissenhaftigkeit alle Bedingungen zu erfüllen […], die eine wissenschaftliche Benutzung des Museum Gregorianum ermöglichen. Der Werth dieser Publikation tritt in das rechte Licht, wenn man dieselbe mit der Vorarbeit Garrucci's vergleicht und namentlich berücksichtigt, wie wenig dort einem der ersten Gesichtspunkte, der Frage nach der Provenienz der Denkmäler genügt ist, von den übrigen Mängeln jener Publikation ganz abgesehen.»[42] Provenienzfragen räumt die *Kunst-Chronik* als «einem der ersten Gesichtspunkte» also hohe Priorität ein, ihre mustergültige Behandlung mache die besondere Qualität des Buches aus, gerade auch im Vergleich zu der genannten früheren Publikation.

Am 31. Januar 1868 veröffentlicht die *Kunst-Chronik* einen Bericht «Aus dem Wiener Belvedere». Darin berichtet der mit dem Kürzel W. Wy. zeichnende Autor über den neuen «Oberstkämmerer» der Hof-Behörde und seine Vorhaben für die «k. k. Galerie» im Belvedere, darunter die Einrichtung einer «Restaurir-Schule» und die Herausgabe eines neuen Kataloges. Hierzu bemerkt der Autor:

«Das Publikum […] will für sein Geld nicht ein bloßes Inventar einer Sammlung, es will einige Notizen über die Meister, nicht überlange aber gute Beschreibungen, welche auf das Beste an den Bildern aufmerksam machen, auch

> ist es neugierig genug sich für die Herkunft dieses oder jenes Kunstschatzes zu interessiren. Fast alle Kataloge der Welt sind diesem Bedürfnisse entgegengekommen; endlich soll dies, wie ich vernehme, auch bei uns geschehen. [...] Von einem höhern Standpunkte aus betrachtet, bietet ein Galerie-Katalog eine unschätzbare Gelegenheit, zur Vermehrung der künstlerischen Bildung des Publikums beizutragen. Die Provenienz unserer schönen Bilder ist zwar nicht oft zu eruiren, doch haben wir über manche [...] sehr pikante Geschichtchen zu erzählen; [...] Mit der Ermittelung der Provenienz hat es übrigens bei unserer Galerie große Schwierigkeiten, indem die aktenmäßigen Aufzeichnungen darüber sehr spärlich sich vorfinden, und diese wenigen Spuren überdies in ungeheuren Aktenhaufen der verschiedenen Archive zerstreut sind. [...] nicht selten [fehlen] die Akten über wichtige Zeitabschnitte [...], da man sie hat in die Stampfe wandern lassen.»[43]

Bezeichnend ist zum einen der explizite Verweis auf die Rezipienten, zum anderen jener auf Probleme bei den Provenienzrecherchen aufgrund fehlender und verstreuter Archivalien. Heutige Provenienzforscher können ein Lied davon singen!

Unter der Rubrik «Berichte vom Kunstmarkt» findet sich in der *Kunst-Chronik* vom 13. Dezember 1872 ein nur mit dem Buchstaben L. gezeichneter Vorbericht über «Die Auktion Sedelmeyer im Wiener Künstlerhause» am 20./21. Dezember 1872, in welchem insbesondere der Katalog gelobt wird,

> «nicht nur wegen seiner wahrhaft glänzenden Ausstattung [...], sondern vor Allem wegen der Sorgfalt und Gediegenheit, mit welcher er gearbeitet ist. Es war das eifrige Bestreben Herrn Sedelmeyer's, den Kunstfreunden das Beste zu bieten, was er seit Jahren im französischen, englischen und deutschen Kunstverkehr an Bildern moderner und alter Meister auftreiben konnte; mit kurzen, treffenden Beschreibungen oder auch nur Benennungen führt er es vor, fügt wenige Worte der Kritik, Hinweisungen auf die Provenienz und auf etwaige Publikationen der Bilder hinzu.»[44]

Im Zuge der Institutionalisierung der Kunstgeschichte und der damit einhergehenden Professionalisierung der Museumsarbeit wurden wissenschaftlich-systematische Standards bei der Verzeichnung von Kunstwerken also bereits seit einiger Zeit praktiziert, als der «Erste kunstwissenschaftliche Congress» im September 1873 in Wien empfahl, bei der Katalogisierung von Kunstwerken acht Grundsätze zu berücksichtigen, darunter als Nr. 5: «Notizen über die Herkunft und die Zeit der Erwerbung, den Preis, die frühere Geschichte jedes Bildes einschließlich des Nachweises der vorgenommenen Restaurationen.»[45] Das nach dem Kongress in Wien etablierte standardisierte Katalogisierungsverfahren, dem zufolge Provenienzangaben zu den grundlegenden Werkdaten gehören, blieb in seiner Grundstruktur im 20. Jahrhundert erhalten (und bleibt es im Prinzip bis heute).

Aber das 19. Jahrhundert kennt auch die Fälschung von Provenienzen. In seiner Studie über die Entwicklung des Pariser Kunstmarkts im 19. Jahrhundert berichtet Lukas Fuchsgruber über verschiedene Tricks der Händler, nicht vorhandene Provenienzen zu simulieren, indem die Objekte selbst oder aber ihr historischer Kontext manipuliert wurden. «Dieser wurde vom Publikum stark wahrgenommen und ging in die Bewertung mit ein. Ein derart aussagekräftiger Kontext, etwa eine Sammlung, die sich mit einem respektablen Namen verbindet, barg ein großes Manipulationspotenzial.»[46] Solche Nachrichten werfen ein Licht voraus auf die kriminelle Energie von Fälschern im 20. und 21. Jahrhundert, etwa des (2011 verurteilten) Wolfgang Beltracchi, der nicht nur Kunstwerke und Provenienzmerkmale fälschte, sondern auch zwei Sammlungen erfand.[47]

20. und 21. Jahrhundert: Auf dem Weg zur historisch-kritischen und standardisierten Provenienzangabe

Oben beschriebenes Katalogisierungsverfahren bestätigt zu Beginn des 20. Jahrhunderts kein Geringerer als Heinrich Wölfflin, der seinen 1908 in der Zeitschrift *Kunst und Künstler* erschienenen Text *Über Galeriekataloge* (in welchem er die Beschreibungspraxis in den Katalogen kritisiert) mit den Worten einleitet:

> «Jede gepflegte Galerie besitzt ihren ‹wissenschaftlichen› Katalog, das will sagen: einen Katalog, der neben den Hauptdaten zum Leben der Künstler die faksimilierten Signaturen und Datierungen enthält, die genauen Bildmaasse [sic], die Bezeichnung des Malgrundes und Malmittels, Angaben über die Herkunft des Bildes und über die ältesten Erwähnungen; […] auch pflegen Literaturverwei-

sungen kaum ganz zu fehlen, jedenfalls nicht, wenn widersprechende Beurteilungen vorliegen.»[48]

Außerhalb von Museumskatalogen wurde Provenienzen allerdings kaum Beachtung geschenkt, wie der Blick auf die beiden wichtigsten Gattungen kunsthistorischen Schrifttums im 19. Jahrhundert zeigt: In den großangelegten, stilgeschichtlich orientierten Überblickswerken und Handbüchern zur Kunstgeschichte (etwa von Franz Kugler, Karl Schnaase, Gottfried Kinkel und Anton Springer) sowie den auf die Lebensgeschichte und Werkanalyse fokussierten Künstlerbiografien (etwa von Gustav Friedrich Waagen über van Eyck, Hermann Grimm über Michelangelo und Raffael, Moriz Thausing über Dürer sowie Carl Justi über Velázquez) kommen Fragen der Herkunft und Geschichte von Kunstwerken allenfalls am Rande vor. Eine bis heute vorbildhafte Ausnahme bildet Johann David Passavants 1839 und 1858 in drei Bänden erschienene, insgesamt über 1600 Seiten umfassende, wissenschaftlich anspruchsvolle Raffaelbiografie.[49] Innovativ ist der kritische Werkkatalog im zweiten Band, «der mit seinen sorgfältig elaborierten Verzeichnissen und genauen Angaben zu jedem Werk die noch heute gültigen Maßstäbe für diese Textform prägt».[50] Der Katalog der Gemälde und Zeichnungen basierte auf einer Autopsie aller erreichbaren, damals Raffael zugeschriebenen Werke in europäischen Sammlungen durch Passavant selbst. Jede Werknummer enthält Angaben zur Provenienz – bis heute ein unverzichtbarer Bestandteil von Œuvreverzeichnissen.

Im 20. Jahrhundert gab es einige für die Provenienzforschung bahnbrechende Publikationen. Zu nennen ist hier an erster Stelle der niederländische Kunstkenner und Sammler Frits Lugt (1884–1970), der 1921 das Buch *Les Marques de collections de dessins & d'estampes* herausbrachte, ein bis heute unverzichtbares Standard- und Nachschlagewerk zu Stempeln und anderen Markierungen, die private und öffentliche Sammler sowie Künstler, Graveure, Drucker, Verleger und Händler auf Zeichnungen und Druckgrafiken anbrachten. Ein *Supplément* erschien 1956. In beiden Bänden verzeichnete Lugt 5216 solcher Provenienzmerkmale – jeweils mit Abbildungen, Charakterisierungen der Sammler und ihrer Kollektionen und Hinweisen auf Verkäufe.[51] Die Stempel verraten die Herkunft der Zeichnungen und Grafiken, schreibt Lugt 1921 in seinem Vorwort, in dem er mehrfach explizit den Begriff Provenienz («provenance») verwendet. Blätter ohne Markierungen seien «wie Findelkinder», solche mit Markierungen «wie mit Adelstiteln geschmückt».[52] 1947 gründete Frits Lugt die Fondation Custodia in Paris, um seine umfangreiche und bedeutende Sammlung von Zeichnungen und Grafiken Alter Meister zu verwalten.[53] Die Fondation Custodia pflegt und ergänzt bis heute die Datenbank zu den Sammlerstempeln, die seit 2010 frei im Internet abrufbar ist.[54] Berühmt ist darüber hinaus Lugts zwischen 1938 und 1987 in vier Bänden erschienenes *Répertoire des catalogues de ventes publiques intéressant l'Art ou la Curiosité*, das rund 100 000 Auktionskataloge Bildender Kunst aus der Zeit zwischen 1600 und 1925 in chronologischer Folge und mit Standortnachweisen verzeichnet.[55] Gleich im ersten Satz seines Vorwortes zum ersten Band des *Répertoire* macht Lugt deutlich, welch herausragende Bedeutung er der Provenienz eines Kunstwerkes beimisst: «La provenance, pour toute œuvre d'art, est un point essentiel.»[56]

Diese Aussage hätte Adolph Donath (1876–1937) zweifellos unterschrieben. Der aus Mähren stammende, während der Weimarer Republik in Berlin tätige Kunstkritiker und Herausgeber von *Der Kunstwanderer – Zeitschrift für alte und neue Kunst, für Kunstmarkt und Sammelwesen* und des *Jahrbuchs für Kunstsammler* wies in mehreren Schriften auf die Bedeutung der Provenienz hin. Seine aus heutiger Sicht hellsichtigen Ausführungen seien an dieser Stelle ausführlich gewürdigt. 1911 erschien die erste Auflage seines weitverbreiteten Buches *Der Kunstsammler – Psychologie des Kunstsammelns* als Band 9 der *Bibliothek für Kunst- und Antiquitätensammler*. Darin heißt es über die Provenienz als «stärkstes Mittel» und «unerschütterliches Dokument» für den Beweis der Authentizität von Kunstwerken:

> «Einen viel schwereren Stand haben die Sammler von erstklassigen alten Bildern. Kunsturteile, die seit Jahrzehnten geprägt sind, scheinen plötzlich wie weggewischt; Kunstwerte, die längst gefestet sind, über Nacht herabgesetzt. Denn da kommt eines Tages einer, der ‹neue› Lehren verkündet, neue Theorien aufstellt, Meister, die etwas galten, augenblicks erdrosselt, Bilder, die Generationen überdauert haben, schlankweg für falsch erklärt. Doch den Museen geht es nicht besser als den Privatsammlern, und das mag für diese ein Trost sein. Freilich haben viele von ihnen das stärkste Mittel in Händen, den Gegner sofort zu entwaffnen: die Provenienz des betreffenden Kunstwerks. Denn vor der Provenienz beugen sich selbst die verwegensten Neuerer. Sie ist ein uner-

> schütterliches Dokument, das durch Dokumente bezeugt wird. Wer heute das Glück hat, Bilder sein eigen zu nennen, die einst zur Beckford-Kollektion, zur Marlborough-, Hope- oder Ashburton-Sammlung, zur Weber- oder Lippmann-Sammlung gehörten, Sammlungen also, die von Kennern hundertmal gesiebt und mikroskopiert sind, dem werden selbst die temperamentvollsten Bilderstürzer kaum etwas anhaben können.»[57]

1925 folgte als Band 28 der genannten *Bibliothek für Kunst- und Antiquitätensammler* Donaths Band *Technik des Kunstsammelns*. Er enthält im Kapitel «Schicksal und Wanderung» eine äußerst bemerkenswerte Passage über die Schicksale und Wanderungen von Kunstwerken, die wertsteigernde Bedeutung der Provenienz, die Wichtigkeit der wissenschaftlichen Auswertung von Provenienzmerkmalen sowie die Verquickung der Historie des Kunstwerkes mit der des Sammlers. Der Absatz sei in Gänze zitiert:

> «Die Kunstwerke wandern. Das war und ist ihr Schicksal, und niemals wird es sich ändern. Für den Sammelnden aber, der selbst in der Welt herumkommt [...] [,] wird dieses ‹Gesetz› der Wanderung zu einem Hilfsmittel seiner bei Ernst und Reife sich mählich weitenden Technik. So ein Bild, das gewandert ist, hat sein ‹Pedigree›, und die Feststellung der Provenienz sichert ihm oft die Aufwertung seines Wertes, nicht allein die des künstlerischen[,] sondern auch die des materiellen. Den Wissenschaftler führen die Einzelmerkmale der Provenienz eines namenlosen Kunstwerks, die sich aus Inventaren, Akten, Inschriften, Siegeln, Sammlerstempeln, Katalogen ergeben, vielfach zu seiner Urherkunft, denn es gibt Fälle, wo selbst für die Stilkritik stärkere Behelfe notwendig sind als der Intellekt oder unsere Seele [...]. Hat aber der Wissenschaftler die Herkunft des namenlosen Kunstwerks dank Schicksal und Wanderung ‹bestimmt›, dann wächst die Bedeutung des Werkes für den Markt und den Sammler. Und selbst jene signierten Werke, denen das Meisterzeichen angeboren ist, gewinnen noch an Markt- und Sammlerwert, wenn ihre Wanderung durch Sammlungen von Ruf beglaubigt wird. So verquickt sich das Schicksal des Kunstwerkes mit dem des Sammlers. Und so wird mitunter auch jener Sammler, der nie in der Öffentlichkeit gestanden, zu einer historischen Figur.»[58]

In dem Kapitel geht Donath auch auf außereuropäische Kunst ein («Selbstverständlich spielt auch für den Japan-Sammler die Provenienz eine Rolle.») sowie auf die Breite der Kunstgattungen: «Nicht anders als mit den Bildern, Skulpturen, Möbeln und mit der Graphik steht es mit der alten Keramik. Denn auch die Keramik wandert.»[59] Besonderes Augenmerk richtet er indes auf die Sammlerstempel bei alten Grafiken und ihre preissteigernde Funktion:

> «Neben diesem Schicksal und dieser Wanderung der Bilder interessieren uns vor allem auch die ‹Erlebnisse› der alten Graphik. Wer die Graphik-Auktionen besucht, merkt […] sofort, daß die älteren Sammler und Händler die einzelnen Blätter hin- und herwenden, um die Sammlerstempel zu kontrollieren. Große Graphiksammler haben nämlich zumeist ihre Sammlermarke. Sie drücken sie der Rückseite der Blätter auf, um deren Besitztum zu kennzeichnen. Und diese Marken, die manchmal die Blätter ganz dicht bedecken – die Museen besitzen seit jeher ihre Sammlungsstempel –, tragen, indem sie die Provenienz beweisen und mit ihr den Gang der Wanderung, selbstverständlich zur Erhöhung des Marktwerts des betreffenden Blattes bei. Sind solche ‹Sammlermarken› vorhanden – der Holländer Frits Lugt führt sie genau in seiner verdienstvollen Arbeit auf – [,] dann steigt selbst jenes Blatt im Preise, das sonst nicht sonderlich begehrt wird.»[60]

Auf die Wichtigkeit der Rückseiten geht ebenfalls der Berliner Kunsthistoriker und Galerist Wilhelm August Luz (1892–1959) in seinem Aufsatz *Die Rückseite alter Bilder* ein, der 1931 in der von Adolph Donath herausgegebenen Zeitschrift *Der Kunstwanderer* erschien. Darin betont er die Notwendigkeit eines kritischen Umgangs mit Provenienzmerkmalen:

> «Wichtige Aufschlüsse über die Geschichte des Bildes und seiner Herkunft vermögen die in Siegellack abgedruckten Siegel der Eigentümer und schriftliche Notizen zu geben, wie sie hauptsächlich bei Erbteilung angebracht wurden. Allerdings sind Siegelabdrucke wie alte Zettel übertragbar. Man wird daher gut daran tun, auch ihnen gegenüber kritisch zu sein. Künstlersignaturen auf der Rückseite betrachte man kritisch. Sie sind häufig später nachgezogen worden. Dagegen sind Zettel, die auf Auktionen Bezug nehmen, wichtige Hinweise, die vorzüglich geeignet sind, den Weg des Bildes im Lauf der Jahrhunderte zu verfolgen.»[61]

Eine Fortsetzung von Frits Lugts Bemühungen um die Erforschung der Provenienzen Alter Meister gibt es seit 1981: den Getty Provenance Index am Getty Research Institute.[62] Das Projekt startete mit einem Verzeichnis italienischer Gemälde in britischen Auktionskatalogen des 19. Jahrhunderts, das Burton B. Fredericksen, erster Kurator des 1974 eröffneten J. Paul Getty Museums in Malibu, zusammenstellte. Bis in die 1990er-Jahre wurden die Daten des Index in Form gedruckter Bücher veröffentlicht,[63] seit 1996 in einer kostenfrei zugänglichen Datenbank im Internet. Diese umfasst inzwischen über 2,3 Millionen Datensätze zu Kunstwerken in privaten und öffentlichen Sammlungen mehrerer europäischer Länder von 1520 bis 1880, die durch die systematische Erschließung historischen Quellenmaterials wie Inventaren, Auktionskatalogen und Händlergeschäftsbüchern erstellt wurden.[64] In jüngerer Zeit fanden darüber hinaus alle Daten, die seit 2010 im Zuge des internationalen Kooperations- und Digitalisierungsprojekts *German Sales* erstellt wurden, Eingang in den Getty Provenance Index. *German Sales* stellt mehr als 11 000 digitalisierte Kataloge – überwiegend aus Deutschland, Österreich und der Schweiz aus dem Zeitraum 1901 bis 1945 – im Open Access und im Volltext durchsuchbar zur Verfügung.[65] Die Datenbank umfasst in erster Linie Kataloge von ca. 380 Auktionshäusern, aber auch Galerie-, Lager- und Antiquariatskataloge – eine unverzichtbare Quelle nicht nur für die Provenienzforschung, sondern auch für die Erforschung des Kunstmarkts und des Sammelns. Am Beispiel der *German-Sales*-Datenbank haben Wissenschaftler des Fraunhofer-Instituts für Produktionsanlagen und Konstruktionstechnik IPK untersucht, inwiefern moderne Computer-Vision-Verfahren, also künstliche Intelligenz, bei der Bildrecherche in digitalen Auktionskatalogen helfen kann. Die Machbarkeitsstudie kam zu dem vielversprechenden Ergebnis, dass KI-basierte Bildsuchverfahren auch für die Provenienzforschung geeignet sind.[66] Die Digitalisierung wird auch in Zukunft der Provenienzforschung ganz neue Möglichkeiten eröffnen.[67]

Im aktuellen Museumsbetrieb wie auch im Kunst- und Auktionshandel gehört professionelle Provenienzforschung zum Standard. Dazu zählt auch der kritische Umgang mit Provenienzmerkmalen, den, wie oben zitiert, Wilhelm August Luz schon 1931 eingefordert hatte. Nicht alle Quellen sind zuverlässig und vertrauenswürdig, im optimalen Fall findet man daher immer zwei Quellen, die einen Sachverhalt, etwa ein Glied in einer Provenienzkette, dokumentieren. Die mittlerweile etablierten inhaltlichen und formalen Standards, die weit über das bloße Inventarisieren hinausgehen, können dem *Leitfaden zur Standardisierung von Provenienzangaben* entnommen werden, den der Arbeitskreis Provenienzforschung e. V. 2018 vorgelegt hat. Er wird in Kapitel 4 ausführlich vorgestellt.

3. TRANSLOKATION VON KULTURGÜTERN

Niemand weiß, wie viele Objekte in den weltweit über 80 000 Museen[1] aufbewahrt werden – allein in der Smithsonian Institution in Washington, D. C., dem größten Museumskomplex auf der Erde, sollen es über 155 Millionen sein, der weitaus umfangreichste Teil davon Naturalien im National Museum of Natural History, der Rest Artefakte.[2] Die größte Kultureinrichtung in Deutschland, die Stiftung Preußischer Kulturbesitz, besitzt in 15 Sammlungen etwa 4,7 Millionen Objekte aus den Bereichen Kunst, Archäologie und Ethnologie.[3] Eines aber ist sicher: Die allermeisten Dinge in den Museen der Welt wurden ursprünglich nicht für Museen angefertigt, sondern von einem anderen Ort dorthin gebracht. Es gibt nur sehr wenige Ausnahmen, etwa wenn zeitgenössische Künstler beauftragt werden, Werke gezielt für ein Museum zu schaffen. Mit Willibald Sauerländer können wir also festhalten:

> «So setzt sich der riesige Kunstbesitz, der heute in den Museen der Alten und Neuen Welt bewahrt wird, aus lauter expropriierten und von ihrem ursprünglichen Bestimmungsort entfernten, dislozierten Gegenständen zusammen. Der Wechsel der Besitzverhältnisse ist dabei meist nicht nur ein einziges Mal erfolgt. [...] Nicht immer ist nach einer [...] Odyssee [die] Spur bis zum Ursprungsort zurückzuverfolgen. Man muss Auktionskataloge, Inventare, Besitzerarchive durchsehen, um diese Wanderungen zu rekonstruieren [...]. [...] So ist die Ortssicherung der Versuch einer wissenschaftlichen Repatriierung.»[4]

Anders gesagt: Ohne die millionenfache Verlagerung und Zirkulation von Kulturgütern gäbe es unsere Museen nicht, könnte es sie gar nicht geben. Dabei steht die Musealisierung am Ende eines oft langen historischen Prozesses, in dessen Verlauf die Kulturgüter vielfach ihren Ort und Besitzer gewechselt haben. Denn seit der Antike werden Kulturgüter transferiert, infolge von Kriegen, Kreuzzügen, Entdeckungs- und Eroberungsreisen oder Handelsbeziehungen, auf dem Kunstmarkt und beim Auf- und Ausbau von Sammlungen, aufgrund von Migration, touristischen Reisen, Raubgrabungen oder Diebstahl. Hierzu sind zahlreiche Schrift- und Bildquellen überliefert. Diese legen nicht nur Zeugnis von der physischen Verbringung von Objekten ab, sondern lassen auch Rückschlüsse auf Bedeutungs- und Funktionswandel sowie materielle Veränderungen zu, welche die Objekte im Zuge der Ortsverbringungen erfahren.

Es geht also um die Translokation von Kulturgütern und die Frage, welchen Einfluss der damit einhergehende Prozess der Dekontextualisierung und Neukontextualisierung auf die Objekte selbst und ihre Rezeption hat. Und es geht um Provenienzforschung als die Methode, welche die «Wanderungen zu rekonstruieren» (Sauerländer) versucht, um damit Wege zum Verständnis des Objekts, seiner Wahrnehmung und des jeweiligen historischen Kontextes freizulegen.

Translokation, Kulturgut, Kulturgutschutz

Zunächst zu den Begriffen. *Translokation* ist ein Kompositum aus zwei lateinischen Wörtern, nämlich der Präposition trans (= über, hinüber, hindurch, jenseits) und dem Substantiv locus (= Ort). Translokation bedeutet wörtlich also Ortsversetzung, Ortsverschiebung, Ortsverlagerung, Ortsverbringung.

Kulturgut wird im Duden definiert als etwas, was als kultureller Wert Bestand hat und bewahrt wird. Dabei unterscheidet man materielle und immaterielle Kulturgüter. Zu den materiellen Kulturgütern zählen immobile Güter wie archäologische Fundstätten, historische Bauwerke (die indes nicht immer unbeweglich sind, wie weiter unten gezeigt wird), Gärten und Industriedenkmale sowie mobile Güter wie Werke der Bildenden Kunst und des Kunsthandwerks, Handschriften und Bücher, aber auch Gegenstände, die in religiös-kultischen Kontexten verwendet werden. Materielle Kulturgüter werden in Bibliotheken, Archiven, Museen und Privatsammlungen gesammelt. Zu den immateriellen Kulturgütern gehören Sprachen, darstellende Künste (Theater), Bräuche, Musik, Tänze, Rituale, Feste sowie mündliche Überlieferungen und Fertigkeiten der Menschen. Kulturgut hat neben dem materiellen Wert immer auch eine ideell-symbolische, identitätsstiftende Bedeutung für Individuen, Familien, ehtnische Gruppen, Gesellschaften oder Staaten. Die Gesamtheit aller menschlichen Kulturgüter wird als kulturelles Erbe oder Kulturerbe bezeichnet (*cultural heritage*).

Als *Kulturgutschutz* bezeichnet man alle Maßnahmen, die Kulturgüter vor Zerstörung, Plünderung, Beschädigung, Diebstahl oder auch Abwanderung aus dem eigenen Land schützen. Als juristische Grundlage dient eine Reihe von nationalen Gesetzen und internationalen Abkommen.[5] Zu Letzteren gehört die «Haager Landkriegsordnung» vom 18. Oktober 1907. 1899 und 1907 fanden in der niederländischen Stadt Den Haag internationale Konferenzen statt, auf denen die Staatengemeinschaft zum ersten Mal in der Geschichte versuchte, den Krieg völkerrechtlich zu reglementieren und friedliche Regelungen zur Lösung zwischenstaatlicher Konflikte vorzuschreiben. Dies war nicht zuletzt Resultat der pazifistischen Bewegung des 19. Jahrhunderts.[6] Aus den Haager Konferenzen gingen eine Reihe multilateraler Vereinbarungen hervor, die als Haager Abkommen oder Haager Konventionen bezeichnet werden. Diese enthalten kriegsvölkerrechtliche Regelungen, die heute auch von gewohnheitsrechtlicher Bedeutung sind und einen wichtigen Teil des humanitären Völkerrechts darstellen. Wesentliche Teile der «Haager Landkriegsordnung» wurden in die Genfer Abkommen von 1949 mit ihren zwei Zusatzprotokollen von 1977 übernommen sowie in der «Haager Konvention zum Schutz von Kulturgut bei bewaffneten Konflikten» von 1954 und ihren Protokollen bestätigt und erweitert.

Die folgenden Artikel aus der Haager Landkriegsordnung von 1907 bildeten die völkerrechtliche Grundlage für den militärischen Kunstschutz in beiden Weltkriegen, auf den weiter unten eingegangen wird. Artikel 27 lautet:

> «Bei Belagerungen und Beschießungen sollen alle erforderlichen Vorkehrungen getroffen werden, um die dem Gottesdienste, der Kunst, der Wissenschaft und der Wohltätigkeit gewidmeten Gebäude, die geschichtlichen Denkmäler, die Hospitäler und Sammelplätze für Kranke und Verwundete soviel wie möglich zu schonen, vorausgesetzt, daß sie nicht gleichzeitig zu einem militärischen Zwecke Verwendung finden. Pflicht der Belagerten ist es, diese Gebäude oder Sammelplätze mit deutlichen besonderen Zeichen zu versehen und diese dem Belagerer vorher bekanntzugeben.»

Und in Artikel 56 heißt es:

> «Das Eigentum der Gemeinden und der dem Gottesdienste, der Wohltätigkeit, dem Unterrichte, der Kunst und der Wissenschaft gewidmeten Anstalten, auch wenn diese dem Staate gehören, ist als Privateigentum zu behandeln. Jede Beschlagnahme, jede absichtliche Zerstörung oder Beschädigung von derartigen Anlagen, von geschichtlichen Denkmälern oder von Werken der Kunst und Wissenschaft ist untersagt und soll geahndet werden.»[7]

Weitere Bestimmungen garantieren den Schutz des Privateigentums (Artikel 46) und statuieren ein ausdrückliches Plünderungsverbot (Artikel 47). Diese Artikel konnten jedoch erhebliche Beschädigungen und Zerstörungen von Kulturgut in beiden Weltkriegen nicht verhindern.

Translokation – ein (relativ) neues Forschungsfeld

Die wissenschaftliche Beschäftigung mit der Verlagerung und Zirkulation von Kulturgütern ist nichts grundsätzlich Neues, wird aber erst seit wenigen Jahren systematisch betrieben. So interessiert sich die jüngere vergleichende Kulturanalyse für die transkulturelle Bedeutung der Wanderung von Objekten (*Kulturtransfer*) und die Provenienzforschung für die Herkunft und (Besitz-)Geschichte von Kulturgütern. Für das Projekt einer *Global Art History* haben sich Untersuchungen von Objekten in Bewegung, ihrer Zirkulation über Zeiten und Kulturen hinweg, als ausgesprochen fruchtbar erwiesen.[8]

In den letzten Jahren haben sich gleich mehrere Forschungsprojekte der Erforschung dieses Phänomens gewidmet. Zu Idee und Konzept des an der Technischen Universität Berlin angesiedelten epochen- und länderübergreifenden Großprojektes «translocations – Historical Enquiries into the Displacement of Cultural Assets», das in der ersten Phase von 2017 bis 2020 lief, heißt es auf dessen Webseite:

> «Auseinandersetzungen um die territoriale Verlagerung von Kulturgütern in Kriegs- und Friedenszeiten sind ein wesentlicher Bestandteil kulturgeschichtlicher Narrationen und hochaktuell. [...] Kaum ein Tag vergeht, ohne dass Juristen, Museumsleute, Politiker, Ethnologen und Archäologen, Kunsthänd-

ler, politische Aktivisten und Journalisten, Künstler und Schriftsteller um ‹gerechte› kulturpolitische Entscheidungen etwa in Restitutionsstreitigkeiten ringen. Meist wird gefragt: Wem gehören die Objekte? Wer hat ein Recht auf ihre Deutung? Welchen Wert hat Provenienzforschung dabei? Heute werden nicht nur die mit physischer Gewalt erzwungenen Verlagerungen der Vergangenheit als problematisch angesehen. Zunehmend geraten auch solche Formen von Translokationen in die Kritik, die aus wissenschaftlichen oder ästhetischen Bedürfnissen heraus erfolgten und durch asymmetrische Machtverhältnisse […] begünstigt wurden. […] *translocations – Historical Enquiries into the Displacement of Cultural Assets* möchte wissenschaftlich fundierte Erkenntnisse über die sozialen, politischen und kulturellen Implikationen von Kulturgutverlagerungen der Vergangenheit als Orientierungshilfe für die Zukunft liefern.»[9]

Das Projekt umfasste die Erstellung eines digitalen Atlasses, eines Glossars, einer Sammlung kommentierter Quellentexte zu Kulturgutverlagerungen seit der Antike sowie einer Bilddatenbank zur Ikonografie der Bewegung von Kulturgut – wahre Fundgruben für die Beschäftigung mit dem Thema.[10]

Das zweite Forschungsprojekt, auf das hier hingewiesen werden soll, lief von 2016 bis 2019 und richtete den Fokus auf eine Region innerhalb Europas und auf ein Jahrhundert: «Transfer of Cultural Objects in the Alpe Adria Region in the 20th Century», abgekürzt «TransCultAA». Inhalt und Konzept des Projektes werden wie folgt beschrieben:

«Erstmals widmet sich ein Forschungsprojekt mit transnationalem und transdisziplinärem Ansatz dem Transfer von Kulturgütern im Alpen-Adria-Raum des 20. Jahrhunderts […]. Im Zentrum steht die Instrumentalisierung des materiellen Kulturerbes im Zuge kollektiver und nationaler Identitätsbildungsprozesse; hierzu gehören zum Beispiel der Aufbau, die Zerstörung und die Translokation von Sammlungen sowie historische und aktuelle Auseinandersetzungen um Besitz und Eigentum von Kulturgütern. Das Forschungsprojekt […] untersucht am Beispiel einer Region Südmitteleuropas die konkreten Folgen einer Geschichte von Transfers, Translokationen, Verschiebungen, Beschlagnahmungen, von Raub und Diebstahl von Kulturgütern.»[11]

Immobil, aber nicht zwingend *in situ*

Kulturgüter, die nie transloziert wurden, sondern sich seit ihrer Erschaffung am ursprünglichen Ort und in der ursprünglichen Position befinden, bezeichnet man als *in situ* (wörtlich «am Ort»). Das betrifft naturgemäß vor allem Gebäude, die man zu den immobilen, also *per definitionem* unbeweglichen Kulturgütern zählt, aber auch bewegliche Kulturgüter, die oft über Jahrhunderte an ihrem angestammten Ort in Funktion sind, vor allem in sakralen Kontexten. So sind in vielen Fällen die Ausstattungsstücke mittelalterlicher Kirchen wie Taufbecken und Altarretabel *in situ* überliefert.

Exemplarisch sei ein berühmter Altar genannt, der sich rund 450 Jahre an seinem Ort befand – bis ihn die Nationalsozialisten demontierten und abtransportierten: der monumentale, von Veit Stoß (1447–1533) und seiner Werkstatt im letzten Viertel des 15. Jahrhunderts am Ort geschaffene *Marienaltar* in der Krakauer Marienkirche. Zu Beginn des Zweiten Weltkriegs wurde er im besetzten Polen von Kajetan Mühlmann (1898–1958), einem der aktivsten Kunsträuber im Nationalsozialismus, geraubt und von Hans Posse (1897–1942), dem ehemaligen Direktor der Dresdner Gemäldegalerie und ab 1939 Sonderbeauftragten Hitlers für den «Sonderauftrag Linz», für das geplante «Führermuseum» in Linz ausgewählt. Nach Kriegsende gaben ihn die Alliierten an die Stadt Krakau zurück, die ihn nach einer Restaurierung zunächst in der Burganlage auf dem Wawel, dem Hügel im Zentrum von Krakau, ausstellte. 1957 brachte man den Altar wieder an seinen ursprünglichen Platz im Chor der Marienkirche zurück. Abgesehen von der knapp 20-jährigen Unterbrechung im Zweiten Weltkrieg und danach befand sich der Altar also stets *in situ*. Bauwerke befinden sich in aller Regel *in situ*. Aber es gibt Ausnahmen.[12]

Die berühmte marmorne *Heilige Stiege (Scala Santa)*, welche zur Kapelle *Sancta Sanctorum* im Lateran hinaufführt, soll der Überlieferung nach aus dem Palast von Pontius Pilatus in Jerusalem stammen und von Jesus zu Beginn seiner Passion beschritten worden sein, weswegen sie Kaiserin Helena (um 248–330), die Mutter Konstantins des Großen (reg. 306–337), im Jahre 325 nach Rom bringen ließ. Nach einer anderen christlichen Legende verlegten Engel das Haus Mariens, um es vor den Moslems zu retten, im 13. Jahrhundert von Nazareth über mehrere Stationen nach Loreto in Italien, wo sich die *Santa Casa* zum beliebten Wallfahrtsort entwickelte.

Im Falle des realen physischen Transfers, also der Versetzung, Verlegung oder Verschiebung von Gebäuden oder Gebäudeteilen, spricht die Baudenkmalpflege von Translozierung – in der Regel ein langwieriger, bautechnisch und finanziell aufwendiger Prozess, der nach den heute allgemein anerkannten Grundsätzen der Denkmalpflege und des Denkmalschutzes nur in Ausnahmefällen erfolgen soll, wenn es zum Schutz des betreffenden Kulturgutes unbedingt erforderlich ist. Frühe Beispiele von Translozierungen sind etwa jene der 1593 eingeweihten Rittergutskapelle im niedersächsischen Barnstedt, die 1731 auf Baumstämmen innerhalb des Guts an ihren heutigen Standort gerollt wurde, oder jene der 1864 erbauten neogotischen Kapelle St. Joseph im saarländischen Wallerfangen, welche 1879 per Schiff über die Saar nach Mettlach umgezogen wurde. Freilichtmuseen bewahren häufig translozierte und rekonstruierte Baudenkmale, um sie der Nachwelt zu erhalten. Der schwedische und zugleich norwegische König Oskar II. gründete 1881 das weltweit erste Freilichtmuseum in Christiana, dem heutigen Oslo.[13] Zur königlichen Sammlung historischer Gebäude gehörte die Stabkirche Gol aus dem 13. Jahrhundert, die 1884 in der Ortschaft Gol in Einzelteile zerlegt, zum heutigen Standort transloziert und dort wieder rekonstruiert wurde. Rund 750 Stabkirchen, also in Stabbauweise aus Baumstämmen errichtete Kirchen, gab es im Mittelalter in Norwegen, die allermeisten davon sind heute nicht mehr erhalten. Einige wenige wurden im späten 19. Jahrhundert, als man sich auf die geschichtlichen Wurzeln Norwegens besann, an sichere Standorte versetzt, so wie die Stabkirche von Gol oder auch jene von Fantoft in Bergen. Zwischen den 1950er- und 1970er-Jahren erlebte die Gattung des Freilichtmuseums einen großen Aufschwung. Hierfür ein Beispiel: Seit 1978 sind im Freilichtmuseum Ballenberg in Hofstetten bei Brienz über 100 historische, dorthin translozierte Wohn- und Wirtschaftsbauten aus allen Landesteilen der Schweiz zu sehen.

Zwei weitere Beispiele für translozierte Gebäude: Der Hagener Mäzen und Museumsstifter Karl Ernst Osthaus verstarb 1921 in Meran in Südtirol. Seine Grabkapelle wurde auf dem dortigen Friedhof errichtet. 1971, anlässlich des 50. Todestages und mit Ablauf der Nutzungsrechte der Meraner Grabstätte, ließ die Stadt Hagen die über 24 Tonnen schwere Kapelle mit den sterblichen Überresten nach Hagen translozieren und dort im Garten des Hohenhofes, des ehemaligen Wohnhauses von Osthaus und seiner Familie, wiedererrichten. Dies entsprach dem Wunsch des Verstorbenen wie auch seiner Familie. Ein letztes Beispiel aus jüngster Zeit: Das sogenannte *Bundesbüdchen*, ein 1957 im ehemaligen Bonner Regierungsviertel errichteter und als Baudenkmal unter Denkmalschutz gestellter Kiosk, wurde 2006 wegen des Neubaus einer Kongresshalle abgebaut und eingelagert, bis er 2020 unweit des ursprünglichen Standortes eine neue Heimat fand.

Auch baugebundene Kunstwerke wie Steinskulpturen und -reliefs, Wandbilder und Mosaike befinden sich, da sie fest mit einem bestimmten Gebäude verbunden sind, meist *in situ*. Dennoch kommen Ablösungen und Translozierungen hin und wieder vor. So stammt das Apsismosaik der in den Jahren 1845 bis 1848 errichteten Friedenskirche im Schlosspark Sanssouci in Potsdam aus der Klosterkirche San Cipriano auf der Insel Murano nördlich von Venedig. Als die Kirche des aufgegebenen Klosters abgerissen werden sollte, erwarb der preußische Kronprinz Friedrich Wilhelm (1795–1861) (der spätere König Friedrich Wilhelm IV.) auf seiner zweiten Italienreise das im ersten Drittel des 13. Jahrhunderts geschaffene, rund 60 Quadratmeter große Mosaik. Es wurde 1835/36 von der Wand abgenommen, auf Gipsplatten aufgezogen und auf dem Wasserweg nach Potsdam überführt, wo es in die für die Maße des Mosaiks neu errichtete Apsiskuppel der Friedenskirche eingefügt wurde. Der Nazarener Johann von Schraudolph (1808–1879) malte in der Mitte des 19. Jahrhunderts den romanischen Dom zu Speyer aus. Bei der Restaurierung des Doms in den Jahren 1957 bis 1961 zerstörte man einen Großteil der Fresken, weil man sie als kitschig empfand und den ursprünglichen Raumeindruck des romanischen Baus rekonstruieren wollte. Glücklicherweise löste man damals einen Teil der Fresken ab, um sie der Nachwelt zu erhalten. Seit 2012 sind diese Reste im restaurierten Zustand im Kaisersaal des Speyerer Domes dauerhaft ausgestellt.

Häufiger als die Versetzung ganzer Bauwerke oder baugebundener Kunst ist die von Bauteilen, den in Kapitel 2 bereits erwähnten Spolien. Der Begriff leitet sich vom lateinischen *spoliare* (= der Kleider berauben) ab. Im antiken Rom bezeichnete *spolium* ursprünglich ein Beutestück, nämlich eine dem besiegten Feind abgenommene Rüstung.[14] In der Kunstgeschichte werden mit diesem Begriff Bauteile wie etwa Portale, Säulen, Friese, Reliefs, Skulpturen oder Inschriften bezeichnet, die aus älteren Gebäuden stammen und in neuen architektonischen Zusammenhängen wiederverwendet werden. Spolien unterliegen mithin immer einem Ortswechsel, also einer Translozierung bzw. Translokation. Der neue Ort und der neue bauliche Kontext können eine neue Bedeutung stiften. Das Phänomen ist seit der Antike bekannt: So wurden bei der Errichtung des Konstantinsbogens in Rom in den Jahren 312 bis 315 ältere Bauteile wiederverwendet. Beim Bau der Pfalzkapelle in Aachen (nach dem Vorbild von San Vitale in Ravenna) in den Jahren um 800 ließ Karl der Große (reg. 768–814) mit päpstlicher Erlaubnis antike Säulen aus Rom und Ravenna einbauen[15] – ein hochsymbolischer Akt, stellte sich der Frankenkönig Karl doch in die Tradition und Abfolge der römischen Kaiser, was am 1. Weihnachtstag des Jahres 800 in der Kaiserkrönung durch Papst Leo III. (reg. 795–816) in Alt St. Peter in Rom gipfelte. Die physische Einverleibung der Säulen bedeutete hier also auch eine symbolische Inbesitznahme. Dass es sich bei den Säulen um antike Spolien handelte, blieb in den folgenden Jahrhunderten im kulturellen Gedächtnis. Albrecht Dürer jedenfalls kannte ihre Provenienz. Über seinen Besuch in Aachen am 23. Oktober 1520 auf der Rückreise von Antwerpen notierte er: «Zu Ach hab ich gesehen die proportionierten seulen mit ihren guten capitelen von porfit grün und rot und gassenstein, die Carolus von Rom dahier hat bringen lassen und do einflicken.»[16] Bezeichnend ist auch das weitere Schicksal der Spolien: Im Herbst 1794 wurden die antiken Säulen während der Besetzung der linksrheinischen Territorien des Alten Reiches durch die französischen Revolutionstruppen herausgebrochen und nach Paris geschafft. 1815 gelangte etwa die Hälfte der Säulen nach Aachen zurück, andere verblieben im Louvre. Erst in den 1840er-Jahren wurden sie erneut im Oktogon der Pfalzkapelle eingebaut, die fehlenden Stücke wurden durch neu hergestellte ersetzt. Ein Beispiel aus dem 20. Jahrhundert: *The Cloisters*, eine 1938 im nördlichen Manhattan eröffnete Zweigstelle des Metropolitan Museum of Art, wurde unter Verwendung von mittelalterlichen Kreuzgängen, die vor dem Ersten Weltkrieg in die USA verbracht worden waren, und anderen Spolien meist französischer Klöster errichtet.

Mobil, daher ziemlich sicher (mehrfach) transloziert

Die bei weitem größte Zahl materieller Kulturgüter ist mobil und wechselt im Laufe ihrer Existenz mehrfach Ort und Besitzer.[17] Dabei differieren die Ursachen, Hintergründe, historischen, politischen und kulturellen Kontexte und Implikationen sowie Folgen der Translokationen ganz erheblich. Erfahren die Objekte im Zuge der Orts- und Besitzerwechsel materielle Veränderungen, etwa Beschädigungen oder auch Ergänzungen? Wie wandelt sich ihr Gebrauch, ihre Funktion, ihre Wahrnehmung? Mit welchen Bedeutungen werden die Objekte aufgeladen, welche Rolle spielen sie für das kulturelle Selbstverständnis in den jeweiligen Gesellschaften? Ein in religiös-kultischen Zusammenhängen verwendeter Gegenstand in einer afrikanischen Gemeinschaft hat eine andere Bedeutung und wird anders wahrgenommen als derselbe Gegenstand in einem ethnologischen Museum im Westen. Ein seit Generationen in Familienbesitz befindliches Bild hat für die Familie vermutlich primär ideell-emotionale Bedeutung, dasselbe Bild im Museum ist dort Teil einer kunsthistorischen Erzählung, im Kunsthandel wiederum zählt primär sein Marktwert. Handelt es sich bei dem Bild um NS-Raubkunst und wird es an die Erben der ehemaligen Eigentümer restituiert, schreiben sich dem Werk durch die Restitution ganz neue Bedeutungen ein – als Zeichen der ehemaligen Verfolgung der Familie ebenso wie der Bemühungen um Entschädigung und Wiedergutmachung.

Versuch einer Systematisierung

Wer oder was setzt Kulturgüter in Bewegung – und warum? Welche Begriffe, Ursachen und Gründe gibt es dafür, welche Kategorien lassen sich bilden? Die nachfolgende Systematisierung erhebt keinen Anspruch auf Vollständigkeit. Erfasst werden auch solche Kategorien, die nicht (zwingend) zu einer dauerhaften Verlagerung von Kulturgütern bzw. zu einer Veränderung der Besitzverhältnisse führen, also auch völlig unstrittige Aktionen wie etwa Ausleihen zu Ausstellungen oder Schenkungen. Nicht immer sind die Kategorien strikt trennbar, es gibt Überschneidungen und Grenzfälle.

Translokation von Kulturgütern im Zuge von …

Militärisch-kriegerischen Auseinandersetzungen und staatlichen Maßnahmen
Entdeckungsfahrten, Expeditionen, wissenschaftlichen Ausgrabungen
Handel und Reisen
Kunstmarkt und Sammlungswesen
Museums- und Ausstellungsbetrieb
Bilateralen oder multilateralen Vereinbarungen
Migration
Wiederverwendungen von Bauteilen
Maßnahmen der Denkmalpflege
Liturgischem Brauchtum
Vererbungen, Schenkungen, Stiftungen, Dauerleihgaben
Raub und Diebstahl
Restitution

Im Folgenden werden die einzelnen Kategorien näher erläutert und Beispiele aufgeführt.

Militärisch-kriegerische Auseinandersetzungen und staatliche Maßnahmen

Kulturgüter, die im Zuge militärisch-kriegerischer Auseinandersetzungen geraubt werden, bezeichnet man als Beutegut.[18] Die Motive für den gewaltsamen Kunstraub, der lange Zeit als legitimes Recht des Siegers galt, und seine Implikationen sind vielschichtig: Indem Kulturgüter wie Trophäen mitgeführt und zur Schau gestellt wurden, demonstrierte der Sieger seine Macht und Überlegenheit und demütigte den überwundenen Gegner. Zugleich hat die Aneignung von Kulturgütern neben der ökonomisch-materiellen immer auch eine ideell-symbolische Dimension, die auf die kulturelle Identität des Gegners zielt, welche sich in Objekten manifestiert und materialisiert. Wenn darüber hinaus – wie etwa unter Napoleon – Archive und Bibliotheken geraubt werden, eignet sich der Sieger zudem noch das schriftliche Gedächtnis des Besiegten an. Dass der Raub von Kulturgütern tiefe Traumata hervorrufen kann, unterstrichen Walter I. Farmer (1911–1997) und andere amerikanische Kunstschutzoffiziere in ihrem «Wiesbadener Manifest» vom 7. November 1945, in dem sie (erfolglos) gegen die Verbringung von Kunstschätzen aus deutschen Museen in die USA protestierten: «Wir möchten darauf hinweisen, dass unseres Wissens keine historische Kränkung so langlebig ist, so viel gerechtfertigte Verbitterung hervorruft wie die [...] Wegnahme eines Teiles des kulturellen Erbes einer Nation.»[19] Zugleich können der Verlust und gegebenenfalls die Rückerlangung von Kulturgütern zu einer gesteigerten ästhetischen, politischen und symbolischen Bedeutung dieser Objekte, zu einer größeren Wertschätzung führen, wie Yann Potin am Beispiel der napoleonischen Konfiszierungen betont: «Viele beschlagnahmte und restituierte Objekte wurden fortan zu Projektionsflächen für patriotische Bestrebungen; in vielen Hauptstädten Europas verwandelten sich Museen und Bibliotheken nach 1815 in Orte einer neuen nationalen Affirmation.»[20] Staatlich organisierter Kulturraub und kriegerische Handlungen gehen in der Geschichte oft (wenn auch nicht immer) Hand in Hand, weswegen sie hier innerhalb einer Kategorie behandelt werden.

Von der Antike bis ins 19. Jahrhundert galt es als Privileg des Siegers, das Eigentum des Besiegten zu zerstören, zu plündern und zu rauben: «Kunstraub war an der Tagesordnung und wurde als Bestandteil eines Beute- und Plünderungsrechts im Krieg gebilligt.»[21] Schon aus dem Alten Orient, von den Babyloniern, Assyrern und Persern, sowie aus der griechisch-römischen Antike sind in Text- und Bildquellen Fälle der gewaltsamen Aneignung von Götterstatuen und Kultbildern, in Einzelfällen auch spätere Restitutionen von Raubgut, überliefert.[22] Im Zuge der Eroberung Babylons durch den assyrischen König Tukulti-Ninurta I. gegen Ende des 13. Jahrhunderts v. Chr. wurde die Kultstatue des Hauptgottes Marduk erbeutet und nach Assyrien verbracht, worüber in einer Chronik berichtet wird.[23] Beispiele finden sich auch in den griechischen Mythen: Die Argonautensage handelt von der Fahrt des Helden Iason und seiner Begleiter nach Kolchis im Kaukasus und der Suche nach dem Vlies des Chrysomeles, eines goldenen Widders, der fliegen und sprechen konnte. Unter Führung Iasons und mithilfe von dessen Geliebter, der Zauberin Medea, raubten die Argonauten das Goldene Vlies und brachten es nach Iolkos, wo es Pelias übergeben wurde. Das erzählt der Dichter Homer in seinem Epos *Odyssee* (12,70),

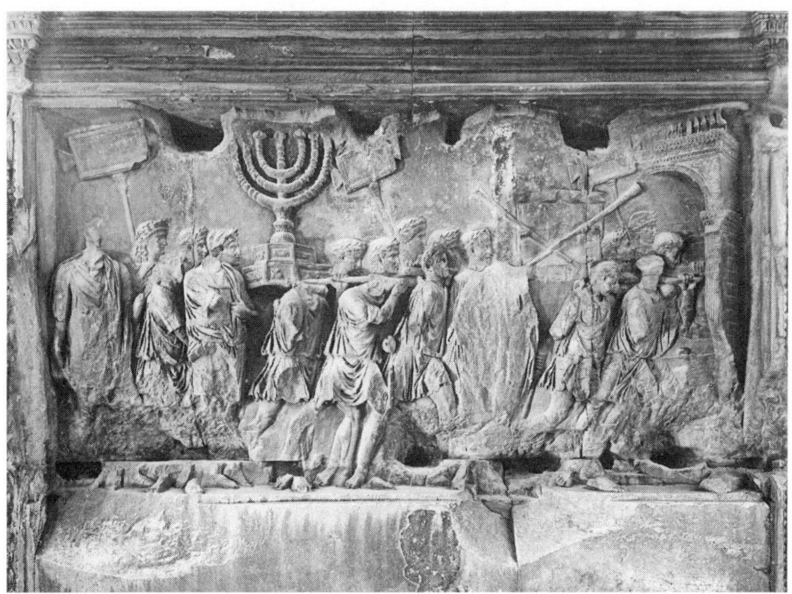

Abb. 3 Marmorrelief am Titusbogen, nach 81 n. Chr., Rom, Forum Romanum, ca. 200 × 390 cm. Soldaten tragen den siebenarmigen Leuchter aus dem Tempel in Jerusalem auf das Kapitol.

das wohl um die Wende vom 8. zum 7. Jahrhundert v. Chr. entstand. Der griechische Geschichtsschreiber und Dichter Herodot überliefert im 5. Jahrhundert v. Chr., dass der persische Großkönig Xerxes I. (reg. 486–465 v. Chr.) nach der Eroberung Babylons die kostbare, ganz aus Gold gefertigte Statue des thronenden Gottes Baal aus dem Tempel geraubt habe. Und der Dichter Euripides erzählt in seinem zwischen 414 und 412 v. Chr. verfassten Drama *Iphigenie auf Tauris* vom Raub der Statue der Göttin Artemis in Tauris und ihrer «Entführung» nach Attika. Berühmt sind auch die Reden des Marcus Tullius Cicero (106–43 v. Chr.) gegen Gaius Verres (115–43 v. Chr.) aus dem Jahr 70 v. Chr., in denen er dessen Plünderungen und Raubzüge während seiner Statthalterschaft auf Sizilien anprangert – ein frühes Beispiel für eine Quelle, in der Kunstraub gerügt wird.[24]

Bleiben wir im antiken Rom: Octavian (63 v. Chr.–14 n. Chr.), der spätere Kaiser Augustus, besiegte 31 v. Chr. in der Schlacht bei Actium die Armeen des römischen Feldherren Marcus Antonius (83 v. Chr.–30 v. Chr.) und dessen Geliebter Kleopatra VII. (69 v. Chr.–30 v. Chr.). Ägypten wurde römische Provinz. In der Folge raubten Octavian und seine Nachfolger mehrere ägyptische Obelisken und ließen sie als Symbol ihrer Macht in Rom aufstellen. Noch heute befinden sich daher in Rom acht ägyptische Obelisken.[25]

Höchste Bewunderung zollten die Römer der griechischen Kunst, die nach erfolgreichen Eroberungszügen als wertvolle Beute in Triumphzügen durch Rom geführt und öffentlich ausgestellt wurde. Einige der berühmtesten Werke Griechenlands wurden gleich mehrfach geraubt. So berichtet Pausanias (110–180 n. Chr.) von der Erosstatue der Thespianer, einem Werk des Praxiteles oder des Lysipp, das sich Kaiser Caligula (reg. 37–41 n. Chr.) mit nach Rom nahm, «von wo sie durch Kaiser Claudius zurückgesandt wurde, um erneut von Nero entführt zu werden und im großen Feuer umzukommen».[26] Das Schicksal der gewaltsamen Aneignung widerfuhr auch dem Tempelschatz aus Jerusalem, den der Feldherr und spätere Kaiser Titus (reg. 79–81 n. Chr.) im Jahr 71 n. Chr. als Beute aus dem Judäischen Krieg (66–74 n. Chr.) mitbrachte. Am Titusbogen auf dem Forum Romanum in Rom, der nach 81 n. Chr. von Kaiser Domitian (reg. 81–96 n. Chr.) als Sieges- und Ehrenbogen für seinen Bruder und Vorgänger Titus errichtet wurde, zeigen Reliefs den Triumphzug des Titus auf das Kapitol. Auf einem der Reliefs an den Durchgangswänden des Bogens tragen römische Soldaten die Kriegsbeute: einen Altar, Silbertrompeten und einen großen siebenarmigen, vermutlich goldenen Leuchter, genannt Menora (Abb. 3).

Ein eigenes Kapitel in der Geschichte der gewaltsamen Umverteilung von Kunstbesitz schrieb die Zeit der Kreuzzüge (1096–1291). Der Vierte Kreuzzug führte jedoch nicht in das Heilige Land, sondern zur Stadt Konstantinopel (der damaligen Hauptstadt des byzantinischen Reiches, dem heutigen Istanbul), die die französischen, deutschen und venezianischen Kreuzfahrer unter Führung des Dogen Enrico Dandolo 1204 eroberten.[27] Die Kreuzritter brachten als Beute unzählige Kunstwerke, Goldschmiedearbeiten und kostbare Reliquiare – also Behältnisse mit Überresten von Körpern Heiliger oder Seliger oder auch Gegenstände, die mit diesen Körpern in Berührung gekommen waren (Kontaktreliquien) – zurück in ihre Heimat. Unter diesen Kunstwerken

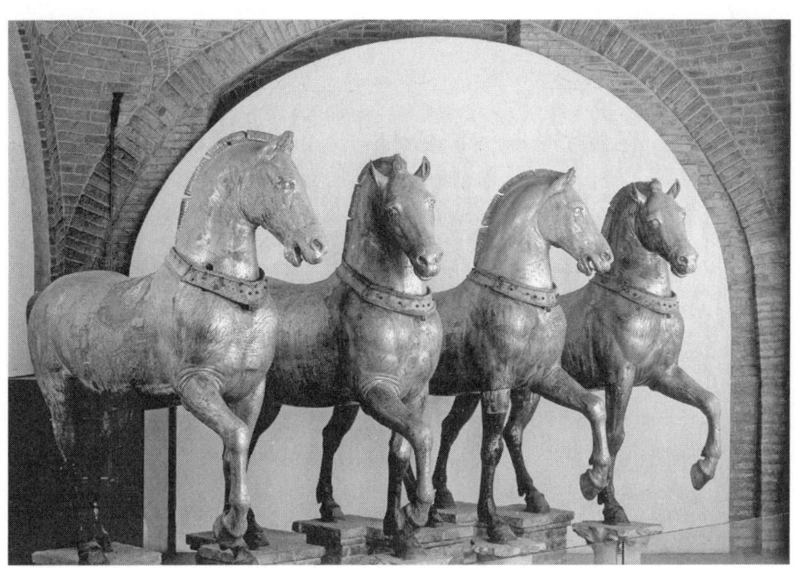

Abb. 4 Die Pferde von San Marco, 3/4. Jahrhundert n. Chr., spätrömische Kopie einer späthellenistischen Quadriga, Bronze, Museo San Marco, Venedig. Unter Konstantin d. Gr. nach Konstantinopel verbracht und am Hippodrom aufgestellt; dort 1204 von den Venezianern geraubt, nach Venedig transloziert und über dem Hauptportal der Markuskirche aufgestellt; 1797 von Napoleons Truppen demontiert, nach Paris transportiert und dort später auf dem Arc de Triomphe du Carrousel platziert; 1815 Rückgabe nach Venedig.

befanden sich auch die vier antiken vergoldeten Bronzepferde einer Quadriga aus dem Hippodrom von Konstantinopel (Abb. 4), die in Venedig über dem Hauptportal der Markuskirche aufgestellt und zu einem Wahrzeichen der Lagunenstadt wurden.[28] Die vier Pferde zogen die begehrlichen Blicke Napoleons auf sich, der sie demontieren und nach Paris verfrachten ließ, wo sie im Juli 1798 per Schiff ankamen und später auf dem Arc de Triomphe du Carrousel Aufstellung fanden. Im Dezember 1815, also nach 18 Jahren, wurden die Bronzepferde nach Venedig zurückgebracht. Nicht nur Venedig profitierte vom Vierten Kreuzzug, sondern auch andere Städte; darunter Limburg an der Lahn, dessen Dom ein goldenes Reliquiar aus Konstantinopel besitzt, und Halberstadt in Sachsen-Anhalt, in dessen Domschatz mehrere Reliquien und kostbare byzantinische Goldschmiedearbeiten gelangten.[29]

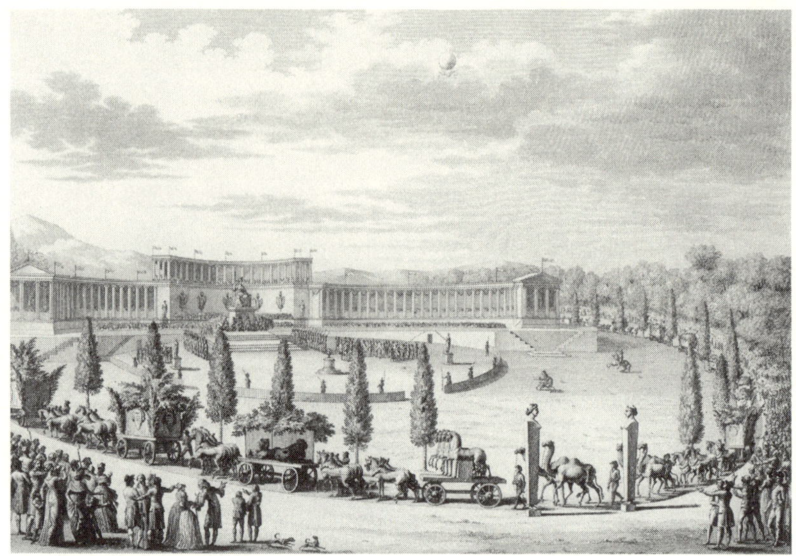

Abb. 5 Nach Pierre-Gabriel Berthault, *Einzug der italienischen Kunstwerke in Paris*, 1798, Radierung, 24 × 30,3 cm, Paris, Musée Carnavalet, Inv.-Nr. G29240. Im Sommer 1798 ziehen in einer feierlichen Prozession in der Arena des Marsfeldes die in Italien geraubten Kulturgüter in Paris ein. Vorne in der Mitte, zwischen einem Käfig mit zwei lebenden Löwen und vier Dromedaren, die vier Pferde von San Marco.

Napoleon I. (1769–1821) gehört zu den größten Kulturguträubern der europäischen Geschichte (Abb. 5).[30] Der gebürtige Korse stieg während der Französischen Revolution in der Armee auf und gelangte 1799 als Erster Konsul an die Macht in Frankreich. 1804 krönte er sich zum Kaiser der Franzosen. Um die Vormachtstellung Frankreichs in Europa auszubauen, führte Napoleon ab 1799 Krieg gegen alle europäischen Staaten. Im Zuge seiner Eroberungen ließ Napoleon von Kunstkommissaren in ganz Europa Tausende von Kunstwerken requirieren und in den Louvre bringen, der 1803 in «Musée Napoléon» umbenannt wurde. Dessen erster Generaldirektor wurde der Connaisseur und Sammler Dominique-Vivant Denon (1747–1825), Napoleons einflussreicher Berater in allen kunstpolitischen Angelegenheiten und Chefstratege des Kunstraubs (den er vielerorts persönlich vornahm).[31] Das «Musée Napoléon» sollte ein Pantheon der europäischen Kunst seit der Antike, Paris damit zur Hauptstadt der europäischen Kunst werden. Neu war indes die Rechtfertigungsstrategie: Der Kunstraub wurde nämlich nicht mehr, wie in den Jahrhunderten zuvor, mit dem Siegerrecht begründet, sondern er geschah im Namen der Freiheit, des Fortschritts und des Universalismus: Das universelle Kulturerbe der Menschheit sollte seine natürliche Heimstätte im Lande der Freiheit haben, also in Frankreich («patrimoine libéré» = «befreites Kulturerbe»), und dort in einem Universalmuseum der Öffentlichkeit zugänglich sein. Der große Erfolg des «zusammengeraubten» Musée Napoléon bei Gelehrten, Künstlern und Kunstliebhabern aus aller Welt «sorgte dafür, daß selbst die erbittertsten Gegner der französischen Aneignungspolitik sich besänftigten».[32]

Dass der Begriff «napoleonischer Kunstraub» in die Irre führt, weil bereits das revolutionäre Frankreich gewaltsam Kulturgüter transferierte, und zudem nicht nur Kunstwerke, sondern auch Bibliotheken, naturkundliche Objekte und Archive betroffen waren, unterstreicht zu Recht Yann Potin:

> «Der sogenannte ‹napoleonische Kunstraub› war weder rein napoleonisch noch ausschließlich auf die Kunst konzentriert. Die großangelegten Konfiszierungskampagnen, die Frankreich ab 1794 in allen von ihm besetzten Ländern Europas durchführte, waren zuächst eine Erfindung des Konvents, ein Beschluss der gesamten Nation, ein republikanischer Akt gegen die vermeintliche Gewaltherrschaft der Fürsten, und sie betrafen neben Kunstwerken auch naturkundliche Sammlungen und ganze Bibliotheken.»[33]

Die Translokation von Archiven aus ganz Europa nach Paris, «die mit unglaublichem Eifer und unter großem Kostenaufwand»[34] betrieben wurde, dauerte von 1810 bis 1814. Wilhelm Treues Resümee lautet: «Versucht man, das Entscheidende aller dieser Vorgänge in den Jahren 1789 bis 1815 festzuhalten, so kommt man zu dem Ergebnis, daß die Kunstwerke Europas in einem Ausmaß wie nie zuvor in *Bewegung* gerieten.»[35]

Napoleons Abdankung im Jahr 1814 brachte auch das Ende des «Musée Napoléon», denn die Sieger forderten nun das Raubgut zurück. So erfolgte etwa 1814 die Rückgabe von Johann Gottfried Schadows *Quadriga* – Napoleons Armee hatte sie 1806 auf dem Brandenburger Tor in Berlin demontiert und abtransportiert –, was ihr im Berliner Volksmund die Bezeichnung «Retourkutsche» einbrachte. Zwischen

1814 und 1816 wurde ein Großteil der während der Revolution und des Kaiserreichs nach Paris verschleppten Kulturgüter nach und nach ihren rechtmäßigen Eigentümern zurückgegeben.[36] Trotz dieser umfangreichen Restitutionen wurden nicht alle vom revolutionären und napoleonischen Frankreich erbeuteten Gegenstände zurückgeführt[37]– was im Deutsch-Französischen Krieg 1870/71 dazu führen sollte, dass sich Preußen auf die Rückforderung entsprechender Objekte vorbereitete.[38] Im Ersten Weltkrieg (1914–1918) spielten die Pläne zur Rückgewinnung deutscher Kunstwerke aus Frankreich, aber auch aus Belgien und Russland dann eine Rolle beim (weiter unten behandelten) militärischen Kunstschutz, der Kunstwerke beschlagnahmte, um sie in künftigen Friedensverhandlungen als Faustpfänder oder als Entschädigung für eigene Verluste einzusetzen.[39]

In der Zeit des Kolonialismus, unter der nationalsozialistischen Diktatur sowie in der Sowjetischen Besatzungszone und in der DDR kam es zur gewaltsamen Enteignung und Translokation von Kulturgütern in erheblichem Ausmaß. In Kapitel 5 wird ausführlicher auf diese historischen Unrechtskontexte eingegangen.

Militärisch-kriegerische Auseinandersetzungen führten freilich nicht nur zur gewaltsamen Aneignung von Kulturgütern als Kriegsbeute, sondern auch zu anderen Formen und Facetten der Translokation: Hier sind vor allem der militärische Kunstschutz in beiden Weltkriegen sowie die Auslagerung von Kulturgütern als Schutz vor dem Bombenkrieg zu erwähnen.

Zunächst zum Kunstschutz: 1919 erschien das von Paul Clemen (1866–1947) herausgegebene zweibändige Werk *Kunstschutz im Kriege*.[40] Der Kunsthistoriker Paul Clemen war von 1893 bis 1911 der erste Provinzialkonservator der preußischen Rheinprovinz und begründete damit die amtliche Denkmalpflege im Rheinland. Zudem lehrte er bis zu seiner Emeritierung 1936 am Kunsthistorischen Institut der Universität Bonn. Von Oktober 1914 bis Kriegsende war Clemen von der Obersten Heeresleitung damit beauftragt, an der West- und Ostfront «die Baudenkmäler in den besetzten Gebieten zu erfassen, als Grundlage für praktische Schutzmaßnahmen eine Bestandsaufnahme der Kriegsschäden vorzunehmen und gefährdete Objekte sicherzustellen».[41] Damit war das Konzept eines militärischen Kunstschutzes in einem fremden Kriegsgebiet bzw. einem besetzten Land begründet, Vergleichbares hatte es in früheren bewaffneten Konflikten nicht gegeben. Völkerrechtliche Grundlage dafür war, wie oben erwähnt, die Haager Landkriegsordnung von 1907, die den Schutz der Kulturgüter im Kriegsfall festschrieb. Die jüngere Forschung hat indes gezeigt, dass der militärische Kunstschutz (trotz des positiv konnotierten Begriffes Schutz) viele Facetten hatte und entsprechend differenziert betrachtet werden muss, da es dabei häufig auch um unterschiedlichste Formen der materiellen wie ideellen kulturellen Aneignung sowie um die Demonstration von Macht und Überlegenheit ging. Zudem waren in den Wirren des Krieges die Grenzen zwischen Schutz und Raub, Evakuierung und Beschlagnahme, Rettung und Plünderung bisweilen fließend. Diese Feststellung und die damit verbundene schwierige Frage nach der Bewertung der Aktivitäten des Kunstschutzes bzw. der Kunstschützer gelten prinzipiell auch für den militärischen Kunstschutz im Zweiten Weltkrieg. Erneut war hier eine Bonner Persönlichkeit an vorderster Front tätig: Franziskus Graf Wolff Metternich zur Gracht (1893–1978), ein Schüler Paul Clemens, trat in mehrfacher Hinsicht in die Fußstapfen seines Lehrers: Er war von 1928 bis 1950 Provinzial- und späterer Landeskonservator der Rheinprovinz und ab Beginn des Westfeldzugs im Mai 1940 «Beauftragter für Kunstschutz beim Oberkommando des Heeres». Auf seine Initiative hin wurden bei den Militärverwaltungen der von der Wehrmacht eroberten und besetzten Länder Frankreich, Belgien, Niederlande, Griechenland, Serbien und Italien sukzessive Kunstschutzabteilungen aufgebaut. Zudem lehrte er wie Clemen am Kunsthistorischen Institut der Universität Bonn.[42] Ein grundlegender Unterschied zwischen dem Kunstschutz im Ersten und jenem im Zweiten Weltkrieg liegt hingegen in der Verstrickung des Letzteren mit dem systematischen Kulturgutraub des NS-Regimes, ein Thema, das sich im Zusammenhang mit dem Ersten Weltkrieg nicht stellt, weil es in diesem keinen staatlich angeordneten Kunstraub gab.

Mobile Kulturgüter in Museen, Bibliotheken und Archiven in von Kriegshandlungen bedrohten oder bereits betroffenen Gebieten wurden in beiden Weltkriegen vorsorglich evakuiert und an (vermeintlich) sichere Orte wie Kellergewölbe, Bunker oder Bergwerkstollen gebracht. Die Auslagerung war ein weiteres wichtiges Motiv für die Translokation von Kulturgütern in den Weltkriegen, der erwähnte militärische Kunstschutz spielte dabei eine aktive Rolle.

Bei Weitem nicht alle von Museen, Bibliotheken und Archiven ausgelagerten Kulturgüter konnten nach Kriegsende zurückgeführt werden, entweder, weil sie infolge des Krieges zerstört wurden, oder, weil sie – häufig auf ungeklärte Weise – aus den Depots verschwanden, etwa in Folge von Diebstählen oder Plünderungen durch Soldaten und Zivilisten. Im Mai 1945, wenige Tage nach Kriegsende, vernichteten zwei heftige Brände, deren Umstände nie aufgeklärt werden konnten, im Berliner Flakbunker Friedrichshain 434 Gemälde und zahlreiche Skulpturen aus dem Kaiser-Friedrich-Museum, die dorthin ausgelagert waren. Von den Skulpturen, die zurückkehrten, waren viele schwer beschädigt. Andere Werke der Berliner Gemäldegalerie, die im Krieg nach Thüringen evakuiert und dort von der US-Armee beschlagnahmt worden waren, gingen nach Kriegsende auf eine Ausstellungstournee durch die USA und wurden nach einer Zwischenstation in Hessen in den 1950er-Jahren zusammen mit anderen Beständen an die neu gegründete Stiftung Preußischer Kulturbesitz in Berlin (West) zurückgegeben. Darüber hinaus kamen in den Jahren 1955 und 1958 rund 1,5 von insgesamt 2,5 Millionen Sammlungsstücken, die 1945/46 von der Roten Armee in die Sowjetunion verbracht worden waren, in die DDR zurück.[43] Ein weiteres Kapitel in der Geschichte der Translokation der Berliner Sammlungen schrieb die deutsche Wiedervereinigung, in deren Folge die während der Teilung Deutschlands auf die Museen im Osten und Westen der Stadt aufgeteilten Bestände wieder zusammengeführt wurden.

Von vielen im Krieg ausgelagerten Objekten fehlt bis heute jede Spur, andere tauchen nach Jahrzehnten plötzlich wieder auf. Hierfür ein Beispiel: Die Universitäts- und Landesbibliothek Bonn hatte einen Teil ihrer Bestände während des Zweiten Weltkrieges evakuiert. Bevor diese wieder in das Universitätshauptgebäude zurückgeführt werden konnten, das bei einem verheerenden Bombenangriff am 18. Oktober 1944 in Schutt und Asche gelegt worden war, wurden sie von 1946 bis 1950 in einem ehemaligen Luftschutzbunker im Bonner Stadtteil Gronau zwischengelagert. Dort kam eine Reihe wertvoller Bücher unter bis heute ungeklärten Umständen abhanden. 2017 tauchten einige der vermissten Stücke in einem Londoner Auktionshaus wieder auf.[44] Über das Unternehmen wurde der Kontakt zur belgischen Einlieferin hergestellt, die weitere in Bonn entwendete Bücher verwahrte. Mit ihr konnte eine gütliche Einigung erzielt werden, so dass 2018 schließlich insgesamt 645 Bände bzw. Objekte nach Bonn zurückkehrten, darunter elf mittelalterliche und zwei neuzeitliche Handschriften, zwei Urkunden, ein Siegel, zwei historische Karten und 40 Inkunabeln. Wie waren diese Objekte, die sich aufgrund von Provenienzmerkmalen eindeutig der Bonner Bibliothek zuordnen ließen, in die Hand der Belgierin gekommen? Sie hatte sie von ihrem Vater geerbt, der als belgischer Soldat nach dem Zweiten Weltkrieg in Bonn stationiert war. Wann und wie die Bücher in seinen Besitz gekommen waren, lässt sich bislang nicht rekonstruieren. Die Bücher wurden infolge des Krieges also gleich mehrfach transloziert: zunächst aus dem Hauptgebäude evakuiert, dann im Gronaubunker zwischengelagert, ebendort gestohlen, nach Belgien verbracht und dort über Jahrzehnte gelagert, dann teilweise ins Londoner Auktionshaus überführt – und schließlich aus London und Belgien nach fast 70 Jahren zurück nach Bonn transferiert.

Auch die im Auftrag Hitlers für das in Linz an der Donau geplante «Führermuseum» in ganz Europa geraubten Kunstwerke (unter anderem der oben erwähnte Krakauer *Marienaltar* von Veit Stoß) wurden in mehreren bombensicheren Depots gehortet, darunter eines im sogenannten «Führerbau» in München, ein weiteres in der aufgelösten Benediktinerabtei Kremsmünster. Die Bestände aus München und Kremsmünster wurden ab Mai 1944 in das österreichische Salzbergwerk von Altaussee gebracht. Am 8. Mai 1945 kapitulierte die deutsche Wehrmacht, der von Deutschland begonnene Zweite Weltkrieg war in Europa beendet. Bereits am 13. Mai übernahmen amerikanische Kunstschutzoffiziere das Salzbergwerk von Altaussee. Ab dem 17. Juni wurden die Kunstwerke in den Central Collecting Point nach München transportiert, der sich im «Führerbau» und im Verwaltungsbau der NSDAP befand. Der Münchner Central Collecting Point war die wichtigste Sammelstelle für NS-Raub- und Beutegut[45] – auch die Sammlung von Hermann Göring (1893–1946) wurde vom Auslagerungsort Berchtesgaden hierher transferiert –, in der Kunstwerke aus den drei westlichen Besatzungszonen eingeliefert, registriert, auf ihre Herkunft hin untersucht und, soweit möglich, bis 1951 sukzessive restituiert wurden.[46] Über den Münchner Central Collecting Point wurden insgesamt über 250 000 Kunstwerke sowie unzählige Bücher und Archivalien zurückgeführt – so etwa, als erstes restituiertes Kunstwerk überhaupt, der berühmte *Genter Altar* von Jan van Eyck.

> «Seine Rückführung nach Belgien war ein Vorgang von großer symbolischer Bedeutung. Von München wurden die Tafeln am 21. August 1945 per Flugzeug nach Brüssel transportiert, begleitet von Kunstoffizier Capitain Posey, und dort vom amerikanischen Botschafter feierlich dem belgischen Prinzregenten übergeben. Nach einer Ausstellung im Palais Royal in Brüssel kehrten die Tafeln im Oktober 1945 an ihren angestammten Platz in St. Bavo in Gent zurück.»[47]

Napoleon und Hitler sind zwei besonders gravierende Beispiele dafür, wie militärisch-kriegerische Auseinandersetzungen häufig mit staatlich organisiertem Kunstraub einhergehen. Aber auch in Friedenszeiten ist staatliches Handeln häufig der Grund für die Translokation von Kulturgütern. Ein Beispiel, ebenfalls aus der NS-Diktatur, bietet die Aktion «Entartete Kunst» 1937.[48] Unter diesem Kampfbegriff der politischen Propaganda führten die Nationalsozialisten ihre Kampagne gegen die moderne Kunst, die dazu diente, die NS-Ideologie zu verbreiten und Feindbilder zu konstruieren (wie auch der mitunter synonym gebrauchte Begriff «jüdisch-bolschewistische Kunst» zeigt). Bereits wenige Wochen nach dem Machtantritt vom 30. Januar 1933 fanden in mehreren Städten Sonderausstellungen statt, in denen der jeweils vorhandene Bestand an moderner Kunst in diffamatorischer Weise zur Schau gestellt wurde. Am 19. Juli 1937 eröffnete Adolf Ziegler (1892–1959), Maler und Präsident der «Reichskammer der bildenden Künste», in den Münchner Hofgartenarkaden die Ausstellung «Entartete Kunst». Das «Reichsministerium für Volksaufklärung und Propaganda» schickte sie zwischen 1938 und 1941 in 13 weitere Städte des damaligen Reiches, wobei sich ihre Zusammenstellung ständig veränderte. Vor der Münchner Ausstellung hatte Ziegler – ausgestattet mit einem Erlass von Propagandaminister Joseph Goebbels (1897–1945) – in den wichtigsten Museen moderner Kunst in Deutschland Hunderte von Kunstwerken beschlagnahmt und nach München schicken lassen. Dieser ersten Aktion folgte bald darauf eine zweite, weitaus umfangreichere. Dabei wurden in 101 Museen rund 21 000 Kunstwerke konfisziert (davon etwa ein Drittel Bilder, Skulpturen, Aquarelle und Zeichnungen und zwei Drittel

Druckgrafiken).[49] Am 31. Mai 1938 wurde das «Gesetz über Einziehung von Erzeugnissen entarteter Kunst» erlassen. Es schrieb die entschädigungslose Enteignung der beschlagnahmten Kunstwerke zugunsten des Reiches fest und beauftragte Propagandaminister Joseph Goebbels mit der Durchführung. Auf diese Weise sollte der Kahlschlag in den Museen nachträglich legalisiert und eine gesetzliche Grundlage für die systematische «Verwertung» der 1937 konfiszierten Kunst geschaffen werden. Knapp die Hälfte der als «entartet» beschlagnahmten Kunstwerke wurde verkauft oder gegen ältere Kunst eingetauscht und etwas mehr als ein Drittel zerstört, der Rest verblieb als nicht verkaufte Kommissionsware bei den beauftragten Händlern, diente zur Bestückung der Wanderausstellung «Entartete Kunst» etc. Immer wieder tauchen verschollene und verloren geglaubte Werke wieder auf, zuletzt ein umfangreiches Konvolut im Besitz von Cornelius Gurlitt (1932–2014).[50]

Die NS-Aktion «Entartete Kunst» führte zur Ortsverlagerung und zu Eigentumswechseln von Tausenden Kunstwerken. Einen vergleichbaren Vorgang einer staatlichen Beschlagnahme öffentlichen Kunstbesitzes hat es in der Geschichte nicht gegeben. Im Unterschied zu NS-Raubgut, das privaten, meist jüdischen Besitzern «verfolgungsbedingt entzogen» wurde und bei dem seit der Washingtoner Konferenz eine Selbstverpflichtung zu «gerechten und fairen Lösungen», etwa durch Restitutionen, besteht, kann im Falle der «entarteten» Kunst aus juristischer Sicht grundsätzlich keine Restitution verlangt werden.

Der oben erwähnte Name Cornelius Gurlitt steht für eine umfangreiche staatliche Beschlagnahme privaten Kunstbesitzes in jüngerer Zeit. Im Frühjahr 2012 konfiszierte die Staatsanwaltschaft Augsburg in Gurlitts Schwabinger Wohnung rund 1500 Kunstwerke. Hintergrund war ein Ermittlungsverfahren wegen des Verdachts eines Steuerdelikts. Der geheim gehaltene Vorgang wurde im November 2013 durch die Medien der Öffentlichkeit bekannt gemacht. Die Rechtmäßigkeit der Durchsuchung, Beschlagnahme sowie späteren Veröffentlichung eines Teils der Sammlung in der Lost-Art-Datenbank ist umstritten.[51] Wie immer man diesen Fall bewertet: Er ist ein Beispiel dafür, wie staatliche Maßnahmen Kunstbewegungen verursachen.

Entdeckungsfahrten, Expeditionen, wissenschaftliche Ausgrabungen

Seefahrer und Entdecker wie Christoph Columbus (um 1451–1506) und James Cook (1728–1779) und Eroberer wie Francisco Pizarro (1476/78–1541) und Hernán Cortés (1485–1547) brachten von ihren Reisen Gegenstände mit zurück in ihre Heimat. Auch wissenschaftliche Expeditionen und Ausgrabungen führen zu Translokationen von Kulturgütern. Den Universalgelehrten und Naturforscher Alexander von Humboldt (1769–1859) zum Beispiel führten teilweise mehrjährige Forschungsreisen nach Amerika, Italien und Russland. Von diesen Expeditionen schickte bzw. brachte er Hunderte von Objekten zurück nach Berlin – seinen Forschungsinteressen entsprechend überwiegend geowissenschaftlicher und botanischer, aber auch paläontologischer, zoologischer sowie archäologischer und ethnologischer Art. Einen großen Teil seiner Sammlung schenkte oder vermachte er dem Preußischen Königlichen Mineralienkabinett, einem der Vorläufer des heutigen Museums für Naturkunde Berlin, das über 1100 mit Humboldts Reisen in Verbindung stehende Minerale und Gesteine verwahrt.[52]

Viele ethnologische Museen in Deutschland, etwa in München und Berlin, sowie in anderen Ländern Europas gehen auf die fürstlichen Kunst- und Wunderkammern des 16.-18. Jahrhunderts zurück. Ab den 1880er-Jahren ist ihre Geschichte engstens mit dem beginnenden Kolonialismus verwoben. Die Sammlungen der Völkerkundemuseen, die sich wachsender Beliebtheit erfreuten, füllten sich durch Sammlungen unter anderem von Forschungsreisenden, Missionaren und Kolonialbeamten schnell.[53] Ein Beispiel: Das 1873 gegründete und 1886 eröffnete Königliche Museum für Völkerkunde in Berlin besaß «im Jahre 1880 3361 Objekte. Zum Ende der deutschen Kolonialzeit im Jahre 1914 war diese Zahl sprunghaft auf 55 079 Objekte angestiegen.»[54]

Wissenschaftliche archäologische Ausgrabungen fördern Kulturgüter buchstäblich zutage – und *be*fördern sie in aller Regel an andere Orte. Dies wiederum verursacht nicht selten Streitigkeiten. Einer der berühmtesten Fälle sind die sogenannten *Parthenon Marbles* bzw. *Elgin Marbles*: Skulpturen und Reliefs vom Parthenon-Tempel und Erechtheion auf der Akropolis in Athen, die Lord Elgin (1766–1841), damaliger britischer Botschafter im Osmanischen Reich, ab 1801 entfernen und in den Folgejahren bis 1812 nach England verschiffen ließ, was die Kritik von Zeitgenossen wie Lord Byron (1788–1824) hervorrief. 1816 verkaufte Lord Elgin die Kunstgegenstände an das British Museum. Seit 1983 (und zuletzt im November 2021) fordert Griechenland die *Elgin Marbles* beharrlich zurück, doch London weigert sich bis heute ebenso beharrlich, die griechischen Eigentums- und Besitzansprüche anzuerkennen.[55] Athen errichtete 2009 unterhalb der Akropolis ein neues Akropolis-Museum, in dem sich die am Ort noch vorhandenen Originalteile sowie Gipsabgüsse der fehlenden Teile befinden. Dorthin wünschen sich die Griechen auch die *Elgin Marbles.* Am Parthenon selbst befinden sich heute Kopien.

Ein weiterer Streitfall ist die Büste der Nofretete in Berlin. Sie wurde 1912 bei Ausgrabungen der Deutschen Orient-Gesellschaft unter Leitung des Archäologen Ludwig Borchardt (1863–1938) in Tell el-Amarna in Ägypten entdeckt. Damals stand Ägypten, trotz der formellen Zugehörigkeit zum Osmanischen Reich, unter britischer Besatzung, die ägyptische Altertümerverwaltung in Kairo wurde jedoch von Franzosen im ägyptischen Staatsdienst geleitet. Die Funde der Ausgrabung wurden zwischen der ägyptischen und der deutschen Seite geteilt, wobei der deutsche Anteil dem Unternehmer und Mäzen James Simon (1851–1932) persönlich zustand, weil dieser die Ausgrabungen finanziert hatte und Vertragspartner der ägyptischen Behörden war. Im Rahmen der Fundteilung und mit Genehmigung der ägyptischen Behörden wurde die Büste 1913 nach Berlin gebracht. 1920 schenkte sie James Simon dem preußischen Freistaat, der sie ab 1924 im Neuen Museum auf der Museumsinsel öffentlich präsentierte. Bereits im Jahr darauf, 1925, forderte Ägypten die Büste erstmals zurück. 1930 setzte sich James Simon für einen Tauschhandel der Büste mit Ägypten ein. Sein offener Brief an den preußischen Kultusminister erschien am 28. Juni 1930 im Berliner Tageblatt.[56] Simons Interesse galt den guten Beziehungen zwischen Berlin und Kairo als Voraussetzung für weitere Grabungsgenehmigungen. Doch der Tausch kam nicht zustande, und so pocht Ägypten immer wieder auf Rückgabe, zuletzt am 24. Januar 2011 in einem Brief von Zahi Hawass, Ägyptologe und damaliger Generalsekretär der ägyptischen Altertümerverwaltung, an die Stiftung Preußischer Kulturbesitz. Dies wurde vom damaligen Kulturstaatsminister Bernd Neumann zurückgewiesen. Noch Ende 2012 erklärte Hermann Parzinger, Präsident der Stiftung Preußischer Kulturbesitz, dass er eine Rückgabe an Ägypten nach wie vor ausschließe, da Nofretete «Teil des kulturellen Erbes der Menschheit» sei, weshalb er eine Rückgabe «einfach so aus Großmut» grundsätzlich für nicht vertretbar halte.[57]

Die Translokation einer anderen, nicht minder prominenten Antike in Berlin wurde hingegen rechtlich nie angezweifelt: des Pergamonaltars. Der deutsche Archäologe Alexander Conze (1831–1914) und der ebenfalls deutsche Ingenieur Carl Humann (1839–1896) führten in den Jahren 1878 bis 1886 mit offizieller Genehmigung der osmanischen Regierung auf dem Burgberg von Pergamon archäologische Ausgrabungen durch. Hauptziel der Ausgrabungen war, das verschüttete Fundament des Altars freizulegen und die Altarfriese auszugraben. Die Funde wurden vertraglich allein dem Deutschen Reich überlassen. So kamen sie ab 1879 sukzessive nach Berlin, wo man auf der Museumsinsel ein eigenes Museum für den Altar errichtete.[58]

Der Pergamonaltar wurde im Zweiten Weltkrieg in den Geschützturm des Flakbunkers am Berliner Zoologischen Garten ausgelagert, nach Kriegsende von der Roten Armee in die Sowjetunion transportiert und in der Eremitage in Leningrad eingelagert. 1958 erfolgte die Rückgabe nach Berlin (Ost).[59] Ein anderes Schicksal ereilte die Büste der Nofretete, die im März 1945 aus dem Berliner Zoobunker nach Merkers in Thüringen transportiert und im Stollen des Salzbergwerks Kaiseroda untergebracht wurde. Im April besetzten amerikanische Streitkräfte den Ort und brachten die Kunstschätze in die Central Collecting Points zunächst in Frankfurt am Main und dann in Wiesbaden.[60] Bereits im Frühjahr 1946 wurde sie in der ersten von insgesamt zehn Ausstellungen des Central Collecting Point Wiesbaden im Landesmuseum Wiesbaden präsentiert. 1956 kehrte die Büste nach Berlin zurück, wo sie – nach Zwischenstationen in Dahlem, Charlottenburg, im Kulturforum am Potsdamer Platz und im Alten Museum auf der Museumsinsel – seit 2009 als eine der Hauptattraktionen der Berliner Museumslandschaft im Neuen Museum zu sehen ist.

Handel und Reisen

Wirtschaftsbeziehungen und Reisen (sei es aus touristischen, religiösen oder anderen Gründen) sind ein weiterer Hintergrund für die – legale oder illegale – Verlagerung von Kulturgütern.

Das Museum für Völkerkunde in Hamburg (seit 2018 heißt es Museum am Rothenbaum – Kulturen und Künste der Welt) verdankt seinen großen Bestand an Stoffen aus Guatemala u. a. einem deutschen Geschäftsmann. Der aus einer Hamburger Kaufmannsfamilie stammende Carlos W. (eigentlich Kurt Wolfram Karl Walter) Elmenhorst (1910–2000), der 1932 nach Guatemala ging, wo er jahrzehntelang im Kaffeehandel tätig war, hatte eine Leidenschaft für Textilien der Mayas. Er baute eine bedeutende Sammlung von über 1300 guatemaltekischen Textilien auf, die er 1989 dem Museum für Völkerkunde in Hamburg stiftete.[61]

Vom Streit um die *Elgin Marbles* im British Museum war bereits die Rede. Der damalige griechische Kulturminister Giorgos Voulgarakis konnte am 4. September 2006 in der Alten Aula der Universität Heidelberg ein Fragment einer Männerferse vom nördlichen Parthenonfries entgegennehmen. Das etwa 8 x 11 cm große marmorne Bruchstück war vermutlich im 19. Jahrhundert von einem Bildungsreisenden auf der Akropolis als Souvenir mitgenommen worden. Es gelangte 1871 in die Archäologische Sammlung der Universität Heidelberg, die auf Bitten Griechenlands am 11. Januar 2006 die Rückgabe beschloss. Das Stück befindet sich heute in dem erwähnten neuen Akropolis-Museum in Athen.[62] Weitere Einzelfragmente des Frieses werden u. a. in Museen in Kopenhagen, München, Palermo, Paris und Würzburg aufbewahrt.

In diesem Zusammenhang ist auch das mittelalterliche Pilger- und Wallfahrtswesen zu erwähnen, denn auch Menschen, die aus religiösen Gründen reisten und Pilgerstätten wie Santiago de Compostela, Rom oder das Heilige Land besuchten, brachten sich Erinnerungsstücke mit und sorgten auf diese Weise für den Transfer von Kulturgütern.

Kunstmarkt und Sammlungswesen

Der Kunstmarkt und das damit eng zusammenhängende private wie öffentliche Sammlungswesen sind ein wesentlicher Motor für die Translokation und Zirkulation von Kulturgütern – dies gilt bis heute.[63] Bereits in der Antike wurden im Rahmen von allgemeinen Handelsbeziehungen, meist als «Beigeschäfte», auch Kunstwerke gehandelt, es entstanden erste Sammlungen. Im Italien des ausgehenden 15. und des 16. Jahrhunderts und in den Niederlanden des 16. und 17. Jahrhunderts gab es bereits einen florierenden Kunstmarkt, für den Künstler zunehmend «auf Vorrat» arbeiteten und auf dem Agenten und Kunsthändler die Sammelleidenschaft des Adels und des aufstrebenden Bürgertums bedienten. 1674 wird in Stockholm das erste der heute noch existierenden internationalen Auktionshäuser gegründet, im 18. Jahrhundert gefolgt von weiteren Häusern in Wien und London. Die fürstlichen Sammlungen des 18. Jahrhunderts, wie jene des Kurfürsten von Sachsen in Dresden, der preußischen Könige in Berlin und Potsdam, der Zarin Katharina II. von Russland sowie die Galerien von Düsseldorf, Kassel und Den Haag gehen alle auf Ankäufe auf dem Kunstmarkt zurück.[64] Aus der fürstlichen Sammlung ging das öffentliche Kunstmuseum des 19. Jahrhunderts hervor, mit dem ein neuer gewichtiger Akteur in Erscheinung trat. Zu den originären Aufgaben des Museums gehört seit jeher das Sammeln, Bewahren, Forschen, Ausstellen und Vermitteln,[65] womit für eine andauernde Nachfrage nach Kulturgütern gesorgt ist. Dies führte in Europa im Laufe des 19. Jahrhunderts zur Entwicklung des modernen Kunstmarkts.

Trotz des kulturgutbewahrenden Auftrags der Museen gibt es das (noch wenig erforschte) Phänomen der Deakzession, also des «Entsammelns», etwa durch Verkauf oder Tausch, was erneut zu Translokationen führt.[66] In den Kontext der Abgaben durch Museen gehört auch das Thema Restitution. Dass gleich ein ganzes Museum verkauft und seine Sammlung transferiert wird, wie das Museum Folkwang 1922 von Hagen nach Essen, ist ein bemerkenswerter Sonderfall. Bisweilen setzt auch der Umzug ganzer Museen Kulturgüter in Bewegung. So bedurfte etwa die Übersiedlung des Ethnologischen Museums und des Museums für Asiatische Kunst aus Dahlem im Süden Berlins in das neue Humboldt

Forum auf der Museumsinsel in Berlin Mitte 2020 einer mehrjährigen Vorbereitung: Tausende von Objekten mussten dokumentiert, gesäubert, entwest, restauriert und schließlich sicher verpackt werden (Tafel 2).

Museums- und Ausstellungsbetrieb

Wenn oben ausgeführt wurde, dass Kunstmarkt und Sammlungswesen Motoren für die Translokation und Zirkulation von Kulturgütern sind, so gilt dies nicht minder für den Museums- und Ausstellungsbetrieb – ebenfalls bis heute und in ganz erheblichem Umfang. Dabei weiß niemand, wie viele Objekte jährlich in den weltweit über 80 000 Museen temporär als Leihgaben aus anderen Museen oder Privatsammlungen im Rahmen von Sonderausstellungen gezeigt werden – es müssen Abertausende sein. Der Ausstellungsbetrieb hat einen eigenen Wirtschaftszweig generiert: Spezialisierte Speditionen übernehmen den Transport, der von häufig ebenfalls spezialisierten Versicherungen versichert wird, die Kataloge werden von am Markt für dieses Segment etablierten Verlagen gedruckt etc. Im Gegensatz zu kunstmarktbedingten Translokationen führt der Ausstellungsbetrieb jedoch nicht zu Eigentümerwechseln.

Der Leihverkehr ermöglicht es, die Kulturgüter in spezifischen Ausstellungskontexten und einem anderen Publikum (als am angestammten Ort) zu präsentieren, ist aber auch kritisch zu sehen, weil jeder Transport eine potenzielle Gefährdung des Objektes darstellt, dessen Bewahrung ja zu den Kernaufgaben des Museums gehört. Problematisch ist es, wenn Kunstwerke nicht aus wissenschaftlichen, sondern aus politisch-symbolischen Motiven zur Verfügung gestellt werden. So etwa im Falle der *Mona Lisa*, die 1963, auf dem Höhepunkt des Kalten Krieges, in einer demonstrativen Geste der Verbundenheit von der französischen Regierung an das amerikanische Präsidentenehepaar ausgeliehen und in der National Gallery in Washington D. C. und im Metropolitan Museum of Art in New York ausgestellt wurde. Das spektakuläre (Medien-)Ereignis – es war das erste Mal überhaupt, dass dieses berühmteste Bild der Kunstgeschichte von Frankreich entliehen wurde – zog über 1,7 Millionen Schaulustige an.[67] Oder auch im Falle von Picassos Gemälde *Buste de femme* (1943), das 2011 auf Initiative des palästinensischen Künstlers und Kurators Khaled Hourani vom Van Abbemuseum in Eindhoven nach Ramallah im Westjordanland transportiert wurde.[68]

Bilaterale oder multilaterale Vereinbarungen

Bilaterale oder multilaterale Vereinbarungen und Verträge führen auf friedlichem Wege zu Translokationen von Kulturgütern. Das jüngste Beispiel ist die in der Einleitung erwähnte und in Kapitel 5 erneut zu thematisierende «Washington Conference on Holocaust-Era Assets» von 1998. Sie wirkt bis in die Gegenwart und in die Zukunft fort, weil die Suche nach NS-Raubgut und nach «gerechten und fairen Lösungen» eine bleibende Aufgabe ist.

In der Literatur wird im Zusammenhang mit der Restitution von Kulturgütern auch immer wieder der Wiener Kongress 1814/15 genannt. Auf ihm beschlossen die europäischen Großmächte die territoriale Neuordnung Europas nach der Französischen Revolution und den napoleonischen Kriegen mit dem Ziel der Restauration der vorrevolutionären Ordnung. Der Kongress fasste zahlreiche zukunftsweisende Beschlüsse, darunter zum Beispiel die Ächtung der Sklaverei. Anders als vielfach behauptet,[69] gab es hingegen keine Beschlüsse zur Rückführung geraubter Kulturgüter. So schrieb Paul Wescher bereits 1976: «Die auf dem Wiener Kongreß versammelten Politiker waren begreiflicherweise mehr mit der politischen Zukunft Europas als mit Kunstwerken beschäftigt. Die schwachen Versuche, die von einigen der Vertreter unternommen wurden, diese zur Sprache zu bringen, blieben unbeachtet […].»[70] Gilles Pécout präzisierte 1999, dass weder in den Pariser Friedensverträgen noch in den Akten des Wiener Kongresses Vereinbarungen zur Restitution von Raubkunst getroffen wurden. Wenn es tatsächlich Vereinbarungen gegeben haben sollte, dann höchstens am Rande der offiziellen diplomatischen Verhandlungen.[71] Dessen ungeachtet herrschte ein politisches Klima, das anti-napoleonische Repressalien begünstigte, wenn nicht gar legitimierte. Vor diesem Hintergrund lässt sich erklären, dass den Forderungen Preußens und anderer Alliierter nach Rückgabe der von den napoleonischen Armeen geraubten Kunstwerke auch ohne schriftlich fixierte Grundlage vielfach entsprochen wurde. Ein Großteil der während Revolution und Kaiserreich geraubten Werke wurde zwischen 1814 und 1816 ihren rechtmäßigen Eigentümern zurückgegeben. «Diese Restitution ging einher mit einer erneuten großangelegten Transportaktion von Kunstwerken – dieses Mal in umgekehrter Richtung – und aufwendigen Arbeiten zur Reinigung, Restaurierung und Neurahmung.»[72]

Außerhalb des Ersten Pariser Friedens vom 30. Mai 1814, des Wiener Kongresses (18. September 1814 bis 9. Juni 1815) und des Zweiten Pariser Friedens vom 20. November 1815 einigten sich Preußen, Österreich und England am 20. September 1815 in Wien auf das Prinzip der Restitution (Russland beteiligte sich daran nicht, weil Zar Alexander I. [reg. 1801–1825] heimlich napoleonisches Raubgut für die Eremitage gekauft hatte und sich keinen Restitutionsforderungen aussetzen wollte).[73] Somit bezieht sich Eva Stumpfs Aussage, hiermit sei in der Geschichte «erstmals das Verbot der Wegnahme von Kulturgütern im Krieg offiziell anerkannt und sanktioniert»[74] worden, nicht auf den Wiener Kongress, sondern auf die am 20. September 1815 – also nach dem Kongress, aber ebenfalls in Wien – getroffene multilaterale Vereinbarung.

Migration

Menschen hängen an Dingen, aus ideellen und/oder aus materiellen Gründen. Wenn sie als Individuen oder in Gruppen ihren Lebensmittelpunkt verlagern (aus welchen Gründen auch immer), so nehmen sie, wenn möglich, ihre geliebten Objekte mit – seien es Alltagsgegenstände, seien es wertvolle Kunstwerke. Erbstück oder Lieblingsspielzeug – was für die Eltern das Familiensilber bedeutet, mag für das Kind sein rosa Plüschkaninchen sein. Der Verlust von Objekten hinterlässt eine Lücke, wird als schmerzlich empfunden.

Berühmt in der Kunst- und Geistesgeschichte ist die Episode von Walter Benjamin (1892–1940), der 1921 die Papierarbeit *Angelus Novus* von Paul Klee (1879–1940) erwarb. Das Kunstwerk übte eine lebenslange Faszination auf den Philosophen aus, in gleich mehreren Schriften bezog er sich unmittelbar darauf. «Der Angelus Novus begleitete Benjamin, bis er sich, nicht lange vor dem selbstgesetzten Ende, von ihm trennte.»[75]

«Die Dinge, mit denen wir uns umgeben und mit denen wir umgehen, sind weit mehr als funktionale Geräte; sie sind Garanten und Stützen unseres individuellen Lebens», schreibt Aleida Assmann. Und weiter: «Ihre affektive Bedeutung kommt ihnen nicht allein durch ihren Sachwert zu; ihren wirklichen Wert gewinnen sie erst als Lebensbegleiter; dieser Wert bemisst sich nach den Erinnerungen, die an sie geknüpft sind und die sie festhalten.»[76]

Wiederverwendung von Bauteilen

Über *Spolien*, also translozierte und wiederverwendete Bauteile wie Säulen, Friese oder Skulpturen, ist in Kapitel 2 und oben im Abschnitt «Immobil, aber nicht zwingend *in situ*» bereits gesprochen worden. Wie bei der gewaltsamen Erbeutung von Kulturgütern kommt auch bei *Spolien* zu dem materiell-physischen Aspekt (in diesem Fall der Materialersparnis und der Arbeitsökonomie) häufig eine ideell-symbolische Komponente der Aneignung hinzu. Hierfür ein weiteres Beispiel: Das nach den vier antiken Bronzepferden (Abb. 4) bedeutendste Objekt aus der Konstantinopeler Beute der Venezianer von 1204 ist die sogenannte *Tetrarchengruppe*, die um 300 n. Chr. ursprünglich in Ägypten oder Kleinasien aus Porphyr hergestellt und nach der Überführung nach Venedig am Markusdom in eine Ecke der Außenfassade an der Porta della Carta eingebaut wurde.[77]

Maßnahmen der Denkmalpflege

Im erwähnten Abschnitt war auch von translozierten Bauwerken, Bauteilen und baugebundenen Kunstwerken (wie Mosaiken und Wandbildern) die Rede. Häufig handelt es sich dabei um (Not-)Maßnahmen der Denkmalpflege zur Rettung von Kulturgütern. Ein frühes Beispiel bietet die Georgskapelle in Bonn: Um die Jahre 1220/30 wurde in Ramersdorf, einem Ortsteil des Bonner Stadtbezirks Beuel, eine Niederlassung des Deutschen Ordens gegründet. Bestandteil des mittelalterlichen Gebäudekomplexes war die Georgskapelle. Infolge der Säkularisation 1803 gelangte das Ensemble 1807 in Privatbesitz. Die Kapelle verfiel und erlitt 1842 einen erheblichen Brandschaden, der Abriss drohte. Auf Initiative des Koblenzer Bauinspektors Johann Claudius von Lassaulx (1781–1848) wurde die Kapelle auf den Friedhof an der Bornheimer Straße in Bonn, den heutigen Alten Friedhof, versetzt. Dieser verfügte bis dahin über keine eigene Kapelle. Bei der Translozierung wurde zwar ein Großteil der mittelalterlichen Gewölbe- und Wandmalereien zerstört, das Gebäude selbst aber in wesentlichen Teilen gerettet. Im Oktober 1846 war der Abbruch in Ramersdorf, im Dezember 1847 der Wiederaufbau in Bonn abgeschlossen – und damit «das spektakulärste Ereignis rheinischer Denkmalpflege der 40er Jahre des 19. Jahrhunderts»[78] vollbracht.

Ebenfalls der Rettung vor Zerstörung dienten 1980 die Ablösung und Translozierung des *Paradieses* von Bonn nach Münster. Das so betitelte, in Tempera und Öl auf Verputz gemalte, etwa vier mal zwei Meter messende Wandbild schufen die beiden expressionistischen Künstler Franz Marc (1880–1916) und August Macke (1887–1914) im Jahre 1912 gemeinsam im damaligen Atelier August Mackes in Bonn. Als der Abriss des Gebäudes – heute das Museum August Macke Haus – geplant war, erwarb das LWL-Museum für Kunst und Kultur in Münster das Wandbild für seine Sammlung.

Liturgisches Brauchtum

Eine Sonderform von Translokationen stellen Reliquientranslationen dar – das sind rituelle Überführungen von Reliquien von einem Ort an einen anderen, wie sie im Christentum seit der Spätantike aus verschiedenen Gründen praktiziert wurden.[79]

Zu – zeitlich begrenzten – Bewegungen von Kulturgütern kommt es zudem infolge kultisch-liturgischer Bräuche, die häufig an kirchlichen Festtagen innerhalb oder außerhalb von Sakralbauten vollzogen werden. So finden zum Beispiel Palmsonntagsprozessionen in Augsburg, Heiligenstadt und im spanischen Elche statt. Bereits im Mittelalter gab es die Tradition, am Palmsonntag, dem Sonntag vor Ostern, mit einer Prozession des Einzugs Christi in Jerusalem zu gedenken, den in der Bibel der Evangelist Matthäus (Mt 21,7–11) beschreibt. Dabei wurde ein Esel mitgeführt, ein sogenannter Palmesel, als lebendes Tier oder als Holzskulptur auf einem Fahrgestell.[80] Im thüringischen Heiligenstadt gibt es seit 1581 die Tradition, dass am Palmsonntag eine Prozession durch die Stadt zieht, bei der die Gläubigen sechs Skulpturen bzw. Skulpturengruppen mit sich führen. Diese zeigen die Passion Christi bis zur Kreuzigung. Die Prozession wird von Gebeten und Gesängen begleitet. Ursprünglich wurde dieses Mysterienspiel von den Jesuiten ins Leben gerufen und fand an Karfreitag statt, im Jahre 1734 wurde es auf Palmsonntag vorverlegt. Ebenfalls auf mittelalterliche Traditionen gehen die Reliquienprozessionen zurück (Tafel 3).[81]

Vererbungen, Schenkungen, Stiftungen, Dauerleihgaben

Auch Vererbungen, Schenkungen, Stiftungen und Dauerleihgaben waren und sind Anlässe für Verlagerungen von Kulturgütern. Um ein Beispiel aus jüngerer Zeit im Zusammenhang mit der oben erwähnten NS-Aktion «Entartete Kunst» anzuführen: Das expressionistische Gemälde *Stillleben mit Mohn und schwarzer Kanne* (1916) von Oskar Moll (1875–1947) wurde 1920 durch das Museum der bildenden Künste in Leipzig von der Dresdner Galerie Arnold erworben. 1937 fiel es der Beschlagnahme «entarteter Kunst» anheim. Danach befand es sich zunächst bei Karl Buchholz (1901–1992), danach bei Bernhard A. Böhmer (1892–1945), zwei vom Propagandaministerium mit der «Verwertung entarteter Kunst» beauftragten Kunsthändlern. Nach 1945 gelangte es in den deutschen Kunsthandel. 1951 erwarb die Kulturabteilung der Farbenfabriken Bayer Leverkusen das Bild beim Kölnischen Kunstverein. Am 21. Januar 2020 gab die Bayer AG das Werk als Schenkung an das Museum der bildenden Künste Leipzig zurück.[82] Wohlgemerkt: Die Bayer AG hatte das Gemälde gutgläubig und rechtmäßig erworben, es bestand keinerlei Verpflichtung zur Rückgabe, weswegen man in diesem Fall auch nicht von einer Restitution sprechen kann.

Raub und Diebstahl

Immer wieder kam und kommt es zu Diebstählen von Kulturgütern aus Museen, Privatsammlungen, Kirchen oder Schlössern. Wird dabei Gewalt gegen Menschen angewendet oder angedroht, spricht man von

Raub. Einer der bekanntesten Fälle von Kunstdiebstählen ist jener der *Mona Lisa,* die 1911 von einem italienischen Handwerker entwendet wurde. Über zwei Jahre blieb das Gemälde verschollen, bis es in Italien wieder auftauchte und in den Louvre zurückkehrte – erst durch dieses Ereignis avancierte das Bild zur weltbekannten Ikone.[83]

Eine der drei Versionen von Carl Spitzwegs (1808–1885) Gemälde *Der arme Poet* wurde gleich zweimal gestohlen, aber nur einmal davon «ernsthaft»: 1976 entwendete Uwe Laysiepen (Künstlername Ulay, 1943–2020) das Bild in der Neuen Nationalgalerie Berlin im Rahmen einer politischen Kunstaktion; nach wenigen Stunden brachte er es zurück.[84] Im September 1989 wurde es zusammen mit einem weiteren Werk Spitzwegs aus der damaligen Galerie der Romantik im Schloss Charlottenburg gestohlen – bis heute ist das Diebesgut verschollen, die Tat seit 2019 verjährt. Würden die Gemälde heute wieder auftauchen, könnten sie legal verkauft werden, obwohl die Eigentumsverhältnisse und Verlustumstände bekannt sind. Denn: Die «Gesetzesvorschrift, dass Ansprüche auf Herausgabe von Eigentum nach Ablauf von dreißig Jahren verjähren, hat zur Folge, dass auch Kunst- und Kulturgüter, die dem rechtmäßigen Eigentümer gestohlen wurden oder anderweitig abhanden gekommen sind, nach Ablauf von dreißig Jahren seit dem Verlust nicht mehr herausverlangt werden können und die Herausgabeansprüche in der Regel auch gerichtlich nicht mehr durchsetzbar sind.»[85]

2019 gingen gleich zwei bis heute ungeklärte Diebstähle durch die Medien: Am 14. September 2019 wurde eine Toilette aus 18-karätigem Gold, eine Plastik des italienischen Künstlers Maurizio Cattelan, aus dem Blenheim Palace in England gestohlen, wo sie als Teil einer Cattelan-Ausstellung präsentiert und genutzt worden war.[86] Am 25. November 2019 ereignete sich ein Einbruch in das historische Grüne Gewölbe des Residenzschlosses in Dresden, bei dem kunst- und kulturgeschichtlich bedeutende Juwelen aus dem 18. Jahrhundert entwendet wurden.[87] Manches Diebesgut bleibt für immer verschwunden, anderes taucht nach Jahrzehnten wieder auf. So wurde am 6. Dezember 2019, fast auf den Tag genau 40 Jahre nach dem spektakulärsten Kunstdiebstahl in der DDR, bekannt, dass die fünf damals aus den Sammlungen des Gothaer Schlosses Friedenstein gestohlenen und seither verschollenen Altmeistergemälde wieder da seien. Im Januar 2020 kehrten die Bilder nach Gotha zurück.[88] Dieser Fall ging also am Ende glimpflich aus.

Nichtwissenschaftliche, illegale Ausgrabungen archäologischer oder paläontologischer Objekte nennt man Raubgrabungen. Da die Funde in der Regel unterschlagen werden, handelt es sich um eine Form des Diebstahls. Hauptmotiv ist Hehlerei, also illegaler Antikenhandel, der eine Bedrohung des kulturellen Erbes der Menschheit darstellt.[89] Ein berühmtes Beispiel aus jüngerer Zeit ist die aus der frühen Bronzezeit stammende geschmiedete und goldverzierte *Himmelsscheibe von Nebra*, die als älteste konkrete astronomische Himmelsdarstellung der Welt gilt. Dargestellt sind Sonne, Mond, Sterne und ein Schiff. Sie wurde im Sommer 1999 von Sondengängern auf dem Mittelberg bei Nebra in Sachsen-Anhalt ausgegraben und illegal verkauft. In den folgenden Jahren ging sie durch die Hände verschiedener Hehler und Händler. Im Februar 2002 stellte die Basler Polizei den Fund sicher. Seither gehört sie dem Landesmuseum für Vorgeschichte in Halle an der Saale, das die Scheibe seit dem 23. Mai 2008 in der Dauerausstellung zeigt. 2013 wurde die Bronzescheibe, die ursprünglich wohl als Kultobjekt diente und um 1600 v. Chr. mit Beigaben rituell begraben worden war, in das UNESCO-Dokumentenerbe aufgenommen.[90]

Raub und Diebstahl von Kunstwerken, ob real oder fiktiv, sind häufig literarisch be- und verarbeitet worden. So veröffentlichte die amerikanische Schriftstellerin Donna Tartt 2013 den Roman *The Goldfinch*. Ein Jahr später erschien die deutsche Übersetzung unter dem Titel *Der Distelfink*. Der Roman erzählt die Geschichte von Theodore Decker, der im Alter von 13 Jahren bei einem Besuch des Metropolitan Museums in New York durch einen terroristischen Bombenanschlag seine Mutter verliert und im Eifer des Gefechts das gerade betrachtete Bild *Der Distelfink* des Rembrandt-Schülers Carel Fabritius (1622–1654) mitgehen lässt. Von da an begleitet ihn das Gemälde – es befindet sich in Wirklichkeit im Mauritshuis in Den Haag und wurde nie gestohlen – durch die Handlung des Romans.

Restitution

Auch Restitutionen, also Rückgaben geraubter Kulturgüter, führen zu Translokationen, in jüngerer Zeit vor allem im Zusammenhang mit NS-Raubgut und Kulturgütern aus kolonialen Kontexten.[91] Eine historisch weit ausgreifende Geschichte der Restitution von Kulturgütern ist noch nicht geschrieben worden, aber fest steht, dass das Phänomen bis in die Antike zurückreicht. Die letzte Kategorie innerhalb der hier vorgeschlagenen Systematik macht deutlich, wie die Kategorien zusammenhängen bzw. ineinandergreifen: Restitutionen erfolgen häufig aufgrund von bilateralen oder multilateralen Vereinbarungen, die wiederum häufig ein Ergebnis militärisch-kriegerischer Auseinandersetzungen sind. Und nicht selten kommt es nach Restitutionen zu Vererbungen, Schenkungen, Stiftungen oder Dauerleihgaben, was wiederum den Museums- und Ausstellungsbetrieb sowie den Kunstmarkt und das Sammlungswesen beeinflusst.

Translokation – ein dynamisches Forschungsfeld

Die hier vorgeschlagene Systematisierung der Gründe und Kontexte für die Translokation von Kulturgütern kann nur vorläufigen Charakter haben, da es sich noch um ein relativ junges und dynamisches Forschungsfeld handelt. Weitere Untersuchungen in diesem Bereich dürften auch Material für die seit den späten 1980er-Jahren verstärkt geführte, von der Anthropologie und der Soziologie ausgehende Theoriebildung um die *agency* der materiellen Kultur liefern, also die Wirkungskraft und Handlungsmacht von Objekten. «Im Neo-Materialismus sind Handeln, Wirken und das Hervorrufen von Effekten und Affekten lediglich verschiedene Ausprägungen der *agency* seiner Entitäten.»[92]

Dass Menschen Objekten Handlungsfähigkeit und mithin Subjektcharakter attestieren, lässt sich kaum bezweifeln, wenn man sich etwa mit dem oben bereits mehrfach erwähnten Reliquienkult im Mittelalter beschäftigt. Seit dem frühen Christentum wurden Reliquien von Gläubigen verehrt, die diesen Reliquien heilende Wirkung und andere wunderwirkende Kräfte zuschrieben.[93] Ohne diesen Glauben wäre es nicht zum massenweisen Raub und Zwangstransfer von Reliquien – tatsächlich, oder nicht selten auch nur behauptet, um die «Authentizität» der Reliquien zu untermauern – gekommen, von denen viele wiederum verschenkt oder gestiftet wurden.[94] «In der mediävistischen Forschung ist bekannt, dass Kirchenschätze und Reliquien sehr begehrt und dementsprechend gerne geraubt, verkauft und wieder in den sakralen Bereich integriert wurden.»[95] So kamen etwa die Gebeine der Heiligen Drei Könige 1164 als geschenkte Kriegsbeute nach Köln; der Kölner Erzbischof Rainald von Dassel (1114/1120–1167) – Berater, Kanzler und Heerführer Kaiser Friedrichs I. Barbarossa (reg. 1152/55–1190) – hatte sie von diesem als Geschenk erhalten, nachdem es ihm gelungen war, Mailand nach langer Belagerung für seinen Kaiser einzunehmen. Spektakulär war auch der Diebstahl der Gebeine des Evangelisten Markus, die 828 von venezianischen Kaufleuten aus Alexandrien entwendet und nach Venedig gebracht wurden, wo man sogleich mit dem Bau der (ersten) Markuskirche begann. Die Venezianer machten Markus zu ihrem Schutzheiligen und aus dem Reliquienkult einen regelrechten Staatskult, der wesentlich zum Aufstieg des Stadtstaates zur führenden Handelsmacht beitrug. Ohne Markus wäre Venedig nicht das geworden, was es war und ist. Oder blicken wir nach Paris: König Ludwig IX. von Frankreich (reg. 1226–1270) erwarb in den Jahren 1239 bis 1247 von Balduin II., 1228–1261 Herrscher über das sogenannte Lateinische Kaiserreich von Byzanz, in Konstantinopel sukzessive über 20 hochrangige Reliquien, darunter die Dornenkrone Christi. Er ließ eigens für ihre Aufnahme auf seinem Palastareal die 1248 geweihte Sainte-Chapelle errichten. Auf diese Weise etablierte er rasch und erfolgreich einen Kult um die neuerworbenen, mit einer äußerst prominenten Provenienz ausgestatteten Reliquien.[96]

Aus dieser Perspektive erweist sich die Zirkulation von Objekten als weit mehr als nur eine Kette physischer Ortsverlagerungen. Dinge und Menschen wirken, handeln, interagieren und kommunizieren, es entstehen neue, bisweilen grenz- und kulturübergreifende Kontexte, die den Objekten neue Bedeutungen zuwachsen lassen. Anders gesagt: Bedeutungen sind den Dingen nicht inhärent, sie liegen nicht unveränderbar in ihnen, sondern sind wandelbar und werden ihnen in bestimmten Konstellationen und Diskursen zugewiesen. Dies schließt auch die ideologische und machtpolitische Instrumentalisierung von Objekten, etwa im Zuge von Identitätsbildungsprozessen und Herrschaftslegitimationen, ein.

Indem die Provenienzforschung die Translokationen und Zirkulationen von Kulturgütern rekonstruiert und analysiert, wirft sie nicht nur die Frage nach deren *agency* auf, sondern beleuchtet auch ihre Rolle in transkulturellen Austauschprozessen und Verflechtungsgeschichten (*entangled histories, histoire croisée*) und kann auf diese Weise einen Beitrag zu einer transnationalen und multiperspektivischen Geschichtsschreibung leisten. Denn in jüngster Zeit zeichnet sich eine Neuschreibung des kunsthistorischen Kanons ab, mit dem Ziel, Kunstgeschichte weiblicher, diverser, globaler (also vor allem weniger eurozentristisch) und mehrstimmiger zu erzählen. Hierfür zwei Indizien: Seit das Museum of Modern Art in New York im Herbst 2019 nach mehrmonatiger Renovierung auf erweiterter Fläche wiedereröffnete, sind deutlich mehr Künstler*innen* und Werke aus dem globalen Süden vertreten, zudem wird alle sechs Monate ein Drittel der «Dauerausstellung» ausgetauscht. Der britische Kunsthistoriker und ehemalige Direktor des British Museum Neil MacGregor nannte 2010 eine äußerst erfolgreiche Radioserie, die in ein gleichnamiges Buch mündete: «A History of the World in 100 Objects». Zehn Jahre später wurde eine Revision dieses Projektes begonnen – mit dem programmatischen Titel «100 Histories of 100 Worlds in 1 Object».[97]

4. METHODEN DER PROVENIENZFORSCHUNG

Wenn wir uns im Folgenden den Methoden der Provenienzforschung zuwenden, so meint dies zum einen das konkrete methodische Vorgehen bei den Recherchen und der Forschung selbst, zum anderen die Methoden der Dokumentation und Vermittlung von Ergebnissen eben dieser Recherchen und dieser Forschung.

Grundsätzlich unterscheiden wir die systematische Provenienz*forschung*, die in der Regel sammlungs- und kontextbezogen vorgeht, von der anlass- und einzelfallbezogenen Provenienz*recherche*, die sich auf einzelne Objekte bezieht.

Bei der systematischen Provenienzforschung wird ein konkreter, klar definierter Objektbestand – sei es ein noch bestehender, sei es ein ehemaliger, nicht mehr existierender Bestand – gezielt untersucht. Beispiel: Ein Museum nimmt sämtliche Gemäldeerwerbungen oder eine Bibliothek alle Zugänge im Zeitraum 1933 bis 1945 unter die Lupe, um zu prüfen, ob sich NS-verfolgungsbedingt entzogenes Kulturgut darunter befindet. In diesen Fällen können Mittel für die Schaffung befristeter Personalstellen beim Deutschen Zentrum Kulturgutverluste beantragt werden. Diese Fördermöglichkeit besteht ebenso im Falle von Kultur- und Sammlungsgut, das im Zuge des Kolonialismus nach Deutschland transloziert wurde. Solche Bestände befinden sich keineswegs nur in ethnologischen Museen, sondern auch in anderen Museums- und Sammlungsgattungen, etwa (natur-)historischen und städtischen Museen, Landesmuseen oder Universitätssammlungen. Systematische Provenienzforschung bietet die Möglichkeit zur Grundlagen- und Kontextforschung: So lassen sich Ankaufspolitik und Erwerbungsstrategie einer öffentlichen oder privaten Sammlung erhellen, Erkenntnisse über Geschmackswandel und Marktmechanismen gewinnen und Netzwerke von Museumspersonal rekonstruieren. Zudem kann systematische Provenienzforschung zu einer Aufarbeitung und Würdigung der Verfolgungs- und Opfergeschichte und somit zu einer Erinnerungskultur beitragen – und nicht zuletzt auch zu einer kritischen Aufarbeitung der Wissenschaft, ihrer Vertreter und Institutionen.

Anlassbezogene Provenienzrecherchen finden zum Beispiel im Zusammenhang mit der regulären Museumsarbeit (Ausstellungs- oder Publikationsvorbereitungen, Erwerbungen, Leihverkehr) statt oder sie werden durch Auskunfts- oder Restitutionsgesuche angestoßen. Häufig handelt es sich um kurzfristige Recherchen, für die es bei Verdachtsfällen im Hinblick auf NS-Raubgut und Kulturgüter aus kolonialen Kontexten ebenfalls Fördermöglichkeiten beim Deutschen Zentrum Kulturgutverluste gibt.

In aller Regel geht die Forschung vom Objekt selbst aus, was voraussetzt, dass dieses noch vorhanden und zugänglich ist. Mittels der Provenienzforschung kann aber auch versucht werden, ehemalige, nicht mehr existierende Sammlungen zu rekonstruieren. Dies geschieht beispielsweise hinsichtlich jüdischer Sammlungen, die im Zuge der nationalsozialistischen Verfolgung zerschlagen wurden und heute in alle Winde zerstreut sind. Ausgangspunkt hierfür können unter anderem Kataloge, Inventare, handschriftliche Listen und Notizen, Korrespondenzen oder auch Fotografien sein, die sich in privaten Nachlässen oder Akten (etwa Wiedergutmachungsakten[1]) erhalten haben. Ein Beispiel ist die Kunstsammlung aus dem Nachlass des jüdischen Berliner Verlegers, Kunstförderers und Mäzens Rudolf Mosse (1843–1920), die wohl weit über tausend Objekte umfasste und 1934, nachdem die Nationalsozialisten das Unternehmen liquidiert und die Nachkommen Mosses ins Exil getrieben hatten, versteigert wurde. Seit 2017 widmet sich die *Mosse Art Research Initiative (*MARI), in der Nachfahren Rudolf Mosses mit deutschen Institutionen kooperieren, der Identifizierung und Provenienzerforschung der einzelnen Werke, der Rekonstruktion der Sammlung im Ganzen sowie der Klärung der genauen Verlustumstände.[2]

Im Folgenden wird der idealtypische Aufbau einer Provenienzrecherche in vier Schritten – 1. am Objekt, 2. zu Personen, Institutionen und historischen Kontexten, 3. mithilfe von Archivalien, 4. mithilfe von Literatur und Online-Ressourcen – beschrieben.[3]

Schritt 1: Recherche am Objekt

Die Provenienzrecherche beginnt meist mit einer genauen Autopsie des Objektes selbst. Von besonderem Interesse ist dabei für den Forscher der sogenannte Rückseitenbefund.[4] Gibt es sogenannte Provenienzmerkmale, etwa Inschriften, Notierungen jeglicher Art (wie Widmungen), Etiketten, Aufkleber, Anhänger, Schildchen, Stempel, Siegel, Marken, Punzen und Ähnliches, die aussagekräftige Hinweise auf Identität, Besitzer und Geschichte des Objektes enthalten (Tafel 4)? Leinwand- und Rahmenhersteller, Künstler, Nachlassverwalter, Händler, Galeristen, Auktionshäuser, Sammler, Museen, Restauratoren, Speditionen, Zoll – sie alle hinterlassen bisweilen Spuren an den Objekten, die, auch wenn sie unleserlich oder unvollständig sind, in ihrer Materialität und Gestalt sorgfältig erfasst und ausgewertet werden müssen. Nicht immer lassen sich Herkunft und Bedeutung der Provenienzmerkmale unmittelbar erschließen, weswegen eine sorgfältige (fotografische) Dokumentation für eventuelle spätere Untersuchungen sowie die Konsultation von Restauratoren, Kuratoren und ggf. weiteren Experten unerlässlich ist. Historische Fotografien, zum Beispiel in Objekt- oder Restaurierungsakten, sind auf etwaige Hinweise auf verloren gegangene oder auch (wenn Provenienzen verschleiert werden sollten) absichtlich getilgte Provenienzmerkmale zu überprüfen.

Nummern können unterschiedlichste Urheber, Herkünfte und folglich auch Bedeutungen haben: So vermerken – etwa in Form handschriftlicher Aufschriften oder auch auf Etiketten – Künstler ihre Werknummern, Händler Preise, Lager- und (wenn die Ware nicht Eigentum des Händlers ist) Kommissionsnummern, Auktionshäuser Losnummern, Sammler und Museen Sammlungs-, Inventar- und Katalognummern. Seriell hergestellte Alltagsgegenstände weisen unter Umständen Hersteller- und Seriennummern auf. Öffentliche Bibliotheken geben ihren Büchern Signaturen, die häufig Ziffern enthalten. Für den NS-Kontext sind beispielsweise die Buchstaben-Nummern-Codes relevant, mit denen der Einsatzstab Reichsleiter Rosenberg (ERR) die von ihm geraubten Kulturgüter markierte.[5] Zu nennen sind auch die Linz-Nummern, die sich auf die vom «Sonderauftrag Linz» für das von Hitler in Linz (Österreich) geplante Museum akquirierten Gegenstände beziehen, die RM- (= Reichsmarschall) Nummern, welche für Hermann Görings Gemäldesammlung vergeben wurden, sowie die Münchner Nummern, die in der Nachkriegszeit vom Central Collecting Point in München vergeben wurden.[6] Am Entzug jüdischen Vermögens beteiligte Finanzbehörden sowie öffentliche Pfandleihanstalten, bei denen Juden nach dem 21. Februar 1939 Edelmetall und Edelsteine abliefern mussten, hinterließen ebenfalls Nummern an den Objekten.

Stempel werden etwa von Nachlässen, von Sammlern und Sammlungen[7] sowie vom Zoll an Objekten aufgebracht. In der NS-Zeit verwendeten auch der Einsatzstab Reichsleiter Rosenberg (ERR) sowie andere NS-Organisationen und -Behörden Stempel. Aufgeklebte oder angehängte Etiketten können zum Beispiel auf Händler oder Galerien, private oder öffentliche Sammlungen verweisen. Ausstellungsetiketten belegen, dass das betreffende Objekt Exponat in einer bestimmten Ausstellung war. In Büchern liefern mitunter eingeklebte Exlibris Hinweise auf einen privaten Eigentümer. Auf kunsthandwerklichen und kunstgewerblichen Gegenständen aus Gold, Silber und Zinn sowie Porzellan finden sich häufig Marken oder Punzen, über die sich Künstler, Hersteller, Entstehungszeit und -ort erschließen lassen.

Schritt 2: Recherche zu Personen, Institutionen und historischen Kontexten

Die Biografie eines Objektes ist in historische Kontexte eingebettet und in der Regel eng mit Menschen und bisweilen auch Institutionen verbunden, weswegen deren Geschichte ebenfalls in die Recherche einbezogen werden muss. Reisen, Umzüge, Migration – all das ist häufig, wie schon in Kapitel 3 herausgestellt, Ursache für die Translokation von Kulturgütern. Schenkungen, Todesfälle und Erbgänge führen zu Eigentümerwechseln und damit einhergehend oft auch zu Objektverlagerungen. Geht es zum Beispiel um einen Gegenstand in Privatbesitz, so können amtliche und persönliche Dokumente wie etwa Testamente, Korrespondenzen, Fotos, Reiseberichte oder Tagebuchaufzeichnungen Aufschluss über seine Vorgeschichte und frühere Besitzer geben. Solche Quellen sind zudem essenziell, wenn, wie im einleitenden Abschnitt zu diesem Kapitel erwähnt, eine nicht mehr existierende Sammlung rekonstruiert werden soll.

Im Hinblick auf das Schicksal verfolgter Juden und der ihnen geraubten Kulturgüter spielen Kenntnisse der NS-Rassenpolitik sowie der Kriterien, nach denen «rassische» Einteilungen vorgenommen wurden, eine tragende Rolle. Das *Gesetz zur Wiederherstellung des Berufsbeamtentums* vom 7. April 1933 sowie die *Nürnberger Gesetze* vom 15. September 1935 mit ihren zwischen dem 14. November 1935 und dem 1. Juli 1943 erlassenen 13 *Durchführungsverordnungen* schufen die juristische Grundlage für die schrittweise Ausgrenzung, Entrechtung und Enteignung der jüdischen Bevölkerung. Unerlässlich sind hier zudem genealogische, also familienkundliche Forschungen, für die unterschiedliche Quellen zur Verfügung stehen.[8] Genealogie ist ebenso im Hinblick auf die Erbenermittlung wichtig, wobei die Frage, wer im Falle einer Restitution der rechtmäßige Empfänger ist, aus juristischer Perspektive zu klären ist.

Institutionengeschichtliche Aspekte und Provenienzforschung berühren sich jedoch nicht nur dann, wenn sich ein Objekt in einer kulturgutbewahrenden Institution (Museum, Bibliothek, Archiv) befindet oder befand. Auch die Institution selbst kann – entsprechend der oben erwähnten Rekonstruktion privater Sammlungen – Ausgangspunkt der Recherche sein. So waren auch Institutionen und Verbände wie etwa jüdische Gemeinden, Gewerkschaften, Arbeitervereine und Freimaurerlogen vom NS-Kulturgutraub betroffen, im Deutschen Reich selbst wie auch ab 1939 in den besetzten Gebieten. Wie im Falle geschädigter natürlicher Personen, so kann es auch hier auf die Identifizierung von Rechtsnachfolgern ankommen.

Das Spektrum kontextbezogener Aspekte ist sehr breit, es betrifft etwa den kunsthistorischen Kontext im engeren Sinne (etwa den Werkkontext), den wirtschafts- und sozialgeschichtlichen Kontext (Markt, Handel, Sammler) sowie den geografischen Kontext (Translokationen).

Schritt 3: Recherche mithilfe von Archivalien

Schritt 3 der Recherche führt zu archivalischen Quellen jeglicher Art. Hier beginnt man mit dem buchstäblich Nächstliegenden, nämlich den institutsinternen Quellen. Was ist im jeweiligen Hause (noch) vorhanden? Die Überlieferungslage ist sehr unterschiedlich, wobei neben Kriegsverlusten im Hinblick auf den Zeitraum 1933 bis 1945 auch von der bewussten Manipulation oder gar Vernichtung von Akten ausgegangen werden muss. Generell gilt es, Quellen im Hinblick auf ihre Authentizität und ihren Aussagewert kritisch zu hinterfragen. So kann im Erwerbungszeitraum 1933 bis 1945 der Angabe «Schenkung» oder «Überweisung» die Verschleierung eines Entzugskontextes zugrunde liegen.

Ausgangspunkt sind zunächst Zugangs- bzw. Inventarbücher oder -karten (Abb. 6). Sie geben in der Regel Auskunft darüber, wann, über welche Person oder Institution und unter welchen Umständen (Schenkung, Vermächtnis, Überweisung, Ankauf) ein Objekt in eine Sammlung kam, welcher Wert dafür angesetzt (Kauf- oder Schätzpreis) und welche Inventarnummer vergeben wurde. Sodann sind die Objektakten zu konsultieren, welche Korrespondenzen, historische Fotografien, Rechnungen, Restaurierungsberichte, abgefallene Etiketten sowie Nachweise des betreffenden Objekts in Literatur, Ausstellungs- und Auktionskatalogen enthalten können. In beiden Weltkriegen wurden Kulturgüter aus Museen, Archiven und Bibliotheken evakuiert, um sie vor Bombenschäden zu bewahren. Sind entsprechende Auslagerungs- und Transportlisten noch vorhanden, so geben sie über Translokationen in Kriegszeiten Auskunft.

Der nächste Schritt führt zu Aktenmaterial in externen Archiven, zum Beispiel in Stadt-, Landes- oder Staatsarchiven, wo sich – je nach Trägerschaft einer Institution – parallele Aktenüberlieferungen befinden können. So würde man zum Beispiel im Falle eines Objektes in einem städtischen Museum zuerst beim zuständigen Stadtarchiv anfragen. Liegen Anhaltspunkte für einen ausländischen Entzugskontext vor (führt zum Beispiel eine Spur in die von NS-Deutschland besetzten Gebiete), müssen die Recherchen auf ausländische Archive ausgeweitet werden. Übersichten über Archive und Archivgut in Deutschland so-

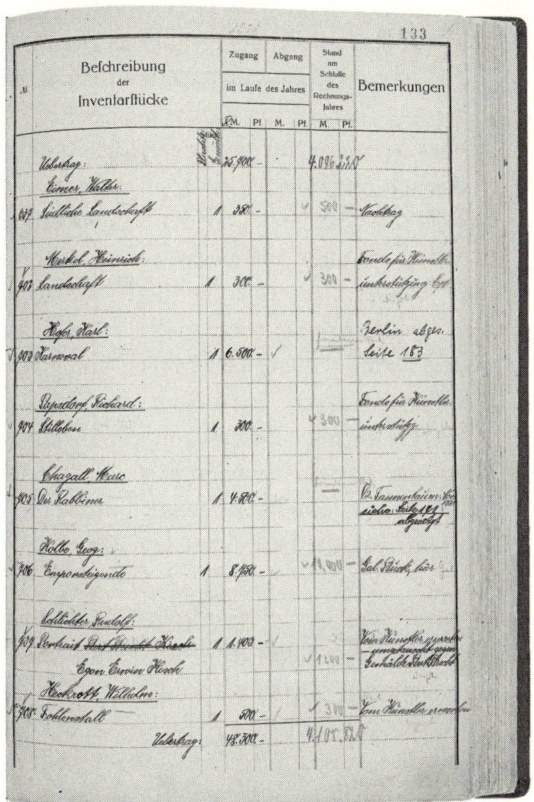

133

№	Beschreibung der Inventarstücke	Stück	Zugang im Laufe des Jahres M.	Abgang im Laufe des Jahres M.	Stand am Schlusse des Rechnungs-Jahres M.	Bemerkungen
	Uebertrag:		25.400.–		4.096 [illegible]	
	Eimer, Walter:					
[illegible]	Südliche Landschaft	1	350.–		500 –	Nachtrag
	Merkel, Heinrich:					
902	Landschaft	1	300.–		300 –	Fonds für Künstlerunterstützung [illegible]
	Hofer, Karl:					
903	Karneval	1	6.500.–	✓		Berlin abgeg. Seite 183
	[illegible], Richard:					
904	Stilleben	1	300.–		300 –	Fonds für Künstlerunterstützg.
	Chagall, Marc					
905	Der Rabbiner	1	4.800.–		—	[illegible] siehe: Seite 181 abgesetzt
	Kolbe, Georg:					
906	Emporsteigende	1	8.450.–		11.000 –	Gal. [illegible]
	Schlichter, Rudolf:					
907	Porträt ~~[illegible]~~ Egon Erwin Kisch	1	1.400.–		1.200 –	Vom Künstler [illegible] umgetauscht gegen Gemälde [illegible]
	Heckrott, Wilhelm:					
908	Fohlenstall	1	500.–		300 –	Vom Künstler [illegible]
	Uebertrag:		48.300.–		4.105 [illegible]	

Abb. 6 Auszug aus dem Inventarbuch der Kunsthalle Mannheim mit dem Eintrag zu Chagalls *Rabbiner*, 1928.

wie über Archive mit Beständen zu NS-Raubkunst bzw. zur deutschen Kolonialgeschichte finden sich im Internet.[9]

Im Hinblick auf die Provenienzforschung zu NS-Raubgut sind diejenigen Archivbestände von besonderem Interesse, die Unterlagen über die Entziehung jüdischen Kulturgutes zwischen 1933 und 1945 und über die Wiedergutmachung nach 1945 enthalten können. Dabei handelt es sich insbesondere um Unterlagen der Finanzbehörden, weil diese sowohl während der NS-Zeit an der systematischen Beraubung der jüdischen Bevölkerung als auch nach 1945 an der Entschädigung der NS-Opfer maßgeblich beteiligt waren. Darüber hinaus enthalten beispielsweise die Akten der Geheimen Staatspolizei (Gestapo) häufig

Hinweise auf Entzugsvorgänge, einschließlich Listen beschlagnahmten jüdischen Kulturgutes.

Relevante Akten aus dem Zeitraum 1933 bis 1945 sind unter anderem:[10]

a) Steuerakten: Sie dokumentieren die Registrierung und den Entzug jüdischen Vermögens, auch in Form von Sondersteuern wie der «Reichsfluchtsteuer» und der «Judenvermögensabgabe», und enthalten gelegentlich Hinweise auf beschlagnahmte Gegenstände.
b) Devisenakten: Sie dokumentieren die Kontrolle von Geldvermögen von Auswanderungswilligen, denen die Ausfuhr privaten Besitzes, darunter auch Kunstwerke, untersagt werden konnte.
c) Entziehungsakten: Vermögen von Angehörigen des Deutschen Reiches, die sich im Ausland aufhielten und denen die deutsche Staatsangehörigkeit aberkannt wurde, konnten ab Juli 1933 zugunsten des Reiches beschlagnahmt werden. Eingezogen wurde außerdem ab 1941 das Vermögen deportierter Juden.

Relevante Akten aus der Zeit nach 1945 sind unter anderem:

a) Entschädigungsakten: Das Bundesentschädigungsgesetz (BEG), das am 29. Juni 1956 rückwirkend zum 1. Oktober 1953 in der Bundesrepublik Deutschland verabschiedet wurde, gewährte den Opfern nationalsozialistischer Verfolgung eine finanzielle Entschädigung für erlittene immaterielle Schäden. Weltweit stellten Hunderttausende entsprechende Anträge, vor allem in den 1950er- und 1960er-Jahren.
b) Rückerstattungs- bzw. Wiedergutmachungsakten: Neben finanziellen Entschädigungen der «rassisch», religiös und politisch Verfolgten des NS-Regimes wurden auf Grundlage des Bundesrückerstattungsgesetzes (BRüG) vom 19. Juli 1957 Rückerstattungen von Vermögenswerten wie Immobilien, Bankguthaben und Kunstbesitz durchgeführt. Dies oblag den Wiedergutmachungsämtern. Die Antragsteller legten ihre Familienverhältnisse dar und fügten ihren Anträgen oft detaillierte Beschreibungen, Listen, mitunter auch Fotos (Abb. 7) von abhanden gekommenen Vermögenswerten bei.[11] Daher sind diese Akten für Provenienz- wie auch für genealogische Recherchen sowie für die rechtliche Beurteilung von Restitutionsansprüchen äußerst wichtige Quellen. Dies belegt der

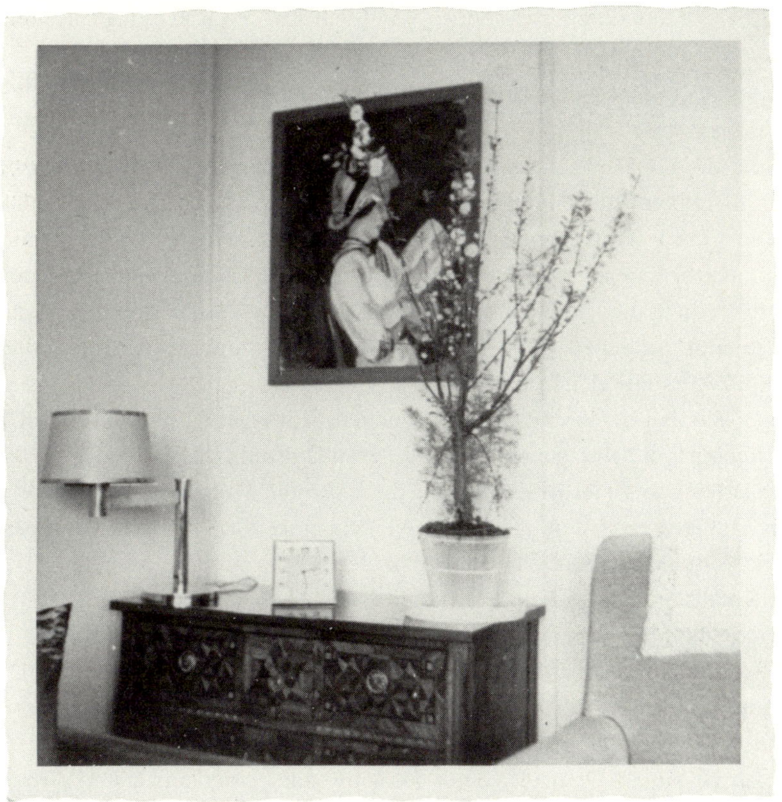

Abb. 7 Foto aus einer Wiedergutmachungsakte im Staatsarchiv Freiburg.

Fall eines Gemäldes von Camille Pissarro (1830–1903) im Museo Thyssen-Bornemisza in Madrid, dessen Provenienz vom NS-verfolgungsbedingten Entzug 1939 bis zur Entschädigung der ehemaligen Eigentümerin 1958 durch Rückerstattungsakten im Staatsarchiv München rekonstruiert und dadurch eine Doppelentschädigung im Zuge eines 2002 vorgebrachten erneuten Restitutionsbegehrens vermieden werden konnte.[12]

Schritt 4: Recherche mithilfe von Literatur und Online-Ressourcen

Sind die Recherchen am Objekt und mittels internen sowie externen archivischen Quellen abgeschlossen, wendet man sich der Fachliteratur und Online-Ressourcen zu. Hier ist zunächst zwischen objekt- und kontextbezogener Literatur zu unterscheiden: Objektbezogene Literatur erhellt die Biografie eines spezifischen Objektes, kontextbezogene Literatur hingegen den zeithistorischen Zusammenhang, die Rolle von Akteuren oder Institutionen.

Wie bei den archivalischen Quellen, so beginnt man auch bei der Literatur mit hauseigenen Schriften, etwa Bestandskatalogen oder Periodika (zum Beispiel Jahrbüchern), die bisweilen Rubriken über Neuerwerbungen enthalten. Allerdings werden in solchen Veröffentlichungen die Namen früherer Eigentümer in der Regel nicht konkret, sondern allenfalls in verallgemeinerter Form («erworben aus süddeutschem Privatbesitz», «erworben aus einer englischen Privatsammlung») genannt.

Das trifft auch auf eine in unserem Zusammenhang besonders relevante Gattung kunsthistorischer Literatur zu: die Werkverzeichnisse, auch Œuvrekataloge oder Catalogues raisonnés genannt. Recherchiert man zu einem Gemälde, einer Skulptur oder einer unikatären Arbeit auf Papier (Aquarell, Pastell, Gouache, Zeichnung) eines Künstlers, zu dem ein entsprechendes (idealiter vollständiges) Werkverzeichnis vorliegt, so sollten diesem Angaben zur Provenienz sowie zur Ausstellungs- und Publikationshistorie des betreffenden Objektes zu entnehmen sein. Allerdings ist die Qualität und Quantität dieser Angaben extrem unterschiedlich, weil es an Standards für diese Literaturgattung mangelt.[13] Und nur bedingt hilfreich sind Catalogues raisonnés im Falle von multiplizierter Kunst wie Druckgrafik oder Fotografie, weil in diesen Fällen zwar das jeweilige Werk, nicht aber jedes individuelle Exemplar der Auflage erfasst ist. Neben Œuvreverzeichnissen sollten Ausstellungskataloge und sonstige Publikationen, in denen das Objekt erwähnt und/oder abgebildet ist, recherchiert werden, weil darüber unter Umständen frühere Eigentümer erschlossen werden können. Hinweise auf die zu rekonstruierende Ausstellungs- und Publikationshistorie lassen sich gegebenenfalls der Objektakte im Museum entnehmen. Wenn ein

Objekt bei einer Versteigerung seinen Eigentümer gewechselt hat, ist der entsprechende Auktionskatalog eine wichtige Quelle, vor allem dann, wenn er Annotationen – also handschriftliche Anmerkungen zu Einlieferern, Käufern und Preisen – enthält. Für den Zeitraum 1901 bis 1945 sind Auktionskataloge, die im Zuge des Projekts *German Sales* digitalisiert wurden, über den Getty Provenance Index recherchierbar, der auch auf den Standort annotierter Versteigerungskataloge verweist.[14] Auch Kunstzeitschriften berichten über Auktionen und das Marktgeschehen. Exemplarisch sei die 1927 gegründete Zeitschrift *Die Kunstauktion* genannt, die seit 1930 unter dem Namen *Weltkunst* erscheint und für den Zeitraum 1927 bis 1944 digital erschlossen und frei zugänglich ist – ein umfangreiches Archiv zum Kunstgeschehen in der Weimarer Republik und der NS-Zeit mit großer Bedeutung für die Provenienzforschung.[15]

Ob Digitalisate von Printmedien, reine Online-Publikationen, Datenbanken zu Objekten oder zu historischen Quellen – Online-Ressourcen jeglicher Art gehören mittlerweile zu den unverzichtbaren Hilfsmitteln.[16] Zugleich ist der Bereich Digitale Provenienzforschung im Kontext der Digitalen Kunstgeschichte und der Digitalen Geisteswissenschaften (Digital Humanities) zu einem eigenen Fachgebiet geworden, das sich in den kommenden Jahren zweifellos sehr dynamisch entwickeln wird.

Problematik Provenienzlücken

Ziel der Recherchen ist immer, ein möglichst vollständiges Bild der Herkunfts- und Besitzgeschichte eines Objektes, also eine im besten Fall lückenlose Provenienzkette zu erhalten. Doch auch wenn alle Rechercheschritte sorgfältig gegangen wurden, bleiben häufig sogenannte Provenienzlücken. Diese kann man sich wie ein fehlendes Glied in einer Kette oder wie eine Leerstelle in einem Puzzle vorstellen. Wie mit unvollständigen Provenienzen umzugehen ist, gehört zu den schwierigen Fragen, vor allem, wenn der Verdacht auf einen NS-verfolgungsbedingten Entzug besteht. Lücken in der Überlieferung sind gemäß Punkt 4 der Washingtoner Prinzipien zu erwarten:

> «Bei dem Nachweis, dass ein Kunstwerk durch die Nationalsozialisten beschlagnahmt und in der Folge nicht zurückerstattet wurde, sollte berücksichtigt werden, dass aufgrund der verstrichenen Zeit und der besonderen Umstände des Holocaust Lücken und Unklarheiten in der Frage der Herkunft unvermeidlich sind.»[17]

Wichtig ist, dass Lücken in Provenienzketten eindeutig als solche gekennzeichnet werden.

Um die Fortschreibung alten Unrechts aufgrund einer unklaren Quellenlage zu verhindern, ist man in Deutschland bei strittigen Fällen – insbesondere bei Vermögensverlusten nach dem 15. September 1935 (Inkrafttreten der «Nürnberger Gesetze»)[18] – zu einer Umkehr der Beweislast übergegangen, das heißt, die betreffende Institution muss nachweisen, dass sie ein Werk nicht zu Unrecht besitzt. Einen prominenten, viel und kontrovers diskutierten Fall markierte die Empfehlung der in Kapitel 5 vorgestellten Beratenden Kommission vom 29. September 2020 an die Stadt Köln, ein Aquarell von Egon Schiele an die Erben des früheren jüdischen Eigentümers zu restituieren, weil die Kommission «die Vermutung eines NS-verfolgungsbedingten Verlustes für nicht widerlegt»[19] hielt.

Problematik Werk- bzw. Objektidentität

Wenn auf einem Foto eines Wohnzimmers einer verfolgten und enteigneten jüdischen Familie ein Gemälde an der Wand hängt, es aber von dem betreffenden Künstler mehrere, sehr ähnliche Versionen ebendieses Gemäldes gibt, wie finde ich dann heraus, ob das in einem Museum aufbewahrte und das auf der Fotografie zu sehende Werk tatsächlich identisch sind – und es sich nicht doch um zwei verschiedene Versionen handelt? Das hier angesprochene Problem ist ein für die Provenienzforschung ausgesprochen virulentes: Es geht um die Klärung der Werk- bzw. Objektidentität.[20] Die Herausforderung besteht darin, Bild- und Schriftquellen, die Hinweise zu Provenienzen enthalten, eindeutig mit einem spezifischen Objekt in Verbindung zu bringen. Dies erweist sich in der Praxis häufig als ausgesprochen schwierig und führt, gerade wenn es um das Thema NS-Raubgut und Restitutionsanfragen geht, immer wieder zu Streitfällen. Die Schwierigkeit potenziert sich noch bei Kulturgütern, die nicht als Unikate hergestellt wurden, also etwa Plastiken, Grafiken, Objekten aus dem Kunsthandwerk oder Büchern. Wenn auf dem besagten Foto eines Wohnzimmers neben dem Gemälde noch eine Radierung hängt und ein Exemplar ebendieser Radierung in einem Museum überliefert ist, besteht das Problem darin, herauszufinden, ob es sich nicht nur um das gleiche, sondern tatsächlich um dasselbe Werk handelt. Hier können spezifische individuelle Merkmale wie etwa Widmungen Indizien sein. Nicht-unikatäre Objekte finden sich häufig in sogenannten *Large-Scale Collections*.

Problematik Large-Scale Collections

Eine besondere Herausforderung stellen die sogenannten *Large-Scale Collections* dar.[21] Das sind Sammlungen mit einer enorm großen, teilweise bis in die Hunderttausende gehenden Anzahl von Objekten, zum Beispiel Kupferstich- oder Münzkabinette, kunstgewerbliche, archäologische, ethnologische, naturkundliche, historische, technik- oder kulturgeschichtliche Sammlungen. In vielen Fällen handelt es sich dabei um Einzelobjekte mit geringeren Handelswerten, auf deren Dokumentation nicht so viel Wert gelegt wurde, was zu einer dünneren Quellenlage führt. Bei multiplen, seriell und zum Teil als Massenware hergestellten Objekten wie etwa Druckgrafiken, Möbeln, gedruckten Büchern oder Münzen ist zudem, wie im vorigen Abschnitt erwähnt, die eindeutige Identifizierung, die Klärung der Werkidentität erschwert.

Bei *Large-Scale Collections* empfiehlt es sich, bei den Recherchen nicht vom Einzelobjekt, sondern von den Erwerbungsumständen auszugehen und auf diese Weise Konvolute zu bilden. Konvolute können überdies nach Charakteristika gebildet werden, die eine Reihe von Objekten auszeichnen, etwa bestimmte Beschriftungen, historische Montierungen, Beschädigungen oder Ähnliches. Solche Besonderheiten, die auf eine gemeinsame Provenienz hindeuten können, sind in den Museumsunterlagen in der Regel dokumentiert und also auffindbar.

Eine große Hilfe bietet hier digitales Datenmanagement. Per Knopfdruck können damit Objekte mit identischen oder ähnlichen Herkunftsgeschichten zusammengeführt und die Recherchen dazu gebündelt werden. Wenn zum Beispiel mehrere Blätter bei ein und derselben Grafikauktion erworben wurden, muss der betreffende Katalog nur einmal konsultiert werden.

... wie zum Beispiel Bibliotheken

Ein spezieller Fall von *Large-Scale Collections* sind Bibliotheken, in denen Provenienzen zum Beispiel bei der Erschließung von Handschriften oder Inkunabeln seit jeher erforscht und publiziert werden.[22] Auch in Bibliotheken dient Provenienzforschung der Erhellung der Bestands- und Institutshistorie, darüber hinaus der Rekonstruktion aufgelöster Bibliotheken oder privater Büchersammlungen, und sie ist nicht zuletzt ein Zugang zu den Lebensgeschichten der Menschen, die mit den Büchern verbunden waren.

Seit einigen Jahren wird in städtischen, Universitäts-, Landes-, Staats- und Spezialbibliotheken vermehrt Provenienzforschung betrieben, was vor allem mit der Suche nach NS-Raubgut zusammenhängt. Wobei sich nicht erst die Nationalsozialisten Bücher und Bibliotheken gewaltsam aneigneten, hat doch Bibliotheksraub im Zuge kriegerischer Auseinandersetzungen schon eine lange Geschichte. So wurde, um nur ein Beispiel anzuführen, die Heidelberger *Bibliotheca Palatina*, die im 17. Jahrhundert als «Mutter aller Bibliotheken» weithin gerühmte Bibliothek der Pfälzer Kurfürsten, 1622 als Kriegsbeute nach Rom gebracht. Erst 1815/16 kam ein Teil der Bücher nach Heidelberg zurück.

Im Hinblick auf die historischen Entzugskontexte und Methoden gibt es viele Gemeinsamkeiten zur musealen Forschung, aber auch einige signifikante Unterschiede. Die wichtigste Besonderheit: Gedruckte Bücher sind Massenware, was die Identifizierung einzelner Exemplare grundsätzlich erschwert. Hier können spezifische Provenienzmerkmale wie Exlibris, Bibliotheksstempel oder -etiketten, Sigel, Widmungen sowie andere handschriftliche Eintragungen aller Art und weitere Spuren des persönlichen Gebrauchs der Bücher Hinweise auf ihre früheren persönlichen oder institutionellen Besitzer und Standorte liefern. Diese sogenannten Exemplarspezifika sind in einer Bibliothek «Ausdruck der Herkunft und Geschichte eines bestimmten Buches. Sie transportieren über den reinen Inhalt hinaus wichtige (Meta-)Informationen und bilden die Grundlage für die Provenienzforschung, die diese Evidenzen deutet, dokumentiert und in Ergänzung mit anderen Informationsquellen aus Archiven, Foren usw. nutzbar macht.»[23]

Blättern wir als Beispiel ein Buch in der Universitäts- und Landesbibliothek Bonn (ULB) auf, dessen Exemplarspezifika seine bewegte Geschichte offenbaren. Der Schmutztitel (Abb. 8) enthält mehrere Provenienzmerkmale: Im unteren Bereich liegt ein größerer ovaler Stempel mit dem Schriftzug «Ordensburg Vogelsang – Bücherei –» zwischen zwei Hakenkreuzen über einem kleineren ovalen Stempel mit dem Schriftzug «Bücherei der Reichsschule N. S. D. A. P. Bernau / Berlin». Oberhalb dieser beiden Stempel, etwa in der Mitte des Blattes, liegen zwei weitere Stempel übereinander: Ein randloser Stempel mit dem Text «ungültig ULB Bonn» liegt über einem ovalen Stempel mit dem Text «Juristisches Seminar der Universität Bonn». Am oberen Rand befinden sich noch zwei Provenienzmerkmale: in der linken Ecke der handschriftliche Eintrag «36 A 571», den die Forschung als Signatur aus der Bücherei Ordensburg Vogelsang identifizieren konnte, in der rechten Ecke ein rechteckiger, in vier Felder unterteilter Stempel, bei dem es sich vermutlich um den Signaturstempel der «Reichsschule» Bernau handelt. Das Titelblatt desselben Buches (Abb. 9) weist in der Mitte wiederum die Stempel des Juristischen Seminars unter dem Ungültigkeitsstempel der ULB auf (hier zusätzlich mit zwei schwarzen Strichen durchgeixt). Unten rechts in der Ecke befindet sich der Besitzstempel der ULB, darüber die durchgestrichene handschriftliche Signatur «Mc 365», wahrscheinlich aus dem Juristischen Seminar. Ober- und unterhalb dieser durchgestrichenen Signatur sind Reste getilgter Provenienzmerkmale zu erkennen. Herkunft und Bedeutung der handschriftlichen Nummer «29268» am oberen Rand in der Mitte sind bislang ungeklärt.

Ausgehend von diesen diversen Besitzmerkmalen und auf der Basis weiteren Quellenstudiums ließ sich die Provenienz des Buches rekonstruieren: Es stammt aus der «Reichsschule» Bernau – also der ehemaligen, von den Nationalsozialisten am 2. Mai 1933 besetzten und beschlagnahmten Bundesschule des Allgemeinen Deutschen Gewerkschaftsbundes (ADGB) in Bernau bei Berlin, die Bauhausdirektor Hannes Meyer (1889–1954) in den Jahren 1928 bis 1930 entworfen hatte und die im Sommer 1933 in eine «Reichsschule» der NSDAP und der

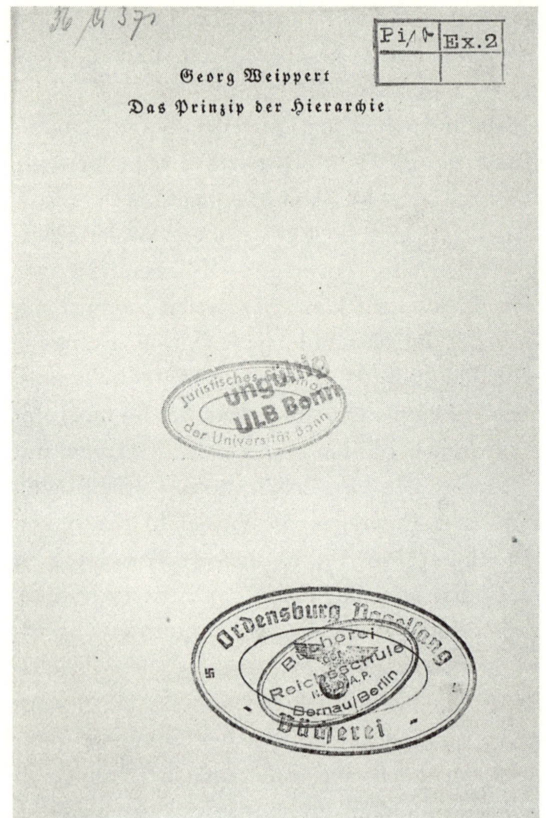

Abb. 8 Schmutztitel des Buches *Das Prinzip der Hierarchie* von Georg Weippert, Hamburg 1932.

Deutschen Arbeitsfront umgewandelt wurde. Es ist bislang ungeklärt, wann und auf welchem Wege das Buch von Bernau in die 1936 in Betrieb genommene NS-Ordensburg Vogelsang in der Nordeifel kam, welche wie die «Reichsschule» eine NS-Schulungsstätte war und ebenfalls dem Reichsorganisationsleiter der NSDAP und «Führer» der Deutschen Arbeitsfront Robert Ley (1890–1945) unterstand. 1946 wurde die Bibliothek der NS-Ordensburg Vogelsang vollständig an die Universität Bonn überführt und dort, nach Aussonderung der NS-Literatur, an die ULB und die Institute verteilt.[24] Das Juristische Seminar gab das Buch 2014 wiederum an die ULB ab.

Auf das individuelle Schicksal des einzelnen physischen Buchexemplars und seine Bedeutung für den Sammler hebt Walter Benjamin in

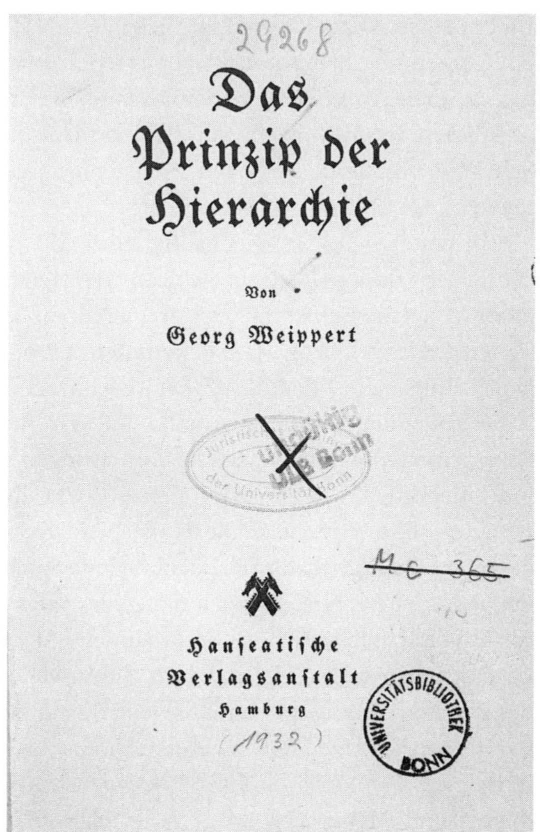
Das Prinzip der Hierarchie

Von

Georg Weippert

Hanseatische Verlagsanstalt
Hamburg

Abb. 9 Titelseite des Buches *Das Prinzip der Hierarchie* von Georg Weippert, Hamburg 1932.

seinem bekannten Essay *Ich packe meine Bibliothek aus – Eine Rede über das Sammeln* ab, in dem er den Typus des Sammlers charakterisiert. Benjamin zitiert das lateinische Sprichwort, dem zufolge Bücher ihre Schicksale haben: «– Habent sua fata libelli – das war vielleicht gedacht als ein allgemeiner Satz über *Bücher*. Bücher, also ‹Die Göttliche Komödie› oder ‹Die Ethik› des Spinoza oder ‹Die Entstehung der Arten›, haben ihre Schicksale. Der Sammler aber legt diesen lateinischen Spruch anders aus. Ihm haben […] Bücher als *Exemplare* ihre Schicksale.»[25]

Ein signifikanter methodischer Unterschied zur Provenienzforschung in Museen besteht darin, dass in Bibliotheken wegen der großen Objektanzahl die Recherchen oftmals jedoch gerade nicht am einzelnen Objekt (vgl. oben Schritt 1) ansetzen, sondern an den – in

Bibliotheken Akzessionsjournale genannten – Zugangsbüchern, Erwerbungsakten und Standortkatalogen (Repertorien) (vgl. oben Schritt 3), um auf diese Weise größere Sammlungsbestände in den Blick nehmen zu können. Ist ein verdächtiger Zugang identifiziert, erfolgt im zweiten Schritt der bibliothekarischen Provenienzrecherche die Autopsie der betreffenden Bücher (vgl. oben Schritt 1).

In der NS-Zeit fanden häufig ganze Büchersammlungen von aus «rassischen» oder politischen Gründen verfolgten Personen und Organisationen (etwa jüdischen oder freireligiösen Gemeinden, politischen Parteien, Gewerkschaften, Arbeiterbildungsvereinen oder Freimaurerlogen[26]) Eingang in öffentliche Bibliotheken, sei es, dass die Bibliotheken selbst Erwerbungen auf sogenannten Juden-Auktionen oder in Antiquariaten vornahmen, sei es, dass sie Zuweisungen von NS-Organisationen und -Behörden wie etwa der Gestapo, von Zoll- oder Finanzämtern erhielten. Eine entscheidende Rolle beim Erwerb und der Verteilung geraubter Bibliotheken und Buchbestände spielten zwei eng miteinander verknüpfte zentrale Einrichtungen des deutschen Bibliothekswesens: die Reichstauschstelle und die Preußische Staatsbibliothek in Berlin.[27] Grundsätzlich verdächtig sind auch alle Erwerbungen aus den während des Zweiten Weltkriegs von NS-Deutschland besetzten oder annektierten Territorien. Der Einsatzstab Reichsleiter Rosenberg (ERR) raubte in Belgien, Frankreich und den Niederlanden systematisch auch Bibliotheken und Archive.[28] Und es darf nicht vergessen werden, dass auch noch nach 1945 als NS-Raubgut oder als Kriegsbeute zu klassifizierende Bücher auf unterschiedlichsten Wegen – etwa über antiquarische Erwerbungen, Nachlässe, Schenkungen oder Tausch – in öffentliche Bibliotheken im In- und Ausland gelangten. Jede Bibliothek mit vor dem 9. Mai 1945 erschienenen Bücherbeständen könnte daher theoretisch NS-Raubgut besitzen. Für während des Nationalsozialismus – nicht zuletzt auch im Rahmen der Beschlagnahmungen «schädlichen und unerwünschten Schrifttums» – enteignete Bücher steht im Internet eine eigene Plattform zur Verfügung.[29] Da, ähnlich wie im Universitäts-, Museums- und Archivbereich, leitende Bibliotheksangestellte und Antiquare als Sachverständige für konfiszierte (jüdische) Büchersammlungen agierten, kann Provenienzforschung auch im Bezug auf die Verantwortung von Bibliothekaren für geschehenes Unrecht ein Baustein für eine kritische Fach- und Institutionengeschichte sein.

Wird in Bibliotheken NS-Raubgut nachgewiesen, so gilt die moralische Selbstverpflichtung zum Finden von «gerechten und fairen Lösungen» mit den rechtmäßigen Eigentümern oder deren Erben im Sinne der Washingtoner Prinzipien. Dabei ist zu berücksichtigen, dass dem geringen materiellen Wert von gedruckten Büchern (im Vergleich zu Kunstwerken) häufig ein hoher ideeller und symbolischer Wert für die betroffenen Familien gegenübersteht: «Mehr noch, die zu restituierenden Bücher sind oftmals die einzigen Erinnerungsstücke an verfolgte und ermordete Verwandte, sie tragen als Zeitzeugnisse zur Rekonstruktion von Lebensgeschichten bei!»[30]

… oder auch Archive

Ein weiterer spezieller Fall von *Large-Scale Collections* sind Archive. Deren Sammlungsbestände, die Archivalien bzw. das Archivgut, sind, wie jene von Museen und Bibliotheken, Kulturgut und sie haben, wie Kunstwerke und Bücher, ebenfalls eine Herkunft und Geschichte, deren Untersuchung vielfältige Erkenntnisse liefern kann. Zumal dann, wenn die Frage eines unrechtmäßigen Erwerbs von Beständen im Raum steht. Denn Archivraub hat, wie Kunst- und Bibliotheksraub, eine lange Geschichte. Mit dieser Form der Kriegsbeute eignete sich der Sieger das schriftliche Gedächtnis des Besiegten an. So ließ etwa, wie in Kapitel 3 ausgeführt, Napoleon in ganz Europa nicht nur Kunstwerke, sondern ebenso Bibliotheken und Archive rauben. Die Nationalsozialisten raubten systematisch Registratur- und Archivgut der jüdischen Kultusgemeinden (im großen Stil im Zuge der Novemberpogrome 1938), darunter vor allem die Personenstandsregister, die den Verfolgungsbehörden dann für Zwecke der polizeilichen Auswertung sowie der NS-konformen historischen Forschung zur Verfügung gestellt wurden.[31] Darüber hinaus fand Archivalienraub in den von NS-Deutschland besetzten oder annektierten Gebieten statt – dafür weiter unten ein Beispiel –, wobei das Amt VII «Weltanschauliche Forschung und Auswertung» im Reichssicherheitshauptamt (RSHA) und der Einsatzstab Reichsleiter Rosenberg (ERR) eine zentrale Rolle spielten.[32] Nach Kriegsende verbrachten sowjetische Trophäenbrigaden deutsches Archivgut in die Sowjetunion, wovon noch heute umfangreiche Bestände im «Sonderarchiv Moskau» lagern. In der sowjetischen Besatzungszone befahlen die Sowjets eine Bodenreform, in deren Zuge sogenannte Schlossbergungen durchgeführt wurden, die zur Enteignung von Adelsarchiven und zu deren Überführung in staatliche Archive führten.[33]

In der Archivkunde ist, wie bereits in der Einleitung dargelegt, der Begriff Provenienz seit dem 19. Jahrhundert von großer Bedeutung, weil er eines der beiden möglichen Ordnungskriterien für Archivbestände – nämlich nach Herkunft und Entstehungszusammenhängen – bezeichnet.

Das zweite Prinzip der elf Washingtoner Prinzipien bezieht sich auf Archivalien und Archive: «Einschlägige Unterlagen und Archive sollten der Forschung gemäß den Richtlinien des International Council on Archives zugänglich gemacht werden.»[34] Die in der Folge der Washingtoner Konferenz am 14. Dezember 1999 verabschiedete «Erklärung der Bundesregierung, der Länder und der kommunalen Spitzenverbände zur Auffindung und zur Rückgabe NS-verfolgungsbedingt entzogenen Kulturgutes, insbesondere aus jüdischem Besitz» (sogenannte Gemeinsame Erklärung) bekräftigt die Bereitschaft Deutschlands, im Sinne der Washingtoner Prinzipien weiter nach NS-Raubgut zu suchen «und gegebenenfalls die notwendigen Schritte zu unternehmen, eine gerechte und faire Lösung zu finden». Am Ende der Erklärung heißt es ausdrücklich, sie beziehe sich «auf die öffentlich unterhaltenen Archive, Museen, Bibliotheken und deren Inventar. Die öffentlichen Träger dieser Einrichtungen werden aufgefordert, durch Beschlussfassung in ihren Gremien für die Umsetzung dieser Grundsätze zu sorgen.»[35] Archive firmieren hier prominent an erster Stelle! Bislang konzentrieren sich die Archive in Deutschland, was ihre Beschäftigung mit dem Thema Provenienzforschung und die Förderung durch das Deutsche Zentrum Kulturgutverluste betrifft, allerdings vornehmlich auf die themenorientierte Erschließung von Quellen, die Erstellung entsprechender thematischer Findmittel oder Online-Datenbanken.[36] Im Hinblick auf die Erforschung der Provenienzen der eigenen Archivbestände, insbesondere der Akzessionen während und nach der NS-Zeit, bleibt noch viel zu tun, auch wenn die Fälle von NS-verfolgungsbedingtem Entzug von (Privat-)Archiven wohl eher selten sind.[37] Dabei ist zu berücksichtigen, dass Raubgut auch auf indirektem Wege und auch lange nach 1945

Eingang in Archive gefunden hat. So besitzt, um an dieser Stelle nur ein Beispiel zu erwähnen, das Stadtarchiv Hannover zwei Bestände, «die offensichtlich bzw. wahrscheinlich auch verfolgungsbedingt entzogenes Kulturgut enthalten: Bücher aus dem ehemaligen NSDAP-Gauarchiv und -museum […] und Autographien, die vom Kestner-Museum nach 1933 angekauft […] und 1980 an das Stadtarchiv abgegeben wurden.»[38] Nicht zuletzt muss noch ein Gesichtspunkt erwähnt werden: Da, ähnlich wie im Universitäts-, Museums- und Bibliotheksbereich, Archive nicht nur Opfer, sondern Archivare auch selbst aktiv in den Entzug von Archivgut verfolgter Personen und Organisationen involviert waren (ebenso wie in die Restitution nach 1945), kann Provenienzforschung auch hier zur historischen Aufklärung beitragen.

Jeweils ein Beispiel für die Rückgabe NS-verfolgungsbedingt bzw. kriegsbedingt verlagerten Archivguts sei aufgeführt.

Am 11. September 2001 erhielt die Jüdische Landesgemeinde Thüringen anlässlich der Einweihung ihres neuen Gemeindezentrums in Erfurt 36 Akten und 42 Bücher aus dem Thüringischen Hauptstaatsarchiv Weimar sowie den Staatsarchiven Meiningen, Gotha und Greiz, die zwischen dem 10. November 1938 und 1943 aus den thüringischen Synagogen bzw. bei Gemeindemitgliedern geraubt worden waren.[39]

Das Landesarchiv Nordrhein-Westfalen übergab am 16. April 2013 in Brüssel dem Generalarchivar des Königsreichs Belgien 70 Kartons mit belgischen Archivalien überwiegend aus dem 19. und frühen 20. Jahrhundert. Zur Provenienz dieser Akten ist bekannt, dass sie im Zuge der Besetzung Belgiens im Zweiten Weltkrieg von deutschen Archivaren aus belgischen Archiven herausgelöst und nach Düsseldorf überführt worden waren. Gegen Kriegsende sollten sie per Schiff über den Mittellandkanal ausgelagert werden, das Schiff wurde jedoch im Hafen von Hannover von Bomben getroffen und sank. Erst nach einem halben Jahr wurde die Fracht geborgen, die sich wegen der Wasserschäden in einem desolaten Zustand befand. Die Restaurierung der Akten dauerte Jahrzehnte. Erst nachdem die Akten wieder lesbar gemacht worden waren, konnten die ehemals belgischen Bestände identifiziert und ihre Rückgabe vorbereitet werden.[40]

Was ist ein Erstcheck?

Das Konzept des Erstchecks wurde 2012 im Zusammenhang mit der Suche nach NS-Raubgut in Stadt- und Regionalmuseen des Landes Brandenburg entwickelt und etablierte sich in der Folgezeit auch in anderen Bundesländern.[41] Es lässt sich aber ebenso auf andere Institutionen (Archive, Bibliotheken) sowie – in entsprechend modifizierter Form – prinzipiell auch auf andere unrechtmäßige Erwerbungen übertragen. Ein Erstcheck zielt darauf, zunächst einmal grundsätzlich festzustellen, ob es in einer Sammlung erste Anhaltspunkte und Verdachtsmomente für einen NS-verfolgungsbedingten Entzug gibt. Der Erstcheck geht also in die Breite, nicht in die Tiefe. Methodisch prüft man – im Falle von *Large-Scale Collections* stichprobenartig – anhand der Inventarbücher, Objektakten und sonstiger Archivmaterialien die Objekte, welche zwischen 1933 und 1945 erworben wurden. Jüdische Vorbesitzer, Überweisungen von NS-Organisationen und -Behörden oder unbekannter Herkunft sowie insbesondere Erwerbungen von Personen und Organisationen, die in den NS-Kunsthandel involviert waren und auf der sogenannten *Red Flag Names*-Liste[42] stehen, sind Verdachtsmomente. Liegen solche vor, ist die Notwendigkeit einer weitergehenden, vertiefenden und systematischen Bestandsprüfung gegeben.

Worum geht es bei der Provenienzampel?

Zur Kategorisierung von Provenienzen im Hinblick auf einen möglicherweise vorliegenden NS-verfolgungsbedingten Entzug wurde die sogenannte Provenienzampel eingeführt (Tafel 5).[43] Mit ihr lassen sich die Erkenntnisse hinsichtlich der Provenienz eines Objektes visuell und farbig darstellen. Grün zeigt die eindeutige Unbedenklichkeit, Rot die eindeutige Belastung einer Provenienz an. Gelb und Orange changieren zwischen diesen beiden Kategorien, sie deuten auf Provenienzlücken und Hinweise auf einen unrechtmäßigen Erwerb hin, so dass weitere Forschungen zur Abklärung notwendig sind. Während die Kategorien Grün und Rot in der Regel als verbindlich angesehen werden können, sind Gelb und Orange vorläufige Kategorisierungen, die aus dem aktuellen Kenntnisstand resultieren. Ändert sich dieser, tauchen zum Beispiel neue Quellen auf, kann sich die Zuordnung eines Objektes zu einer Kategorie verändern. Bei der abschließenden Bewertung gilt für Gelb und Orange gleichermaßen, dass die Herkunft der Objekte weiter erforscht werden muss.

Methodische Besonderheiten in Bezug auf Judaica

Judaica ist ein Sammelbegriff für jüdische kunsthandwerkliche, zumeist zeremonielle Objekte sowie für Bücher jedweder Art und jeder Sprache, die sich mit Judentum oder jüdischen Themen beschäftigen. Im Zuge der nationalsozialistischen Judenverfolgung wurden unzählige jüdische Gemeinden und Synagogen geplündert und enteignet, auch in Museums- und Privatbesitz befindliche Judaica fielen in großer Zahl dem NS-Raub zum Opfer und wurden in alle Welt verstreut. Die Aufarbeitung dieses Themas ist im Hinblick auf das Gedenken an die Opfer und an den Holocaust von besonderer erinnerungskultureller Bedeutung. 2019 erschien ein *Handbuch zur Judaica Provenienzforschung*, das sich explizit auf jüdische Zeremonialobjekte bezieht. In der Einleitung machen die Autorinnen deutlich, dass es ihnen nicht nur um die Herkunftsforschung, sondern vor allem auch – im Sinne einer von ihnen so genannten «Quovadienzforschung» – um die Ermittlung des heutigen Standorts der Objekte geht.[44] Sie benennen auch die Besonderheiten der Provenienzforschung in Bezug auf Judaica, nämlich den häufig seriellen Charakter jüdischer Kultobjekte. Hinzu kommen spezifische Anforderungen an die Forscher, und zwar besondere (kunst-)historische und sprachliche Kenntnisse.

Im Nationalsozialismus geraubte Judaica finden sich heute nicht nur in Museen und Privatsammlungen, sondern auch in Bibliotheken.[45]

Sensible Objekte

Von sensiblen Objekten spricht man im Museumsbereich nicht, wenn es sich um besonders fragile und daher konservatorisch besonders zu schützende Objekte handelt, sondern, wenn der Umgang mit ihnen aus ethischen Gründen eine besondere Sensibilität erfordert. Der Deutsche Museumsbund unterscheidet zwischen historisch sensiblen und kulturell sensiblen Objekten.[46] Wenn die Umstände und historischen Kontexte, in denen Sammlungsgut (gleich welcher Gattung) hergestellt, erworben, angeeignet oder musealisiert wurde, prekär sind und somit eine besondere Feinfühligkeit im Umgang damit erfordern, handelt es sich um historisch sensibles Sammlungsgut. Beispiele solch heikler Kontexte sind die Kolonialherrschaften und der Nationalsozialismus, also Herrschaftssysteme, in denen Kulturgüter oftmals gewaltsam enteignet wurden und unter problematischen Umständen Eingang in öffentliche Sammlungen gefunden haben. Letzteres gilt auch für geraubte und illegal gehandelte Antiken. Besondere Sensibilität ist aber auch gefordert, wenn Sammlungsgut diskriminierende Darstellungen oder rassistische Ideologien widerspiegelt.

Kulturell sensible Objekte sind insbesondere menschliche Überreste (*human remains*). «Dazu zählen alle unbearbeiteten, bearbeiteten oder konservierten Erhaltungsformen menschlicher Körper sowie Teile davon. Darunter fallen insbesondere Knochen, Mumien, Moorleichen, Weichteile, Organe, Gewebeschnitte, Embryonen, Föten, Haut, Haare, Fingernägel, Fußnägel, Zähne (die fünf letztgenannten auch, wenn sie von Lebenden stammen) sowie Leichenbrand.»[47] Auch (Ritual-)Gegenstände, in die menschliche Überreste eingearbeitet sind, gehören dazu. Vor allem, aber nicht ausschließlich während der Kolonialzeit gelangten menschliche Überreste, darunter tätowierte mumifizierte Maori-Schädel aus Neuseeland, in großer Anzahl in ethnologische, naturwissenschaftliche und universitäre Sammlungen weltweit. Über den Umgang mit diesen menschlichen Gebeinen und die Frage ihrer Restitution gibt es eine kontroverse Debatte.[48]

Kulturell sensibel sind darüber hinaus religiöse und zeremonielle Objekte (*secret/sacred objects*), Herrschaftszeichen und Alltagsgegenstände, die in der Gesellschaft, in der sie hergestellt und verwendet wurden, eine besondere Bedeutung haben. Auch Objekte aus naturkundlichen Bereichen können unter Umständen in diese Kategorie fallen, etwa, wenn sie unter Artenschutz stehen.

Die Ethik-Richtlinien des *International Council of Museums* (*ICOM*) enthalten Grundsätze für die «Ausstellung sensibler Objekte»:

> «Die Ausstellung von menschlichen Überresten und Gegenständen von religiöser Bedeutung muss unter Einhaltung professioneller Standards erfolgen und, soweit bekannt, den Interessen und Glaubensgrundsätzen der gesellschaftlichen, ethnischen oder religiösen Gruppen, denen die Objekte entstammen, Rechnung tragen. Die Objekte sind mit Taktgefühl und Achtung vor den Gefühlen der Menschenwürde, die alle Völker haben, zu präsentieren. [...] Wünschen betroffener Gruppen nach der Entfernung von menschlichen Überresten oder Gegenständen von religiöser Bedeutung aus der öffentlichen Ausstellung muss umgehend und mit Respekt und Sensibilität begegnet werden. Auf Anfragen bezüglich der Rückgabe solcher Gegenstände ist entsprechend zu reagieren. Museen sollen für die Beantwortung solcher Anfragen klare Richtlinien definieren.»[49]

Methodische Besonderheiten der ethnologischen Provenienzforschung

Provenienzforschung in ethnologischen und ethnografischen Sammlungen bezieht sich häufig, aber nicht zwangsläufig auf Kulturgüter aus kolonialen Kontexten. Solche wiederum befinden sich nicht nur in ethnologischen Museen, sondern beispielsweise auch in naturkundlichen, historischen, städtischen oder universitären Sammlungen.

Die Aufgaben und Methoden der ethnologischen Provenienzforschung unterscheiden sich nicht grundsätzlich von der kunsthistorischen Provenienzforschung, wenngleich es natürlich jeweils fachspezifische Fragestellungen und Herangehensweisen gibt.[50] Grundsätzlich muss das Objekt zunächst identifiziert, also einem Kulturkreis zugeordnet, zeitlich und in seiner ursprünglichen Funktion eingeordnet werden. Im nächsten Schritt geht es um die möglichst genaue Klärung seiner Herkunft und (Besitz-)Geschichte, also die Beantwortung der Frage, wann, auf welchen Wegen und unter welchen Umständen es an seinen heutigen Standort gelangt ist, welche Sammler- und Sammlungsgeschichten es dabei kreuzte, und welche (Be-)Deutungen, Ein- und Zuschreibungen sowie Funktionsänderungen es dabei erfuhr. Eine Besonderheit bei der Provenienzforschung in Bezug auf menschliche Überreste ist zunächst einmal das Bewusstsein dafür, dass es sich hierbei, im Unterschied zu Kulturgütern aller Art, um die Überreste eines

Menschen und also um sensible Objekte handelt – mit allen Konsequenzen, die dies für den Umgang mit ihnen hat, etwa im Hinblick auf das Ausstellen bzw. Nicht-Ausstellen im Museum. Durch die Einbeziehung anthropologischer Herangehensweisen kann versucht werden, die jeweilige Subjektbiografie zu rekonstruieren und damit eine «Re-Individualisierung» und «Re-Humanisierung» vorzunehmen.[51]

Methodisch geht man von Spuren der Provenienz am jeweiligen Objekt selbst aus und erweitert dann die Suche auf Schrift- und Bildquellen im Museumsarchiv und andernorts. Zu den signifikanten methodischen Besonderheiten der ethnologischen Provenienzforschung gehört ihre transnationale Perspektive, weil man Quellen auch in den (außereuropäischen) Ländern suchen muss, denen die Objekte entstammen. Zudem ist die Expertise von Menschen aus den Herkunftsländern und -gemeinschaften als Quelle einzubeziehen, speziell auch mündlich und performativ tradiertes und vermitteltes Wissen (Oral History) – in Ergänzung zu dem oft noch spärlichen Wissen in westlichen Museen. Transnationale und transkulturelle kooperative Forschung zeichnet ethnologische Provenienzforschung in besonderer Weise aus.

Wichtig (und eine Herausforderung) ist eine kritische Interpretation der Quellen, die den jeweiligen historischen Kontext ebenso berücksichtigt wie die Perspektive des Menschen, der in oder aus der Quelle spricht. Und selbstverständlich hat auch der Provenienzforscher selbst einen individuellen Hintergrund und eine Perspektive, die seine Interpretation prägen. So lassen sich unter Umständen anhand derselben Quellen ganz unterschiedliche Geschichten erzählen und Schlüsse ziehen – je nachdem, wer die Geschichte erzählt. Das haben etwa die Diskussionen um das Luf-Boot aus Papua-Neuguinea im Ethnologischen Museum/Humboldt Forum zu Berlin gezeigt.[52]

Naturwissenschaftliche Untersuchungsmethoden

Auch naturwissenschaftliche Untersuchungsmethoden können in der Provenienzforschung gewinnbringend eingesetzt werden, ihre Entwicklung steht aber noch am Anfang. So können beispielsweise Anthropologen aus menschlichen Gebeinen DNA gewinnen und diese auf ihre Herkunft hin analysieren. Die Herausforderung besteht darin, nichtinvasive Verfahren zu entwickeln, welche die *human remains* unversehrt lassen – was für viele Herkunftsgesellschaften kolonialer Kulturgüter von großer Bedeutung ist.

Seit dem Washingtoner Artenschutzübereinkommen von 1989 ist der grenzüberschreitende kommerzielle Handel mit Elfenbein auf der ganzen Welt (mit Einschränkungen) verboten. Eine Methode, um illegalen Handel mit dem «weißen Gold» nachzuweisen, stellt die Laboranalyse der Zusammensetzung der in den Stoßzähnen vorkommenden Isotope dar, welche Aufschluss über die Nahrung des Tieres und somit über seinen Lebensraum gibt. Hierfür benötigt man allerdings einige Milligramm Abrieb vom jeweiligen Stoßzahn, die Methode ist also nicht zerstörungsfrei.

Dokumentation und Vermittlung von Ergebnissen der Provenienzforschung

Provenienzforschung ist kein Selbstzweck, ihre Ergebnisse müssen verlässlich, nachvollziehbar und nachhaltig dokumentiert und der Öffentlichkeit vermittelt werden, um ihr Erkenntnispotenzial entfalten zu können.[53] Wie bereits in der Einleitung erläutert, ermöglicht die Darstellung von Provenienzen im Museum, dem Publikum andere Erzählungen anzubieten, jenseits von Chronologie, Stilgeschichte und Schulzusammenhängen. Anhand der Herkunftsgeschichte von Objekten lässt sich die Historie einer Institution und deren Verflechtung mit dem Kunstmarkt und Privatsammlungen aufzeigen, außerdem Geschmacks- und Rezeptionsgeschichte beleuchten. Das bedeutet selbstverständlich nicht, dass die Provenienzen *aller* Exponate offengelegt werden müssen, das wäre redundant. Es geht vielmehr um ein kluges exemplarisches Vorgehen.

Grundsätzlich sollten Rechercheergebnisse so dokumentiert und verzeichnet werden, dass jeder einzelne Schritt auch für Personen, welche diese Recherchen selbst nicht durchgeführt haben, nachvollziehbar und nachprüfbar ist. Zudem sollte nahtlos an die Ergebnisse angeknüpft werden können, wenn etwa, unter Umständen Jahre später, neue Erkenntnisse hinzukommen. Im optimalen Fall werden die Daten sowohl analog in Form von Objektakten als auch digital in einer Objektdaten-

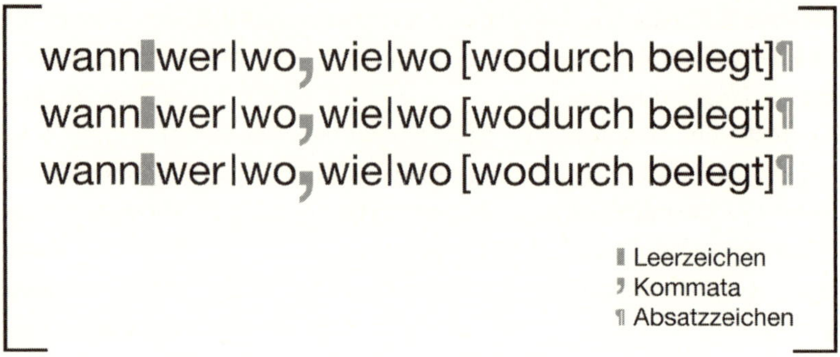

wann werǀwo, wieǀwo [wodurch belegt]¶
wann werǀwo, wieǀwo [wodurch belegt]¶
wann werǀwo, wieǀwo [wodurch belegt]¶

▮ Leerzeichen
, Kommata
¶ Absatzzeichen

Abb. 10 Grundstruktur eines vertikalen Aufbaus einer Provenienzangabe.

bank abgelegt. Die gängigen Museumsmanagementsysteme und Sammlungssoftwares stellen die erforderlichen Instrumente hierfür schon jetzt bereit. Entsprechend sollte mit Daten zu Personen und Institutionen, die Teil der Objektbiografien sind, verfahren werden, beispielsweise zu Händlern und Sammlern, Galerien und Auktionshäusern.[54]

Wie sind Provenienzangaben im Einzelnen zu verzeichnen und darzustellen? Die mittlerweile etablierten inhaltlichen und formalen Standards können dem *Leitfaden zur Standardisierung von Provenienzangaben* entnommen werden, den der Arbeitskreis Provenienzforschung erarbeitet hat.[55] Er zeigt in Grafiken und anhand von Beispielen auf, wie sich die Ergebnisse vorangegangener Provenienzrecherchen detailliert und nachvollziehbar verzeichnen lassen. Besitzwechsel eines Objekts, im Regelfall von seinem Urheber bis zum aktuellen Standort, werden in chronologischer Reihenfolge dargestellt, wobei die für jeden einzelnen Besitzer ermittelten Informationen in Segmenten zusammengefasst werden. Diese bestehen aus den Elementen *wann* (Besitzzeitraum oder Zeitpunkt des Besitzwechsels), *wer* | *wo* (Name des Besitzers [mit Lebensdaten], besitzerbezogene[r] Wohn- und/oder Aufenthaltsort[e] zum Zeitpunkt des Besitzes), *wie* | *wo* (Erwerbungsart mit Bezug zum Erwerbungsort und zum Vorbesitzer) sowie *wodurch belegt* (Quellennachweis). Provenienzlücken werden durch Auslassungspunkte in eckigen Klammern ([…]) gekennzeichnet. Die Darstellung von Provenienzangaben kann in horizontaler oder vertikaler Struktur erfolgen. Die horizontale Struktur stellt die Provenienzangaben in Form eines fortlaufenden Textes dar, die vertikale Struktur trennt die Segmente durch einen Zeilenumbruch, so dass sich eine tabellarische Darstellungsweise ergibt. Die Grundstruktur eines vertikalen Aufbaus lässt sich schematisch darstellen (Abb. 10).

Als Beispiel sei hier nach diesem Muster die vollständige Provenienz des Gemäldes *Sonnenuntergang an der Nordsee* von Heinrich Heimes (1855–1933) wiedergegeben (Tafel 6, Abb. 11).

Die Provenienz dieses Gemäldes konnte lückenlos aufgeklärt und kein Hinweis auf einen NS-verfolgungsbedingten Entzug festgestellt werden.[56]

Im Bereich der Vermittlung der Provenienzforschung wird es in Zukunft verstärkt darum gehen, innovative zeitgemäße Formate zu entwickeln. Viele Erfahrungen gibt es mittlerweile mit dem Format Sonderausstellungen: Mindestens 151 Ausstellungen haben bisher zum Thema NS-Raubgut stattgefunden, sechs in Bezug auf koloniale Kontexte und zwei mit Blick auf SBZ/DDR.[57] Über Ausstellungen lässt sich nicht nur eine breite Öffentlichkeit für das Thema sensibilisieren, zugleich stoßen sie auch beim Fachpublikum auf großes Interesse, weil sie wissenschaftlich fundiert über die Fragestellungen, Methoden, Probleme und Ergebnisse der Provenienzforschung informieren können. Zu den spezifischen kuratorischen Herausforderungen solcher Ausstellungen gehört die Frage des Umfangs der eingesetzten Texte. Zu wünschen wäre darüber hinaus, dass Herkunftsgeschichten (in stärkerem Maße, als das bislang der Fall ist) fester Bestandteil des musealen Displays auch und gerade von *Dauer*ausstellungen werden. Warum zum Beispiel nicht einmal in einem Raum die Werke nach Erwerbungs- bzw. Eingangsdatum hängen und in einem anderen Raum die Rückseiten ausgewählter Bilder zeigen, warum nicht einmal Objektbiografien mit Sammler- oder Kunsthändlerbiografien in einen spannungsreichen Dialog bringen (wie dies seit Jahren erfolgreich in den Sonderausstellungen zur Provenienzforschung praktiziert wird)? Neben wissenschaftlichen Publikationen wie Katalogen oder Tagungsbänden können auch spezielle Broschüren sowie museumspädagogische Angebote aller Art Einblicke in exemplarische Provenienzen vermitteln, außerdem sollten die Website und Social Media genutzt werden. In der Weiterentwicklung der Online-Aktivitäten und der digitalen Angebote, die mehr sein sollten als eine reine Kopie der analogen Formate, liegt zweifellos ein gro-

Kurzprovenienz

1891–28. 02. 1933	**Heinrich Joseph Heimes** (Mayen 15. 02. 1855–28. 02. 1933 Kronberg i. Taunus) [1];
28. 02. 1933–11. 10. 1945	**Gertrude Henrica Heimes**, geb. Jockwer, verw. Gehlen (Dortmund 07. 06. 1865–10. 10. 1945 Kronberg i. Taunus), erworben im Erbgang von ihrem zweiten Ehemann Heinrich Heimes [2];
11. 10. 1945–04. 08. 1960	**Marga[rete] Antoinette Elisabeth von Bochmann**, geb. Gehlen (04. 04. 1891–April 1970 Memmingen), erworben im Erbgang von ihrer Mutter Gertrude Heimes [3];
seit 04. 08. 1960	**Städtisches Kunstmuseum Düsseldorf (heute: Kunstpalast)**, erhalten auf testamentarischen Wunsch von Heinrich Heimes als Schenkung von Marga von Bochmann [4].

[1] Das Gemälde ist bezeichnet und datiert mit *H. Heimes 91*. Die Stieftochter vermachte das Gemälde auf testamentarischen Wunsch von Heinrich Heimes dem Städtischen Kunstmuseum Düsseldorf im August 1960, vgl. Düsseldorf, Stadtarchiv, 0–1–4–21236, Korrespondenz zur Schenkung Marga von Bochmann v. 28.07.-09. 08. 1960.
[2] Vgl. Manfred Nitzschke, Hannover, Heinrich Joseph Heimes, 2 Seiten, März 2011, in: Düsseldorf, Kunstpalast, Dokumentationszentrum Düsseldorfer Malerschule, Dossier *Heinrich Heimes*.
[3] Vgl. Nitschke 2011 (wie Anm. 2); Düsseldorf, Stadtarchiv, 0–1–4–21236, Korrespondenz zur Schenkung Marga von Bochmann v. 28.07.-09. 08. 1960 (vgl. auch Anm. 1). Eine Kopie des Dankesschreibens der Stadt Düsseldorf an Marga von Bochmann für die Schenkung des Gemäldes hat sich im Archiv der Galerie J. P. Schneider, Frankfurt a. M. erhalten. Es ist der Galerie von den Nachfahren nach Marga von Bochmann überlassen worden, vgl. Frankfurt a. M., Archiv der Galerie J. P. Schneider, Dokumentation Heimes, Brief Stadt Düsseldorf an Marga von Bochmann, v. 04. 08. 1960.
[4] Düsseldorf, Stadtarchiv, 0–1–4–21236, Brief der kommissarischen Direktorin der Städtischen Kunstsammlungen Meta Patas an das Kulturamt v. 29. 07. 1960. In der Dokumentation des Kunstpalasts (u. a. im Inventarbuch HS 19, handschriftlicher Eintrag von Fred Kocks zu Inv.-Nr. 5472, in der Bildakte Inv.-Nr. 5472 sowie bspw. im BK Markowitz 1969) irrtümlich als «Geschenk von Konsul O. E. Hesse» gelistet [und hier wiederum fälschlicherweise O. E. Hesse statt E[rnst] O[swald] Hesse].

Abb. 11 Provenienz des Gemäldes *Sonnenuntergang an der Nordsee* von Heinrich Heimes in vertikaler Grundstruktur.

ßes Potenzial und zugleich eine große Herausforderung für die künftige institutionelle Vermittlung von Provenienzforschung. Dass diese auch spielerisch und ganz praktisch erfolgen kann, zeigen das Jüdische Museum Berlin und die Staatsgalerie Stuttgart.[58]

Als fruchtbar erweist sich zudem ohne Zweifel partizipationsorientierte Wissensgenerierung wie etwa *Citizen Science* (Bürgerwissenschaft).[59] Dabei werden interessierte Laien in wissenschaftlich angeleitete Forschungsprojekte und deren Vermittlung einbezogen und führen selbstständig Recherchen durch. Dies eröffnet zudem die Möglichkeit, Objekte mit möglicherweise belasteten Provenienzen in Privatbesitz zu erschließen und in einer breiten Öffentlichkeit für das Thema Provenienzforschung zu sensibilisieren.[60]

Ein bislang noch wenig erforschtes, aber zunehmend diskutiertes Gebiet ist die Verwendung sensibler Sprache in der Provenienzforschung wie auch im musealen Kontext sowie die (fehlende) Gendersymmetrie bei der Aufarbeitung und Präsentation von Sammlungsgeschichte. Auch im Hinblick auf die Darstellung von Ergebnissen der Provenienzforschung in Publikationen wie auch im Museum wird es künftig verstärkt darum gehen, die Geschlechterdifferenz zu berücksichtigen.

Künstlerische Provenienzforschung

Auch bildende Künstler wie etwa Fernando Bryce, Raphaël Denis, Maria Eichhorn, Vera Frenkel, Arno Gisinger, Hans Haacke, Anja Nitz und Emeka Ogboh beschäftigen sich – zum Teil seit vielen Jahren und sehr intensiv – mit Provenienzen von Kunstwerken, Sammlungsgeschichte, der kolonialen Vergangenheit, NS-Raubgut und Restitution.[61] Dabei entwickeln sie aus ihrer jeweiligen Perspektive eigene Strategien und Formen der Visualisierung, deren spezifischer «Mehrwert» für die Forschung und Vermittlung fruchtbar gemacht werden sollte. So können Künstler zu Interventionen in Museen oder auch in den öffentlichen Raum eingeladen werden. Ein Beispiel ist die Plakataktion *Vermisst in Benin* von Emeka Ogboh 2020/21 im Dresdner Stadtgebiet, welche die Benin-Bronzen aus der Sammlung des Museums für Völkerkunde Dresden und die Restitutionsdebatte zum Gegenstand hatte.[62] Ein Beispiel für «Künstlerische Provenienzforschung» war auch das Projekt *Who is*

ID8470? von Tal Adler zu dem sogenannten Gallschen Schädel aus der Sammlung des Anatomischen Instituts der Charité – Universitätsmedizin Berlin, der urspünglich in der Auftaktausstellung des Humboldt Forums gezeigt werden sollte. Der Künstler machte die ethischen Diskussionen zum Gegenstand einer Zweikanal-Videoinstallation.[63]

Es war nur eine Frage der Zeit, bis die genannten Themen auch von Hollywood-Filmproduktionen aufgegriffen würden: 2015 kam der Spielfilm *Woman in Gold* in die Kinos, der den siebenjährigen Rechtsstreit um Gustav Klimts Gemälde *Adele Bloch-Bauer I* und die schließlich 2006 erfolgte Restitution an die Erben des ehemaligen jüdischen Eigentümers thematisiert. Den amerikanischen Kunstschutzoffizieren im Zweiten Welkrieg setzte George Clooney 2014 in seinem Spielfilm *Monuments Men* ein Denkmal.

Außerdem seien noch zwei Beispiele aktueller literarischer Verarbeitungen der Themen Kunstraub und Restitution aufgeführt: Christian Schnalkes historischer Roman *Die Fälscherin von Venedig* (2021) spielt im von Österreich beherrschten Venedig des Jahres 1818, wo die von Napoleon geraubten und von Paris restituierten venezianischen Kunstschätze nicht anzukommen scheinen. Der junge Deutsche Franz Wercker, in Rom unschuldig zum Tode verurteilt, wird unter der Bedingung begnadigt, dass er, als Kunsthändler getarnt, die Hintermänner der Kunstdiebstähle und -fälschungen ausfindig macht.[64] Um NS-Raubgut geht es in Alena Schröders ebenfalls 2021 erschienenem, an die eigene Familiengeschichte angelehnten Debütroman *Junge Frau, am Fenster stehend, Abendlicht, blaues Kleid*. Darin erfährt die Großmutter der jungen Kulturwissenschaftlerin Hannah durch einen Brief einer israelischen Anwaltskanzlei, dass sie die Erbin einer von den Nazis geraubten, verschollenen Kunstsammlung ist – eines der betreffenden Werke, ein Gemälde von Johannes Vermeer (1632–1675), liefert den Titel des Romans. Dass Restitution «ein langwieriges und schwieriges Unterfangen» sei und man zunächst einmal herausfinden müsse, «um welche Bilder genau es sich eigentlich handeln könnte», erfährt die Protagonistin von einer erfahrenen Provenienzforscherin, welche auf die Frage Hannahs «Und wie macht man das?» treffend antwortet: «Nun, man wühlt sich durch Werkverzeichnisse, alte Auktionskataloge, wissenschaftliche Arbeiten.»[65]

5. PROVENIENZFORSCHUNG IN BEZUG AUF HISTORISCHE UNRECHTSKONTEXTE

Vorbemerkungen

Was ist ein Unrechtskontext?

Aktuell wird Provenienzforschung vor allem im Zusammenhang mit sogenannten Unrechtskontexten praktiziert. Was ist darunter zu verstehen? Der Deutsche Museumsbund führte den Begriff 2013 in seinen «Empfehlungen zum Umgang mit menschlichen Überresten in Museen und Sammlungen» ein. Dort heißt es:

> «Eine wesentliche Frage beim Umgang mit menschlichen Überresten ist, wie die Umstände des Todes [und] des Erwerbs [...] jeweils rechtlich und insbesondere auch ethisch zu bewerten sind. Erscheinen diese Umstände als besonders problematisch, raten die Empfehlungen zu erhöhter Sensibilität und geben Hilfestellung bei einer besonderen Behandlung der menschlichen Überreste. Besonders problematisch sind Entstehungs- und Erwerbsumstände, wenn der Person, von welcher der menschliche Überrest stammt, Unrecht angetan wurde. Die Arbeitsgruppe bezeichnet diese Sachlage als Unrechtskontext. Eine einheitliche und abschließende Definition des Unrechtskontextes ist schwierig, weil in verschiedenen Kulturen und zu verschiedenen Zeiten sehr unterschiedliche Wertmaßstäbe galten und gelten. [...] Es muss hier aber klargestellt werden, dass der Begriff Unrechtskontext kein Rechtsbegriff und auch kein stehender Begriff in der Ethik ist.»[1]

Im Weiteren definieren die Empfehlungen zwei Fallgruppen, in denen von Unrechtskontexten zu sprechen sei, nämlich wenn zum einen der Mensch, von dem die Überreste stammen, Opfer einer Gewalttat wurde, und zum anderen, wenn die menschlichen Überreste «insbesondere durch körperliche Gewalt, Zwang, Raub, Grabraub oder betrügerische Täuschung [...] in eine Sammlung gelangt sind».[2]

2021 legte der Deutsche Museumsbund eine Neufassung der zitierten Empfehlungen vor, in der Unrechtskontext als ethische Kategorie verstanden wird: «Der Begriff Unrechtskontext im Sinne dieses Leitfadens möchte für Gewaltanwendung, Machtmissbrauch und Menschenrechtsverletzungen in Zusammenhang mit der Erwerbung und Zusammenstellung von Sammlungen menschlicher Überreste sensibilisieren.»[3]

Wurde der Begriff Unrechtskontext also ursprünglich auf die (überwiegend koloniale) Provenienz von *Human Remains* in westlichen Sammlungen bezogen, so wurde er in der Folge nach und nach ausgeweitet. Heute wird er üblicherweise im Zusammenhang mit kolonialen Herrschaften, der NS-Diktatur und dem SED-Regime verwendet, also historischen Kontexten, die sich durch ein besonders intensives, in der Herrschaftsausübung systematisch und strukturell verankertes Unrecht auszeichneten – im Unterschied zu mehr oder weniger singulären unrechtmäßigen Handlungen. So hat es unrechtmäßige Entziehungen und Aneignungen von Kulturgütern wohl in allen Epochen gegeben, ohne dass diese dann per se sämtlich als Unrechtskontexte zu klassifizieren wären.

Festzuhalten ist, dass, wie oben in den Empfehlungen des Deutschen Museumsbundes ausgeführt, der Terminus Unrechtskontext kein juristischer ist, anders als etwa Besitz, Eigentum oder auch Unrecht als solches. Zudem ist er nicht fest definiert, sondern spiegelt bestimmte Wertmaßstäbe, Normen und Rechtsvorstellungen, ist mithin gesellschaftlichem und kulturellem Wandel unterworfen.

Welche Rolle kann Provenienzforschung in Bezug auf historisches Unrecht spielen?

Provenienzforschung kann einen Beitrag zur Aufarbeitung historischen Unrechts[4] leisten, indem sie den Blick auf das Schicksal der Opfer von Kulturgutentziehungen richtet und die Rolle der Täter analysiert. Damit leistet sie zugleich einen wertvollen Beitrag zur Erinnerungs- und Geschichtskultur einer Gesellschaft. Zudem: Wenn sie für Machtmissbrauch und Menschenrechtsverletzungen sensibilisiert und zu demokratischen Aushandlungsprozessen über Werte und Normen anregt, vermag sie sogar einen Beitrag zur freiheitlich-demokratischen Grundordnung ebenso wie zu Kulturaustausch und Versöhnung zu leisten. Freilich sollte man die Provenienzforschung nicht auf die gesellschaftlich-politischen Aspekte reduzieren, sie nicht instrumentalisieren. Die jüngere, bisweilen hitzig geführte Debatte um die Aufarbeitung der kolonialen Vergangenheit bietet viele Beispiele für solche ideologischen Indienstnahmen, wenn es etwa heißt: «Allerdings besteht bei der nun allerorten angemahnten und betriebenen ‹Provenienzforschung› die Gefahr, dass die Forschung zum musealen Selbstzweck wird. Plötzlich scheint das Thema die ‹Biographie der Objekte› zu sein, als würden diese im Mittelpunkt stehen und nicht die Vergangenheit und das Erbe von lebenden Subjekten.»[5] Eine einseitige Vereinnahmung (und ein fragwürdiges Wissenschaftsverständnis) liegt auch vor, wenn festgelegt wird: «Provenienzforschung verfolgt (1) ein wissenschaftliches Ziel und (2) den Zweck der Restitution.»[6]

Unrecht und Restitution

Im oben erwähnten Leitfaden des Deutschen Museumsbundes zum Umgang mit menschlichen Überresten von 2021 ist zu lesen: «Wie oft bei der Bewertung historischer Ereignisse besteht eine zentrale Schwierigkeit darin, dass viele historische Erwerbungspraktiken zwar heute allgemein als ‹ethisch nicht mehr vertretbar› betrachtet werden, sich daraus aber nicht so einfach ein rechtswirksamer Anspruch bzw. eine rechtliche Verpflichtung etwa zur Herausgabe, Rückgabe oder Bestattung ableiten lässt.»[7]

Restitution verbindet sich im öffentlichen Diskurs der letzten Jahre vor allem mit der Rückerstattung geraubter Kulturgüter – in erster Linie bezogen auf NS-Raubgut und in jüngster Zeit verstärkt im Kontext von Kulturgütern kolonialer Provenienz.[8] Der Begriff Restitution leitet sich vom lateinischen *restitutio* ab und meint wörtlich Wiederherstellung, Wiedereinsetzung.[9] Im römischen Recht bezeichnet er eine verfahrensrechtliche Möglichkeit zur Wiederherstellung einer Rechtslage. Im Völkerrecht beschreibt Restitution «die Wiedergutmachung völkerrechtswidriger Wegnahmen von Gegenständen durch die Besatzungsmacht in einem kriegerisch besetzten Gebiet».[10] Die Ethik-Richtlinien des *International Council of Museums* (*ICOM*) sprechen vom «Return» bzw. der «Restitution of Cultural Property», in der deutschen Übersetzung von der «Rückgabe» bzw. «Rückführung von Kulturgütern»:

> «Museen sollen bereit sein, in einen Dialog bezüglich der Rückgabe von Kulturgütern an ihre Herkunftsländer oder -völker zu treten. [...] Wenn ein Herkunftsland oder -volk die Rückgabe eines Objekts oder Gegenstandes erbittet, von dem belegbar ist, dass es/er unter Verletzung der Prinzipien internationaler und nationaler Abkommen exportiert oder auf anderem Wege übereignet wurde und es/er zum kulturellen oder natürlichen Erbe dieses Landes oder Volkes gehört, sollte das betroffene Museum umgehend verantwortungsvolle Schritte einleiten, um bei der Rückgabe zu kooperieren, sofern es rechtlich dazu befugt ist.»[11]

Hier zeigt sich, dass es neben Restitution eine Reihe weiterer Begriffe gibt, die in diesem Zusammenhang zirkulieren und jeweils unterschiedliche Konnotationen in den Vordergrund stellen, darunter Rückgabe und Rückführung, Repatriierung und Transfer.[12] Während Rückgabe und Rückführung («return») sowie Transfer einen neutralen Vorgang beschreiben, impliziert Restitution durch seinen Gebrauch im Völkerrecht die Wiedergutmachung eines Schadens, der einem Staat durch einen anderen Staat zugefügt worden ist. Eine Restitution beinhaltet die Anerkennung vergangenen Unrechts und den Willen zur Wiedergutmachung, also zur (soweit das möglich ist) Korrektur des Unrechts. Insofern macht es einen großen Unterschied, ob ich einen Gegenstand bloß zurückführe oder aber ihn restituiere. Die Wahl des Begriffes offenbart eine unterschiedliche Interpretation der Vergangenheit – und eine unterschiedliche Haltung, die ich gegenüber dieser Vergangenheit und damit auch der Zukunft einnehme.

Kann Restitution historisches Unrecht heilen?

Nein, allenfalls nachträglich ein Mindestmaß an Gerechtigkeit schaffen und historische Traumata lindern. Im Zusammenhang mit der Rückerstattung jüdischen Eigentums ist auf die Dilemmata und Grenzen von Restitutionen hingewiesen worden: «Die Rückerstattung steht im Zeichen eines Dilemmas: Restitutionen, Entschädigung, Reparationen zielen *per definitionem* auf die Beilegung eines historischen Unrechts, das aber vor dem Hintergrund der NS-Verbrechen bestenfalls gelindert werden kann.»[13] Keine Restitution kann die Opfer des Holocaust wieder zum Leben erwecken, keine Restitution kann die Verbrechen während der Kolonialzeit ungeschehen machen. Zudem: «Der kulturelle Zusammenhang, das ‹kulturelle Kapital›, das mit der Enteignung vernichtet wurde, ist nicht restituierbar. Die Wiederherstellung von Eigentum bedeutet nicht die Wiederherstellung von Kultur und Lebenswelt – wohl aber eine Anerkennung, dass ihr Verlust ein Unrecht war.»[14] Der amerikanische Historiker Elazar Barkan schreibt hierzu in seiner vergleichenden Studie über den sich wandelnden Umgang mit kollektiv begangenem Unrecht und dessen Wiedergutmachung: «Die Anerkennung des vergangenen Unrechts bildet häufig durch das Erweisen von Respekt gegenüber der Erinnerung der Opfer den Kern der Entschädigung. Es ist eine Anerkennung, die das Trauma der Unterdrückung in einen Prozeß der Trauer verwandelt und einen Neubeginn ermöglicht.»[15]

Kolonialismus

Das deutsche Kolonialreich

Wie andere europäische Mächte, so strebte auch das 1871 gegründete Deutsche Reich in Übersee nach kolonialen Besitzungen.[16] 1884/85 fand in Berlin auf Einladung des deutschen Reichskanzlers Otto von Bismarck (1815–1898) eine internationale diplomatische Konferenz statt, die als «Kongokonferenz» bezeichnet wurde. Ihr Schlussdokument bildete die völkerrechtliche Grundlage für die Aufteilung Afrikas südlich der Sahara und legte die Regularien für die Kolonialmächte beim damaligen «Wettlauf um Afrika» fest. Zugleich schuf es die Grundlage für den Erwerb der deutschen Kolonialgebiete in der Südsee und in China. Um 1914 besaß das Deutsche Reich das – indes immer noch weit nach Großbritannien und Frankreich – nach Fläche drittgrößte überseeische Kolonialreich der Erde. Es umfasste Territorien auf drei Kontinenten: Deutsch-Südwestafrika (seit 1990 Republik Namibia), Deutsch-Ostafrika (seit 1961 bzw. 1962 Vereinigte Republik Tansania, Republik Ruanda und Republik Burundi), Togo (seit 1960 Republik Togo) und Kamerun (seit 1960 Republik Kamerun) in Afrika,[17] Kiautschou in China (1922 Rückkehr zu China) sowie Deutsch-Neuguinea (seit 1984 Republik Palau) und Deutsch-Samoa (seit 1962 Unabhängiger Staat Westsamoa) im Pazifik. Wie alle kolonialen Herrschaften, so war auch die deutsche Kolonialherrschaft eine von Ausbeutung und physischer wie auch struktureller Gewalt geprägte Fremdherrschaft, die Tausenden von Menschen das Leben kostete. So verübten die Deutschen zwischen 1904 und 1908 im heutigen Namibia Genozid an den ethnischen Gruppen der Herero und Nama; erst im Mai 2021 erkannte die Bundesrepublik Deutschland dieses Kolonialverbrechen des Deutschen Reiches als Völkermord an. Das deutsche Kolonialreich endete mit dem Ersten Weltkrieg, im Versailler Vertrag musste Berlin alle überseeischen Besitzungen abtreten. Die Siegermächte erhielten Teile des ehemaligen deutschen Kolonialreiches als Mandatsgebiete zugewiesen.

Umgang mit kolonialen Kulturgütern – zum Stand der Debatte

Das erste Ethnologische Museum in Deutschland wurde 1862 in München unter dem Namen Königlich Ethnographische Sammlung gegründet (heute: Museum Fünf Kontinente). Zu seinen Beständen gehört die Sammlung, die der deutsche Afrikaforscher, Offizier und Kommandeur der Kaiserlichen «Schutztruppe» für Kamerun Max von Stetten (1860–1925) in den 1890er-Jahren in Kamerun zusammengetragen und dem Museum als Geschenk überlassen hatte. Dies zeigt exemplarisch, dass die Geschichte der Ethnologischen Museen – ebenso wie die Geschichte des Faches Ethnologie – aufs Engste mit der europäischen Kolonialgeschichte verbunden ist. Dass mit Kolonialisierung ein Gewalt-, Wirtschafts- und Herrschaftssystem einherging, das es den Kolonialmächten ermöglichte, sich über viele Jahre Tausende Kulturgüter der kolonialisierten Gesellschaften anzueignen, steht außer Frage. Nach Schätzungen mancher Experten befinden sich bis zu 90 Prozent des beweglichen Kulturerbes von Subsahara-Afrika außerhalb des Kontinents.[18] Seit einigen Jahren ist nun eine intensive öffentliche Debatte über den Umgang mit diesen Kulturgütern in öffentlichen Sammlungen und über die Frage ihrer Restitution im Gange.

Wieder im Gange, muss man präzisieren, denn die Restitutionsdebatte wurde, nachdem es bereits in den 1920er- und 1930er-Jahren erste Rückgabeforderungen aus afrikanischen Ländern gegeben hatte, schon einmal intensiv geführt, nämlich, wie Bénédicte Savoy gezeigt hat, in den 1960er- bis 1980er-Jahren. Damals kamen schon alle Argumente der Befürworter und Gegner, welche die heutige Kontroverse prägen, auf den Tisch. Doch der Kampf Afrikas um seine Kulturschätze war nicht nur vergebens, er wurde auch erfolgreich vergessen gemacht.[19] Ein Beispiel: General Mobutu Sese Seko (1930–1997), damaliger diktatorisch regierender Präsident von Zaire (seit 1997 wieder Demokratische Republik Kongo), stieß am 4. Oktober 1973 in der Generalversammlung der Vereinten Nationen eine Debatte über die Rückführung kolonialer Kulturgüter an. Mobutu sagte:

> «In der Kolonialzeit hatten wir nicht nur unter Kolonialismus, Sklaverei und wirtschaftlicher Ausbeutung zu leiden, sondern wir litten auch und in erster Linie an der barbarischen und systematischen Plünderung all unserer Kunstschätze. Auf diese Weise eigneten sich die reichen Länder das Beste von uns an, unsere einzigartigen Kunstschätze, und wir wurden daher nicht nur im ökonomischen Sinne arm, sondern verarmten auch kulturell. […] Ich bitte diese Generalversammlung um die Annahme einer Resolution, mit der sie die reichen Länder, welche Kunstschätze der armen Länder besitzen, auffordert, einige von ihnen zurückzugeben, so daß wir unseren Kindern und Kindeskindern die Geschichte ihrer Länder vermitteln können.»[20]

Mobutus Vorstoß führte 1984 zur Veröffentlichung des Buches «Nofretete will nach Hause», eines leidenschaftlichen Plädoyers für die Rückgabe kolonialer Kulturgüter.[21] Die von Mobutu begehrte Resolution jedoch wurde erst 2003 verabschiedet, entfaltete aber keine nennenswerte Wirkung. Im Gegenteil: Die Kolonialgeschichte und der mit ihr verbundene Kunstraub wurden bis in die jüngste Zeit weitgehend verdrängt, nicht nur in Deutschland.

Doch dies sollte sich glücklicherweise in jüngster Zeit ändern. Der aktuelle Diskurs um Kulturgüter aus kolonialen Kontexten wurde vor allem von drei Ereignissen angestoßen:

- der langjährigen Kontroverse um das mittlerweile eröffnete Humboldt Forum im teilweise rekonstruierten Berliner Stadtschloss, in der ab etwa 2010 die koloniale Herkunft von Objekten in den außereuropäischen Sammlungen der Staatlichen Museen zu Berlin immer mehr in den Fokus rückte;
- der Rede des französischen Staatspräsidenten Emmanuel Macron am 28. November 2017 an der Universität von Ouagadougou, der Hauptstadt von Burkina Faso, in der er ankündigte, binnen fünf Jahren die Voraussetzungen zur zeitweisen oder endgültigen Restitution afrikanischen Kulturerbes an Afrika schaffen zu wollen. Nach jahrelangen Vorbereitungen und der Schaffung eines gesetzlichen Rahmens durch die französische Nationalversammlung im Dezember 2020 gab Frankreich am 10. November 2021 die ersten 26 Objekte an ihr Herkunftsland Benin zurück. Sie waren Ende des 19. Jahrhunderts durch französische Kolonialsoldaten bei der Eroberung des Königreichs Dahomey gestohlen worden und hatten sich zuletzt im Besitz des Pariser Museums Quai Branly befunden;[22]
- dem von Präsident Macron bei Felwine Sarr und Bénédicte Savoy in Auftrag gegebenen und von ihm am 23. November 2018 entgegengenommenen Bericht über die Rückgabe des afrikanischen Kulturerbes («Rapport sur la restitution du patrimoine culturel africain – Vers une nouvelle éthique relationelle»).[23]

Zeitgeschichtliche Ereignisse wie der Fall des bei einem gewaltsamen Polizeieinsatz am 25. Mai 2020 in Minneapolis ums Leben gekommenen Afroamerikaners George Floyd, der in den USA und in anderen Ländern zu Protesten gegen Polizeigewalt und Rassismus führte, verstärken die Diskussion um koloniale Objekte in den Museen, aber auch um Ehrungen kolonialer Akteure in Form von Denkmalen und Straßennamen.[24]

Für die in Deutschland nun in aller Breite geführte Debatte sei auf folgende Erklärungen und Ereignisse seit 2018 verwiesen:

- den Koalitionsvertrag zwischen CDU, CSU und SPD vom 12. März 2018, in dem eine umfassende Provenienzforschung zu Kulturgütern aus kolonialem Erbe angekündigt wird;
- die Einrichtung eines Fachbereichs «Kulturgüter aus kolonialen Kontexten» mit einem eigenen Förderbeirat am Deutschen Zentrum Kulturgutverluste im Januar 2019;
- die «Vorschläge zum Umgang mit Sammlungsgut aus kolonialen Kontexten» des Deutschen Kulturrats vom 20. Februar 2019;
- die Rückgabe der Familienbibel und der Peitsche des ehemaligen Nama-Anführers und heutigen Nationalhelden Namibias Hendrik Witbooi (1830–1905) an den Staat Namibia durch die baden-württembergische Wissenschaftsministerin Theresia Bauer am 28. Februar 2019 (Abb. 12). Die Gegenstände waren 1893 von deutschen Truppen erbeutet worden und in das Linden-Museum (Staatliches Museum für Völkerkunde) in Stuttgart gelangt.
- die «Ersten Eckpunkte zum Umgang mit Sammlungsgut aus kolonialen Kontexten» von Bund, Ländern und Gemeinden vom 13. März 2019;
- die «Heidelberger Stellungnahme» der Leitungen der Ethnologischen Museen im deutschsprachigen Raum vom 6. Mai 2019;
- den (noch im selben Jahr vollzogenen) Beschluss des Kuratoriums des Deutschen Historischen Museums vom 16. Mai 2019, die sogenannte *Wappensäule vom Cape Cross* an die Republik Namibia zurückzugeben. Die Säule war Ende des 19. Jahrhunderts, als das Gebiet zur Kolonie Deutsch-Südwestafrika gehörte, nach Deutschland verbracht worden und gelangte über einige Zwischenstationen in die Sammlung des Deutschen Historischen Museums;
- die Einrichtung einer «Kontaktstelle für Sammlungsgut aus kolonialen Kontexten in Deutschland» bei der Kulturstiftung der Länder, die am 16. Oktober 2019 beschlossen wurde. Sie nahm im August 2020 ihre Arbeit auf;
- den Appell von über 100 Wissenschaftlern und Kulturschaffenden, das vorhandene Wissen zu afrikanischen Objekten in deutschen Museen frei zugänglich zu machen, der unter der Überschrift «Öffnet die Inventare!» am 17. Oktober 2019 in der Wochenzeitung *Die Zeit* erschien;

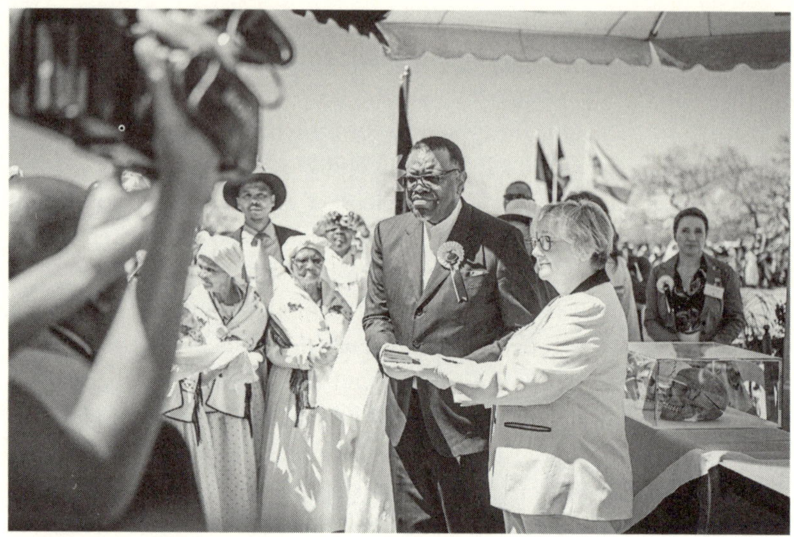

Abb. 12 Die baden-württembergische Wissenschaftsministerin Theresia Bauer gibt am 28. Februar 2019 in Gideon/Namibia die von deutschen Truppen im Jahr 1893 erbeutete Familienbibel und Peitsche des Nama-Anführers Hendrik Witbooi an den Staat Namibia zurück.

- die Debatte des Deutschen Bundestages über die Aufarbeitung der deutschen Kolonialherrschaft am 26. Februar 2021;
- die Ankündigung der Bundesregierung im Oktober 2021, ab dem zweiten Quartal 2022 das Eigentum an den in mehreren deutschen Museen lagernden Benin-Bronzen an Nigeria zu übertragen, bevor in einem zweiten Schritt ein «substanzieller» Teil der Bronzen auch physisch übergeben wird. Eine entsprechende Vereinbarung zwischen der Bundesrepublik und Nigeria wurde am 1. Juli 2022 unterzeichnet. Die meisten der rund 1100 Objekte entstammen einer Plünderungsaktion der Briten im Jahr 1897;
- den Koalitionsvertrag zwischen SPD, Grünen und FDP vom 24. November 2021, in dem eine Verstärkung der Aufarbeitung der deutschen Kolonialgeschichte sowie die Unterstützung der Digitalisierung und der Provenienzforschung hinsichtlich kolonial belasteten Sammlungsgutes angekündigt werden, darüber hinaus die Unterstützung von Rückgaben von Objekten aus kolonialem Kontext.

Mit einiger Verspätung, aber umso mehr Wucht ist der postkoloniale Diskurs, der sich mit den Wirkungen und Nachwirkungen des Kolonialismus in Geschichte und Gegenwart beschäftigt und seit den späten 1970er-Jahren geführt wird, nun in den Museen angekommen, mit dem Ergebnis, dass die Forderung nach einer Dekolonisierung dieser Institution als solcher (also keineswegs nur der Ethnologischen Museen!) im Raum steht.[25] Ein Indiz für die Reaktion auf postkoloniale Kritik sind auch die europaweiten Umbenennungen der Völkerkundemuseen: Das Wiener Völkerkundemuseum etwa wurde 2013 in Weltmuseum Wien umbenannt, das Staatliche Museum für Völkerkunde in München 2014 in Museum Fünf Kontinente, das Museum für Völkerkunde Hamburg 2018 in Museum am Rothenbaum – Kulturen und Künste der Welt (MARKK). Auch die Deutsche Gesellschaft für Völkerkunde taufte sich 2017 um und heißt seitdem Deutsche Gesellschaft für Sozial- und Kulturanthropologie. Im Lichte postkolonialer Kritik erscheint der Begriff Völkerkunde nicht mehr zeitgemäß.[26] Bewusst oder unterbewusst, so lauten die Begründungen, werde Völkerkunde mit einer kolonialen Haltung, teilweise auch mit völkisch-nationalem Gedankengut assoziiert.

Rechtlicher Rahmen

Dass es erst nach so langer Zeit zu Restitutionen kolonialer Kulturgüter im größeren Maßstab kommt, hängt ganz wesentlich auch damit zusammen, dass die ehemals kolonisierten Länder weder nach deutschem Recht noch nach Völkerrecht einen einklagbaren Rechtsanspruch auf die Herausgabe entsprechenden Sammlungsgutes haben.[27] Solche Regelungen müssten erst noch geschaffen werden, was den politischen Willen dazu voraussetzt. Sämtlichen Ansprüchen, die auf Eigentumsverschiebungen während der Kolonialzeit beruhen, fehlt auf völkerrechtlicher Ebene die Grundlage. Nach deutschem Recht sind sie verjährt. Es gibt zwar politische Statements (wie die oben aufgeführten «Ersten Eckpunkte» vom 13. März 2019), aber keinerlei rechtliche Vorgaben, kein Restitutionsgesetz oder Ähnliches hinsichtlich Kulturgütern kolonialer Provenienz, auch kein «soft law», wie es im Falle von NS-Raubgut die Washingtoner Prinzipien darstellen. Dessen ungeachtet dürfen Museen Kulturgüter aus kolonialen Kontexten auf der Basis der jeweils für sie geltenden Rechtsvorschriften zurückgeben. Weitgehend unbestritten ist, dass ethische, moralische und politische Gründe für Restitutionen sprechen. Und so mehren sich die Stimmen, die eine internationale Konferenz, eine Art Washington 2.0, fordern, um entsprechende Grundsätze zu erarbeiten. Die weitere Entwicklung scheint zum gegenwärtigen Zeitpunkt noch offen. Eben darin liegt auch eine Chance für einen differenzierten Umgang mit dem Thema.

Restitution und Shared Heritage – Objekte als interkulturelle Vermittler

Auch ohne eine entsprechende Rechtsgrundlage zeichnet sich ab, dass es in den kommenden Jahren vermehrt zu Restitutionen von Kulturgut aus kolonialen Kontexten kommen wird. Dabei tut sich ein spezifisches Problem auf: Während bei NS-Raubgut selten Zweifel daran bestehen, dass die vormaligen rechtmäßigen Eigentümer bzw. deren individuelle Erben die richtigen Adressaten einer Restitution sind, stellt sich die Lage bei Gegenständen aus kolonialen Kontexten deutlich komplexer dar. Die heutigen Nationalstaaten, mit denen die Rückgabeverhandlungen geführt werden, sind in der Regel nicht oder nicht vollständig mit den ehemals kolonisierten Gebieten und Königtümern identisch, zudem fühlen sich die Urheber- und Herkunftsgesellschaften nicht immer von der Zentralregierung repräsentiert. So war die oben erwähnte Restitution zweier Objekte durch das Land Baden-Württemberg an den Staat Namibia in Namibia selbst umstritten:

> «Kurz vor der geplanten feierlichen Rückgabezeremonie in Namibia focht die Vereinigung der Nama-Stammesältesten die geplante Rückgabe der Witbooi Bibel mitsamt Peitsche an den Staat Namibia an. Die Vereinigung, die für sich beansprucht, die Volksgruppe der Nama zu vertreten, stellte einen Eilantrag auf Aussetzung der Rückgabe vor dem Verfassungsgerichtshof Baden-Württemberg. Die Gegenstände seien an sie als legitime Vertreter der Familie Witbooi und nicht an die namibische Regierung zurückzugeben; die Nama-Vertreter sahen sich darüber hinaus in die Verhandlungen mit Deutschland von der namibischen Regierung nicht ausreichend eingebunden. Der Verfassungsgerichtshof wies den Antrag auf einstweilige Anordnung in einem kurz gefassten Beschluss als unzulässig ab.»[28]

Restitutionen sollten nicht als einziger Weg, vor allem nicht als Ausweg, Abschluss oder Endpunkt gesehen werden, wie Felwine Sarr im Interview mit der *Zeit* vom 25. Juli 2019 in Bezug auf Afrika betont:

> «Überhaupt ist die Restitution viel komplexer als das, was über sie in manchen Medien berichtet wird. Es geht um viel mehr. Die Rückgabe der Gegenstände ist der geringste Teil. [...] Es geht darum, das Verhältnis von Afrika und Europa neu zu bestimmen. Die Frage der Restitution ist nur die erste Stufe der Debatte und nicht die interessanteste. [...] Wir sprachen von neuen ethischen Beziehungen und von einer Chance. Denn die Objekte, um die es geht, sind sowohl in Afrika als auch in Europa verankert. Es sind sowohl rituelle Objekte als auch Museumsstücke. Wenn wir diese Kreolisierung ernst nehmen, könnten die Objekte Mediatoren sein, Vermittler, um die Geschichte aufzuarbeiten und Afrika und Europa einander anzunähern. Danach können wir zu einer neuen Ebene von Kooperation und Respekt finden.»[29]

Es wird künftig darum gehen – und eine ganze Reihe internationaler Kooperationsprojekte weisen bereits in diese Richtung –, gemeinsam mit Vertretern der *source communities* neben (physischen) Restitutionen alternative Lösungen zu entwickeln. Die Digitalisierung bietet hier zweifellos eine Fülle von Möglichkeiten, die noch nicht annähernd ausgeschöpft sind.[30] Die (allerdings kontrovers diskutierte) Idee des *shared heritage*, also des geteilten Kulturerbes, könnte hier ebenso eine Lösung sein wie jene der Zirkulierung von Objekten (von Originalen ebenso wie von Digitalisaten). Beides spricht der Politologe und Theoretiker des Postkolonialismus Achille Mbembe in einem am 8. März 2018 in der *Zeit* erschienenen Interview an: «Aber das Ziel sollte ein grenzenloses Zirkulieren von Kunstgegenständen sein. Und zwar nicht nur der geraubten Objekte aus Afrika, sondern des gesamten Erbes der Menschheit. [...] Sie gehören uns allen. Sie wären eine Manifestation des [...] geteilten Erbes.»[31] Was spräche eigentlich *im Prinzip* dagegen (vorausgesetzt natürlich, dies wäre konservatorisch vertretbar), die Nofretete abwechselnd jeweils ein halbes Jahr im Neuen Museum Berlin und im Ägyptischen Museum Kairo zu zeigen? Die «Leerstelle» am jeweils anderen Ort könnte man einerseits programmatisch in das museale Display einbeziehen, um das Publikum über die koloniale Vergangenheit und die postkoloniale Gegenwart aufzuklären, andererseits könnte sie mit Leihgaben aus dem jeweils anderen Museum flankiert werden – als sichtbares Zeichen transnationaler Kooperation und Verständigung.

Ethnologische versus postkoloniale Provenienzforschung?

Die methodischen Besonderheiten der ethnologischen Provenienzforschung, ihre spezifischen Fragestellungen und Herangehensweisen sowie ihre grundsätzlich transnationale Perspektive wurden bereits in Kapitel 4 angesprochen. Da die Erwerbungsumstände häufig länger zurückliegen als zum Beispiel im Falle von NS-Raubgut und da zudem häufig Schriftquellen fehlen oder fehlerhaft sind, kommt mündlich und performativ tradiertem Wissen in den Urheber- und Herkunftsgesellschaften eine besondere Bedeutung zu. Deren Erforschung vor Ort erfordert interkulturelle Kompetenz. Auch muss man in außereuropäischen Gesellschaften von einem unter Umständen grundsätzlich anderen Ding- und Eigentumsverständnis ausgehen, dem zufolge ein Ding zum Beispiel nicht leblos, sondern lebendig und beseelt ist, es nicht Eigentum eines Einzelnen, sondern in komplexe Beziehungsnetze eingebunden ist.

Wichtig ist, dass auch in den Ethnologischen Museen die Bestände nicht über einen (kolonialen bzw. postkolonialen) Kamm geschert werden dürfen, eine Differenzierung der Erwerbungs- und Sammlungsumstände tut not! Darauf verweist auch die oben erwähnte Heidelberger Stellungnahme der Museumsleitungen. Die Sammlungen enthalten eben nicht nur Objekte kolonialer Provenienz, und selbst innerhalb dieser Gruppe muss differenziert werden. Auch «in einer kolonialen Situation der strukturellen Ungleichheit [konnten] Transfers von Objekten auf Augenhöhe aller beteiligten Akteur*innen und/oder eingebettet in ein indigenes System von Tausch und reziproken Geschenken erfolgen».[32]

Der Deutsche Museumsbund versteht unter «kolonialen Kontexten» «Umstände und Prozesse […], die entweder in einer formalen Kolonialherrschaft oder in kolonialen Strukturen außerhalb formaler Kolonialherrschaften ihre Wurzeln haben» und denen «eine Ideologie der kulturellen Höherwertigkeit gegenüber Kolonisierten oder ethnischen Bevölkerungsminderheiten […] und des damit begründeten

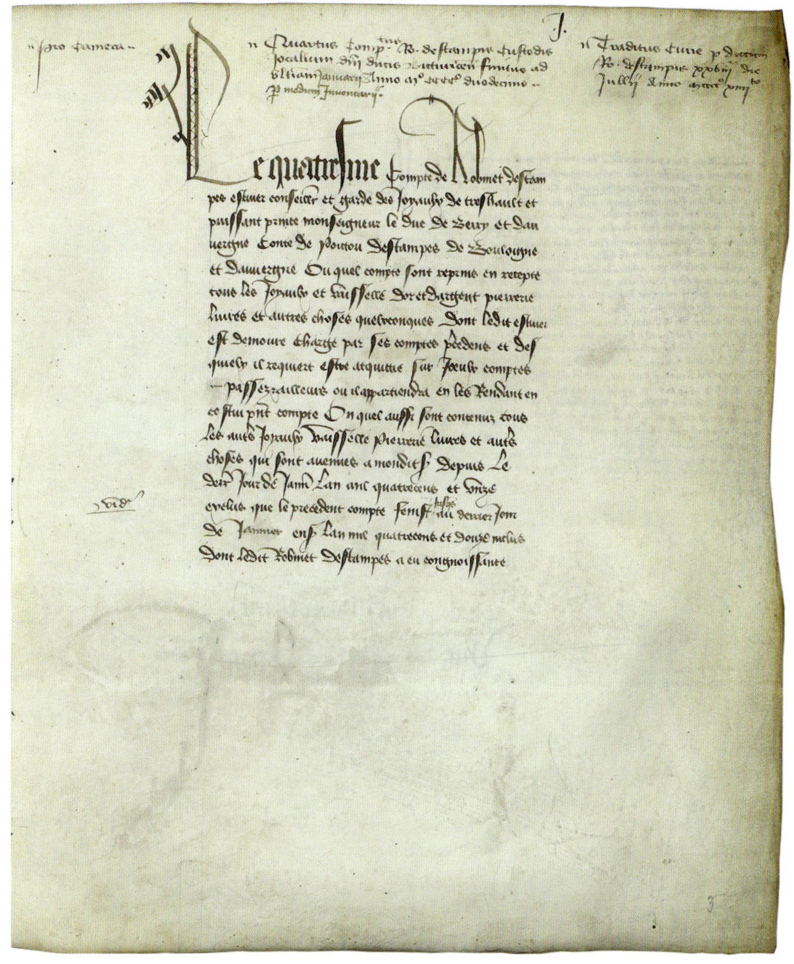

Le quatriesme compte de Robinet destampes escuier conseiller et garde des joyaulx de tres hault et puissant prince monseigneur le duc de berry et dauvergne conte de poitou destampes de boulougne et dauvergne Ou quel compte sont reprins en recepte tous les joyaulx et vaisselle dor et dargent pierrerie livres et autres choses quelxconques dont ledit escuier est demoure chargie par ses comptes precedens et desquelz il requiert estre acquitte sur yceulx comptes passez ailleurs ou il appartiendra en les rendant en ce present compte Ou quel aussi sont contenuz tous les autres joyaulx vaisselle pierrerie livres et autres choses qui sont avenues a mondit seigneur depuis le dernier jour de janvier lan mil quatrecens et onze exclus que le precedent compte fenist jusques au dernier jour de janvier ensuivant lan mil quatrecens et douze inclus dont ledit Robinet destampes a eu congnoissance

Tafel 1 Robinet d'Estampes, erste Seite des vierten Teils des Inventars der Sammlung des Herzogs von Berry, 1. Februar 1412 (?), Paris, Archives nationales, KK//258.

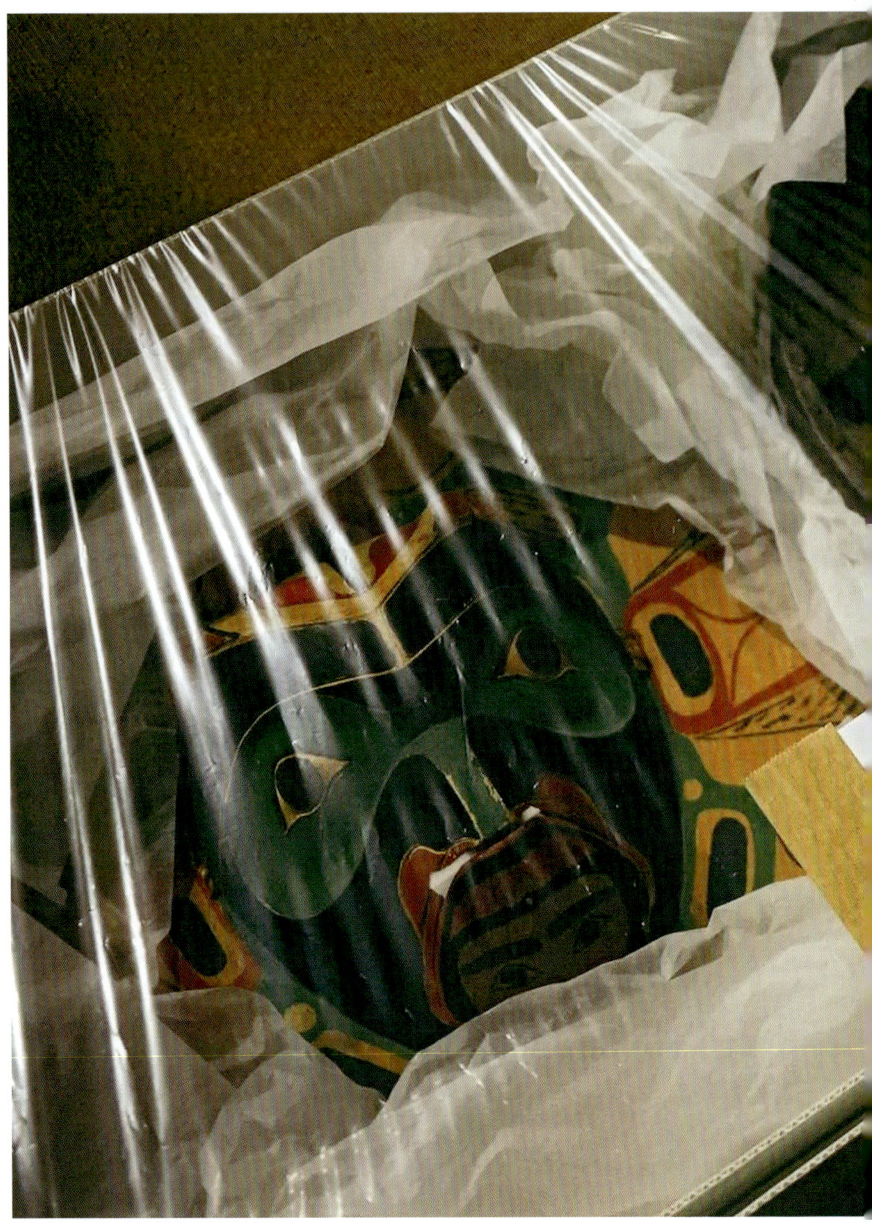

Tafel 2 Objekte des Ethnologischen Museums sind für den bevorstehenden Umzug ins Humboldt Forum verpackt, Frühjahr 2016.

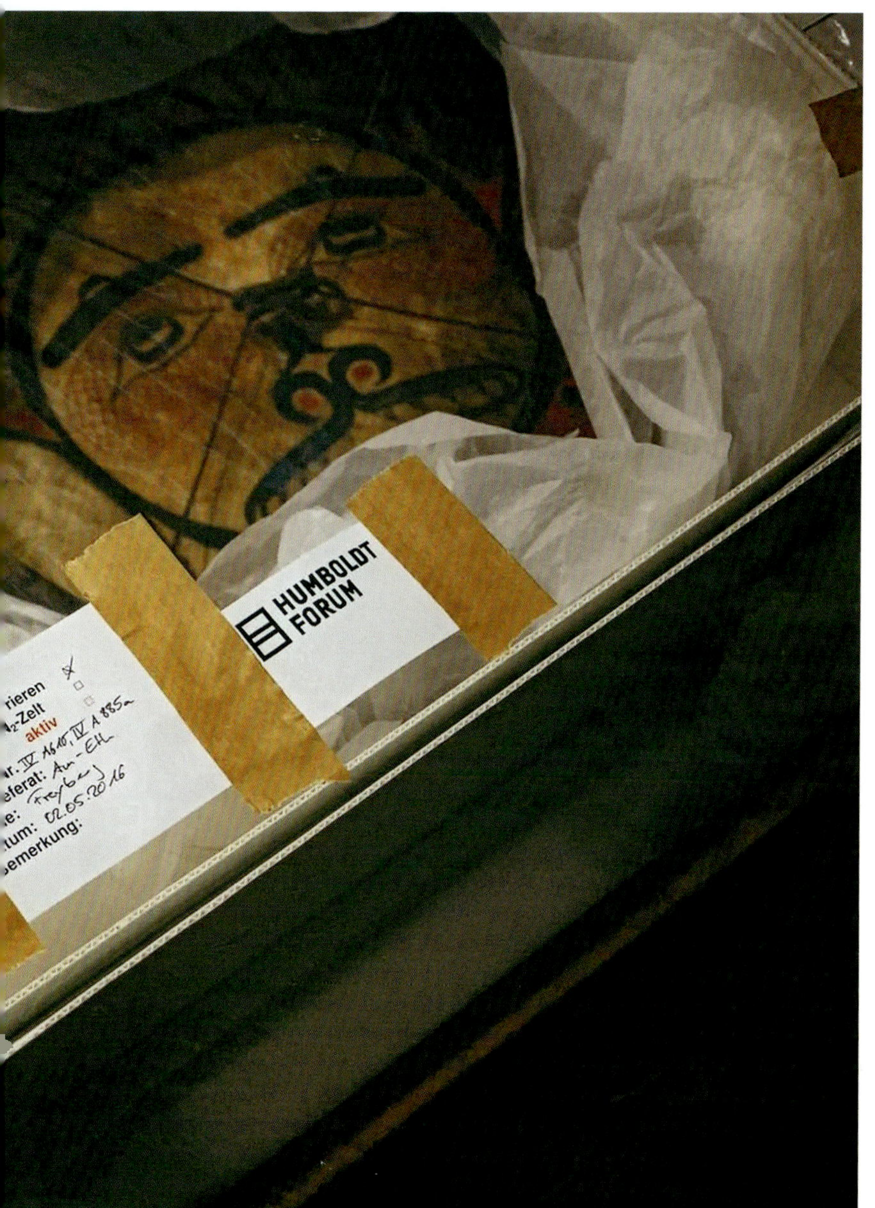
HUMBOLDT
FORUM
aktiv

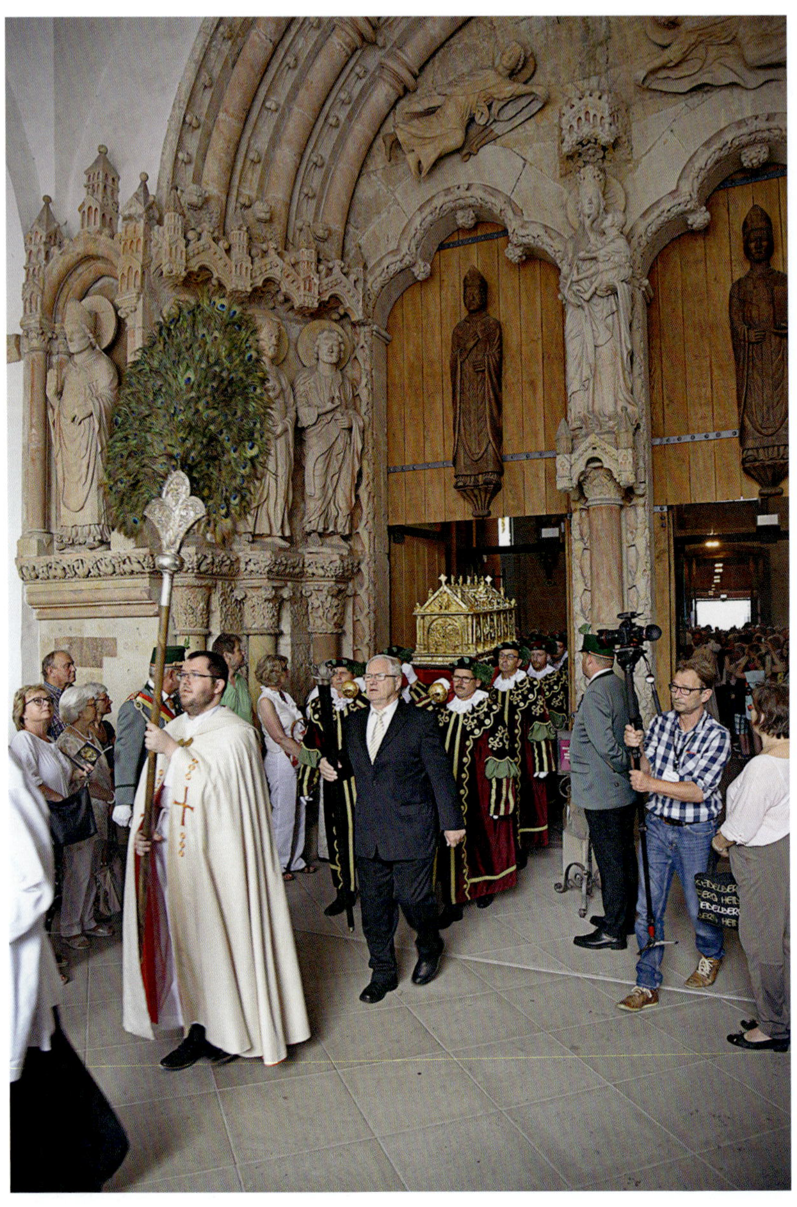

Tafel 3 Libori-Prozession, Paderborn 2019. Am 30. Juli 2019 wird der aus dem Jahr 1627 stammende Schrein mit den Reliquien des Paderborner Dom-, Bistums- und Stadtpatrons Liborius in einer Prozession aus dem Paderborner Dom getragen.

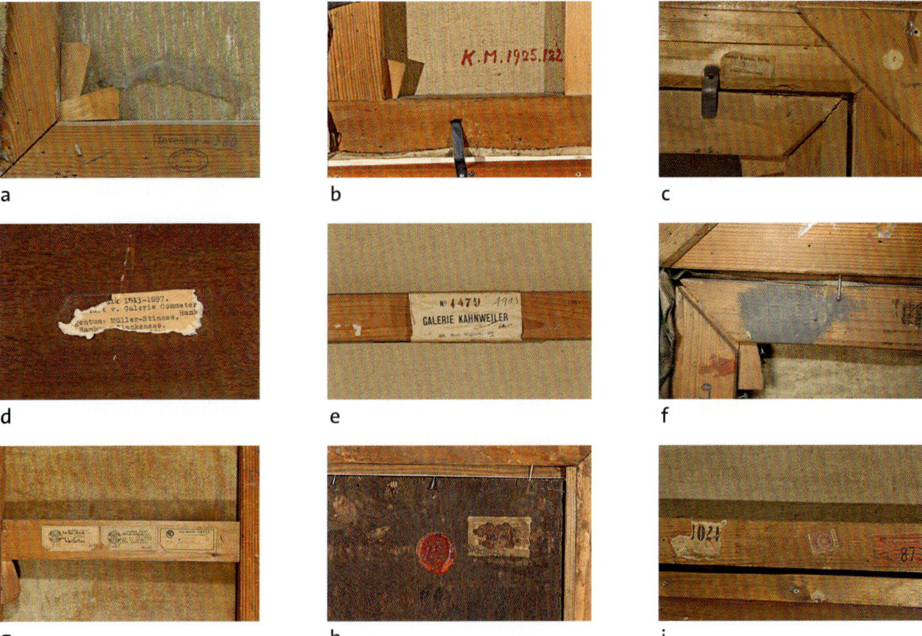

Tafel 4 Auswahl exemplarischer Provenienzmerkmale auf Gemälden der Kunsthalle Mannheim.

Die Abbildungen zeigen Detailaufnahmen mit unterschiedlichen Provenienzmerkmalen, die sich auf den Rückseiten ausgewählter Werke in der Kunsthalle Mannheim befinden.

- **a** Inventarstempel der Kunsthalle Mannheim (Inv.-Nr. M360).
- **b** Kürzel unbekannter Herkunft in roter Farbe und in Handschrift: «K. M. 1925.122.» (Inv.-Nr. M1165).
- **c** Etikett des Berliner Transportunternehmens Gustav Knauer (Inv.-Nr. M891).
- **d** Reste eines Klebeetiketts mit maschineller Schrift «[…] Hulk 1813–1897» verweist auf den Künstler Abraham Hulk. Weitere Angaben über den Vorbesitzer und Erwerb: «[gek]auft von Galerie Commeter Ham[burg] [Ei]gentum: Müller-Stinnes. Hambu[rg-Bl]ankenese. […]» (Inv.-Nr. M2289).
- **e** Aufkleber der Pariser Galerie Kahnweiler (Inv.-Nr. M1353).
- **f** Bewusst unkenntlich gemachtes Provenienzmerkmal (Inv.-Nr. M1066).
- **g** Drei Aufkleber der Pariser Galerie Druet (Inv.-Nr. M2227).
- **h** Ein Wachssiegel mit stehender Frau, beschädigtes Klebeetikett und Inventarstempel der Kunsthalle Mannheim (Inv.-Nr. M2280).
- **i** Zoll- und Ausstellungsaufkleber (Inv.-Nr. M1072).

	Die Provenienz ist für den Zeitraum zwischen 1933 und 1945 rekonstruierbar und unbedenklich. Sie schließt einen NS-verfolgungsbedingten Entzug aus, eine weitere Überprüfung ist nicht notwendig.
	Die Provenienz ist für den Zeitraum zwischen 1933 und 1945 nicht eindeutig geklärt, es bestehen Provenienzlücken oder sie ist nicht zweifelsfrei unbedenklich. Die Herkunft muss weiter erforscht werden.
	Die Provenienz ist für den Zeitraum zwischen 1933 und 1945 bedenklich, da Hinweise auf einen Zusammenhang auf einen NS-verfolgungsbedingten Entzug vorliegen. Die Herkunft muss dringend weiter erforscht werden.
	Die Provenienz ist für den Zeitraum zwischen 1933 und 1945 eindeutig belastet. Neben der Suche nach heutigen Erbanspruchsberechtigten ist eine Meldung in der Lost Art-Datenbank erfolgt.

Tafel 5 Provenienzampel.

Tafel 6 Heinrich Heimes, *Sonnenuntergang an der Nordsee*, 1891, Öl auf Leinwand, 74 × 143,5 cm, bez. u. dat. u. li.: *H. Heimes 91*, Düsseldorf, Stiftung Museum Kunstpalast, Inv.-Nr. 5472.

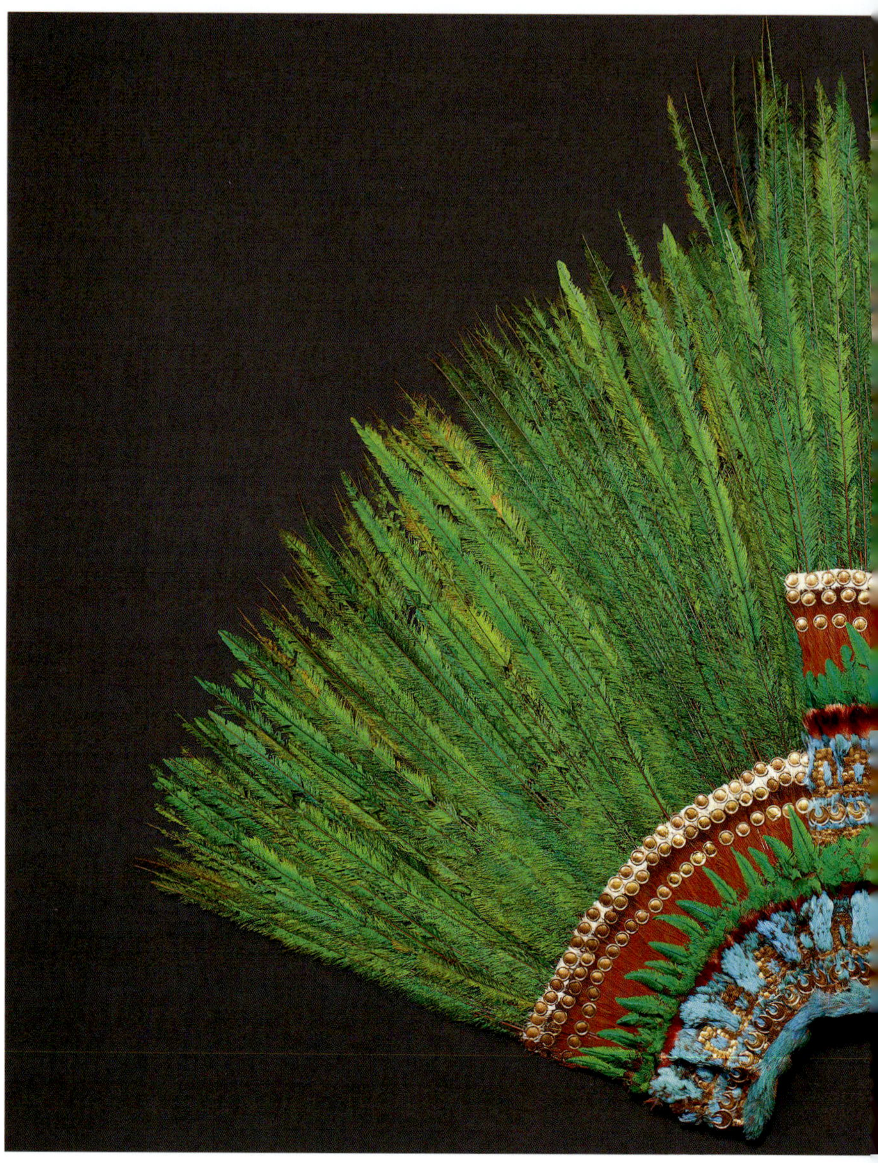

Tafel 7 Quetzalfeder-Kopfschmuck (auch: *Federkrone des Moctezuma)*, um 1515, Federn von Quetzal, Kotinga, Rosalöffler, Cayenne-Fuchskuckuck, Eisvogel; Holz, Rohrspäne, Fasern, Papier, Baumwolle, Leder, Gold, Messing, Farbe, 116 × 175 cm, Weltmuseum Wien, Inv.-Nr. 10402.

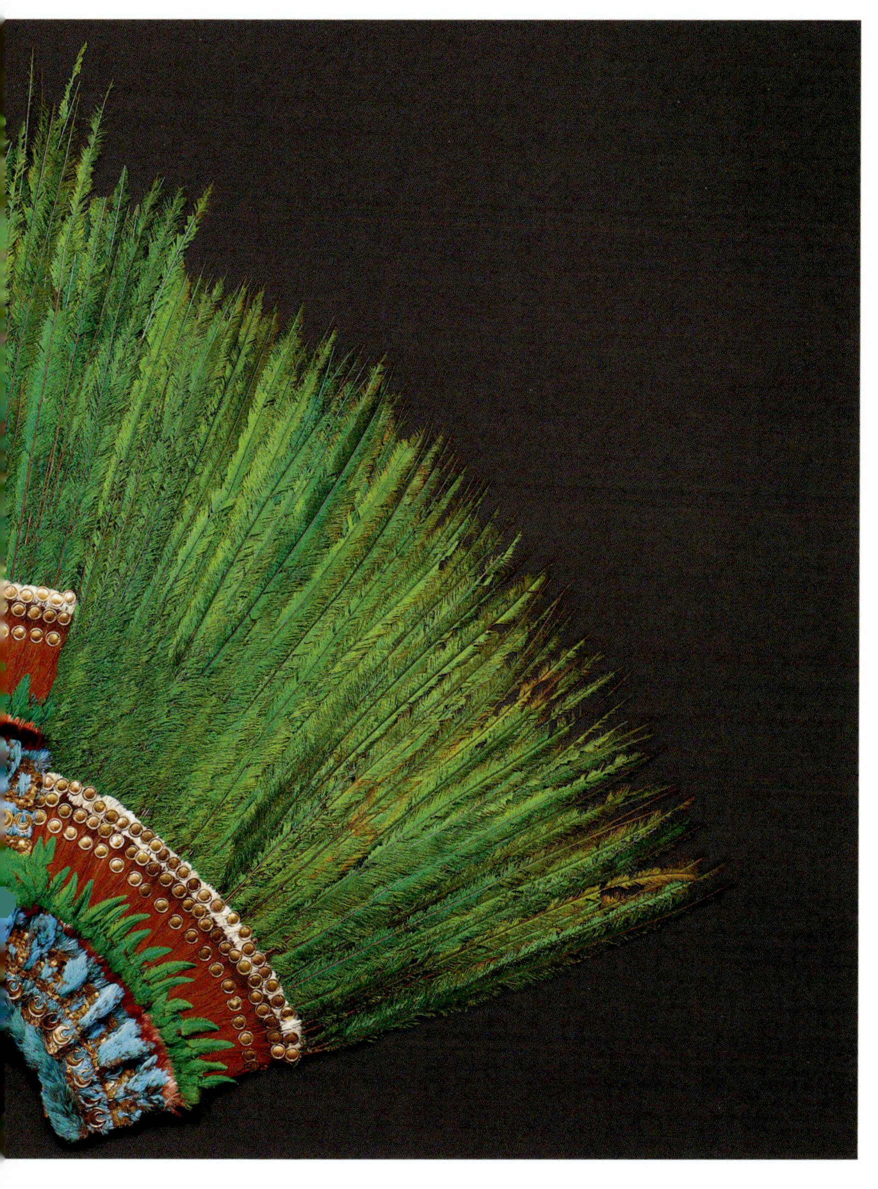

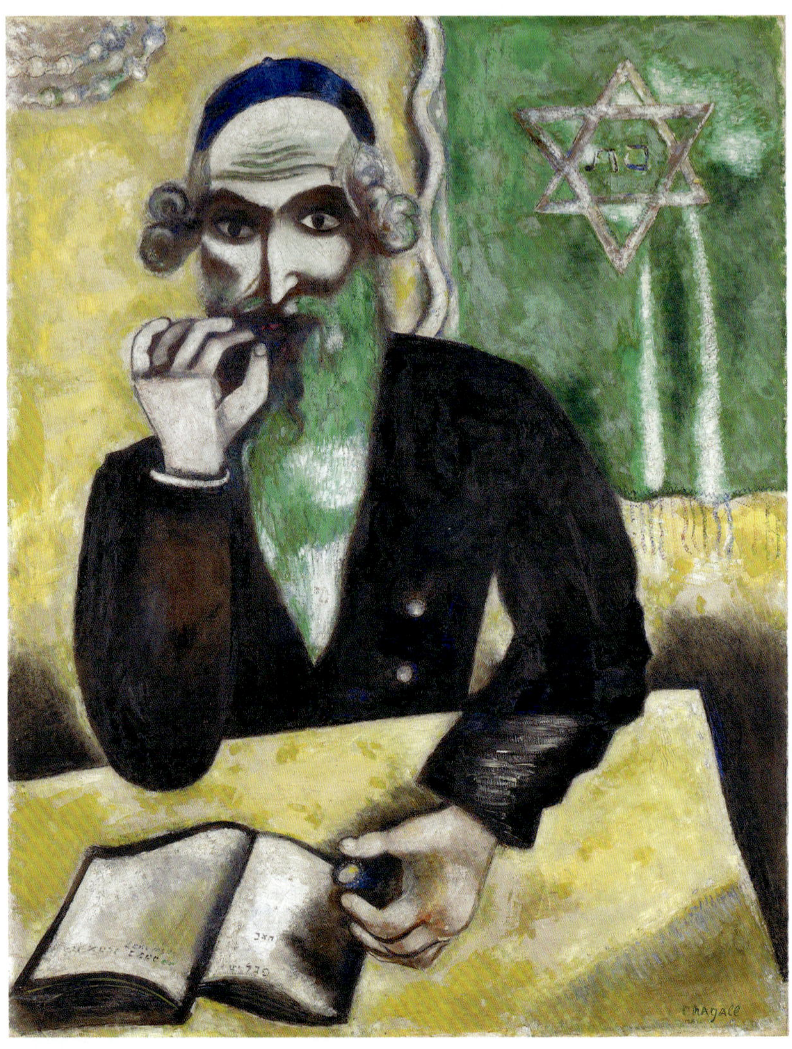

Tafel 8 Marc Chagall, *Die Prise (Rabbiner)*, 1923–1926, Öl auf Leinwand, 116,7 × 89,2 cm, Kunstmuseum Basel, mit einem Sonderkredit der Basler Regierung erworben 1939, Inv.-Nr. 1738.

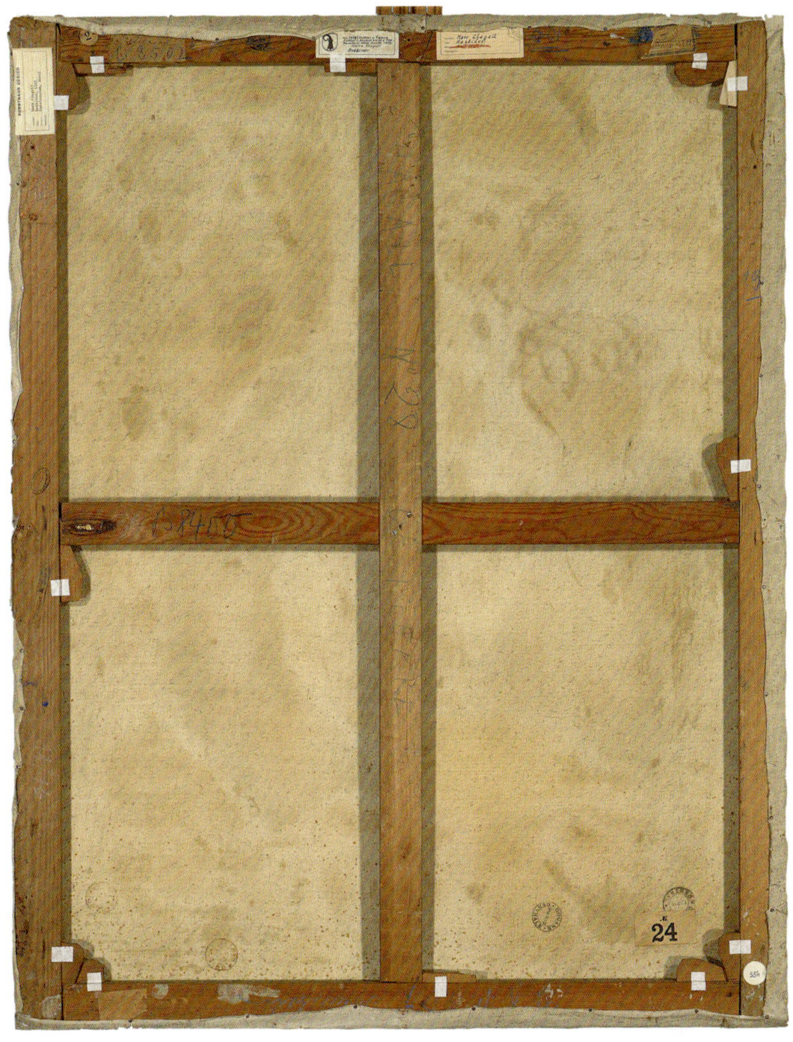

Tafel 9 Marc Chagall, *Die Prise (Rabbiner)*, Rückseite.

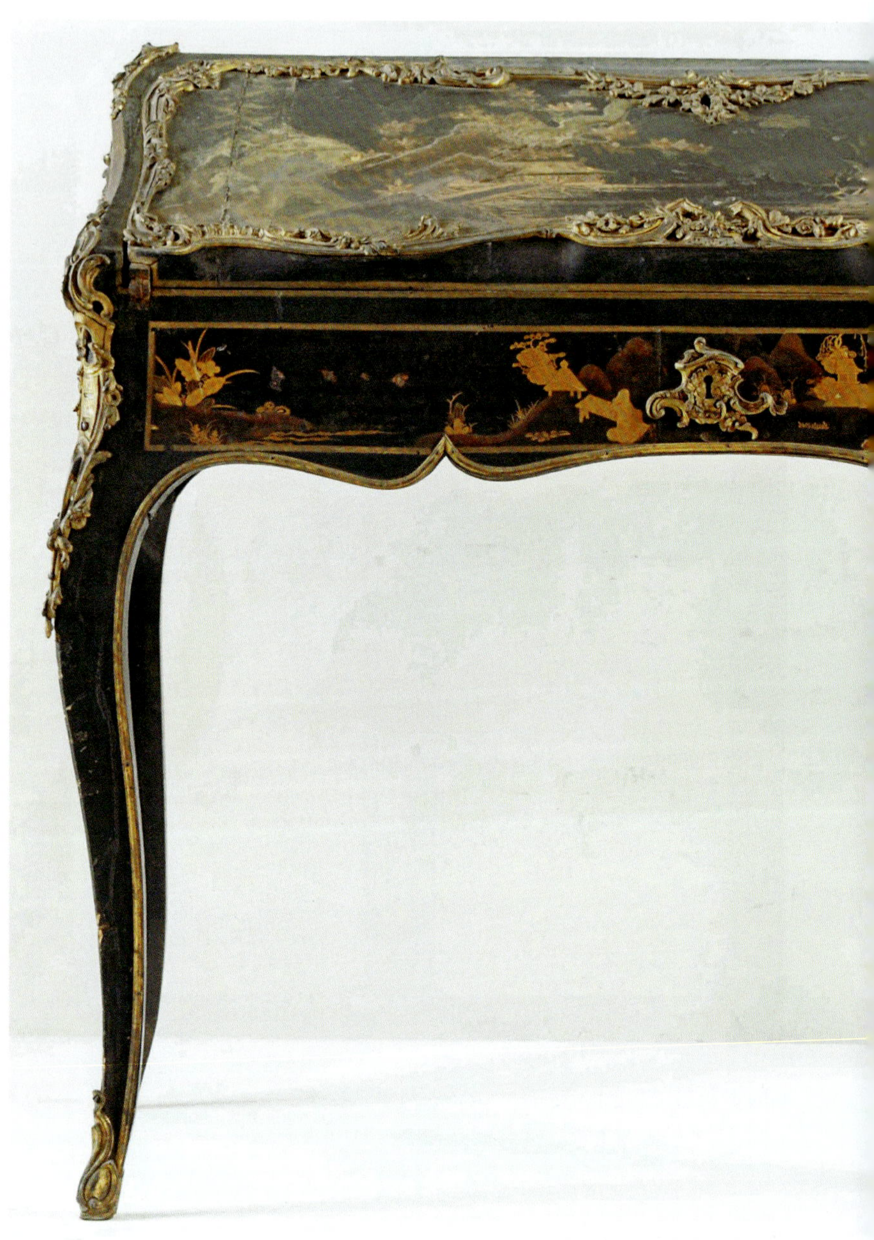

Tafel 10 Damenschreibtisch aus der Werkstatt des Pariser Ebenisten Jacques Dubois (1694–1763).

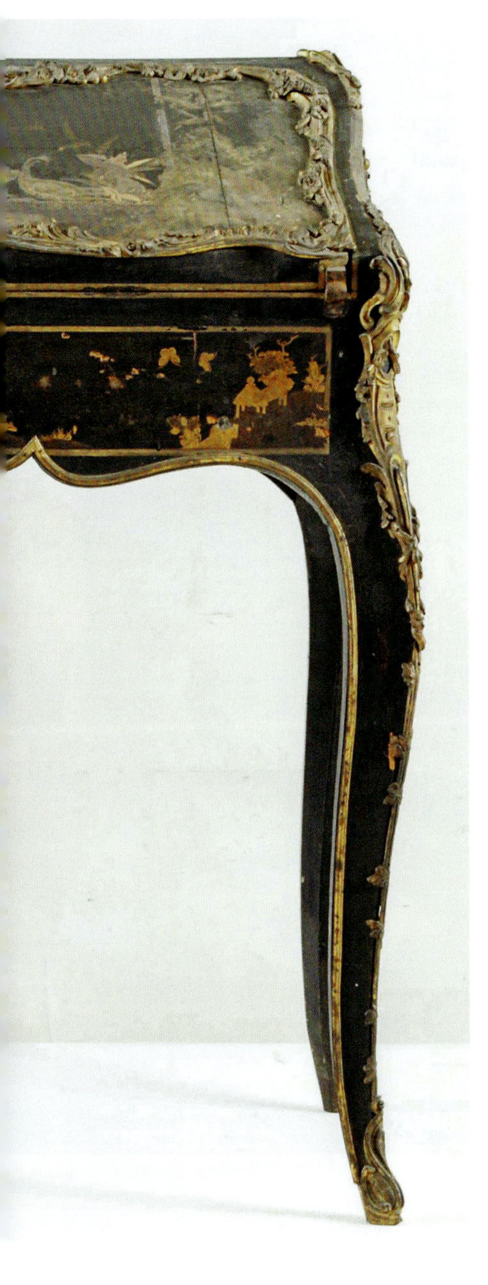

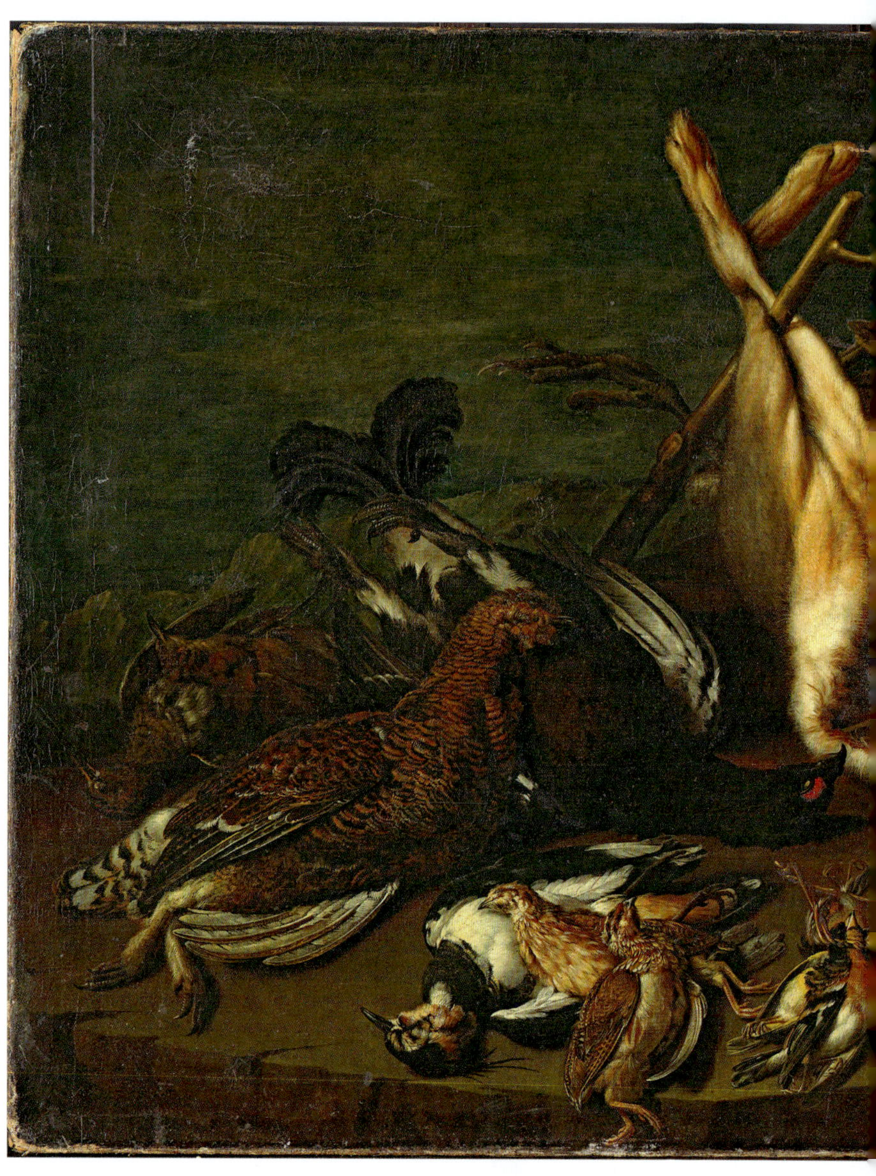

Tafel 11 Pietro Francesco Cittadini, *Stillleben mit einem Hasen*, um 1650, Öl auf Leinwand, 80 × 130 cm, Staatliche Kunstsammlungen Dresden, Gemäldegalerie Alte Meister, Gal.-Nr. 385.

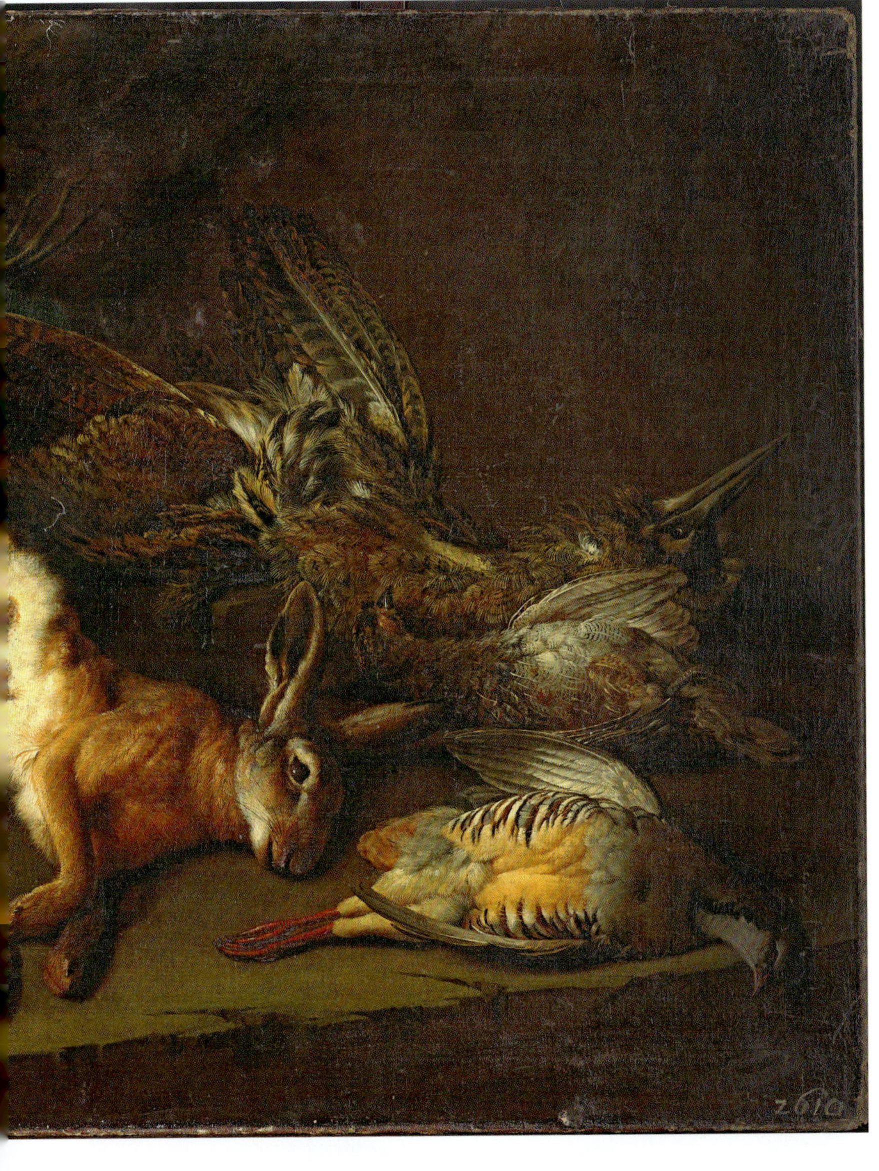
2610

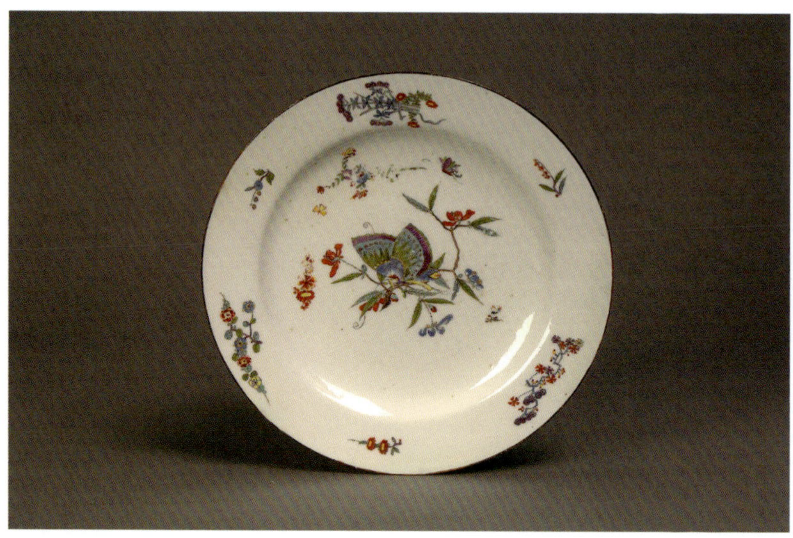

Tafel 12 Teller mit glattem Rand und Schmetterlings-Dekor, um 1735/40, Meißener Porzellanmanufaktur, ehemals Bayerisches Nationalmuseum München, Inv.-Nr. ES 1218.

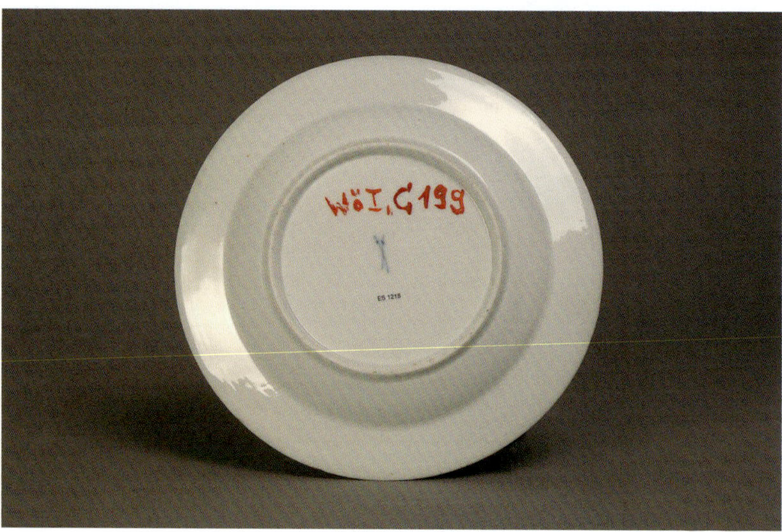

Tafel 13 Teller mit glattem Rand und Schmetterlings-Dekor, Unterseite mit der im Zuge der «Schlossbergung» aufgetragenen Inventarnummer «Wö I, C 199».

Rechtes zur Unterdrückung und Ausbeutung» gemein ist.[33] Er unterscheidet drei Fallgruppen, die eine erste Orientierung für die Praxis bieten:

1. Sammlungsgut aus formalen Kolonialherrschaften,
2. Sammlungsgut aus Gebieten, die keiner formalen Kolonialherrschaft unterstanden,
3. Rezeptionsobjekte aus kolonialen Kontexten.

In der Literatur wird mitunter auch das Begriffspaar postkoloniale Provenienzforschung verwendet, etwa im Begleitheft zu den Dauerausstellungen des Ethnologischen Museums und des Museums für Asiatische Kunst im Humboldt Forum.[34] Eine Definition findet sich in einem 2018 erschienenen Tagungsband. Demnach rückt postkoloniale Provenienzforschung im Unterschied zum seit den 1990er-Jahren in der Ethnologie etablierten erwerbsgeschichtlichen und objektbiografischen Ansatz strukturelle Zusammenhänge der Sammlungs-, Institutions- und Fachgenese in den Fokus,

> «unter besonderer Berücksichtigung ihrer problematischen und gewaltförmigen Aspekte […]. Dies erfordert eine proaktive, systematisch-vergleichende Erschließung von Sammlungsbeständen aus der Kolonialzeit bzw. aus ehemals kolonisierten Gebieten und eine ebenfalls systematische Klärung ihres Status und ihrer Bedeutung im Kontext transnationaler Debatten um *indigenous cultural heritage, cultural property*, Rückgabe und *shared heritage*.»[35]

Postkoloniale Kritik zielt auf die Analyse, Dekonstruktion und Überwindung kolonialer Vorstellungen, Denkweisen und Verhaltensmuster, die bis heute, auch im Hinblick auf unseren Umgang mit den Kulturgütern indigener Gesellschaften, nachwirken und Diskriminierung und Rassismus befördern.[36] Eine Provenienzforschung, die sich als postkolonial versteht, ist demnach eine ideologisch eindeutig perspektivierte Forschung, weil sie sich spezifischen programmatischen Anliegen verschreibt und einer übergeordneten Idee verpflichtet fühlt – ganz unabhängig davon, wie richtig und wichtig wir diese Programmatik und Idee auch finden mögen. Demgegenüber ist die Bezeichnung ethnologische Provenienzforschung neutraler. Sie bezieht sich ganz allgemein – und nicht nur gerichtet auf koloniale Bestände, Zusammenhänge und

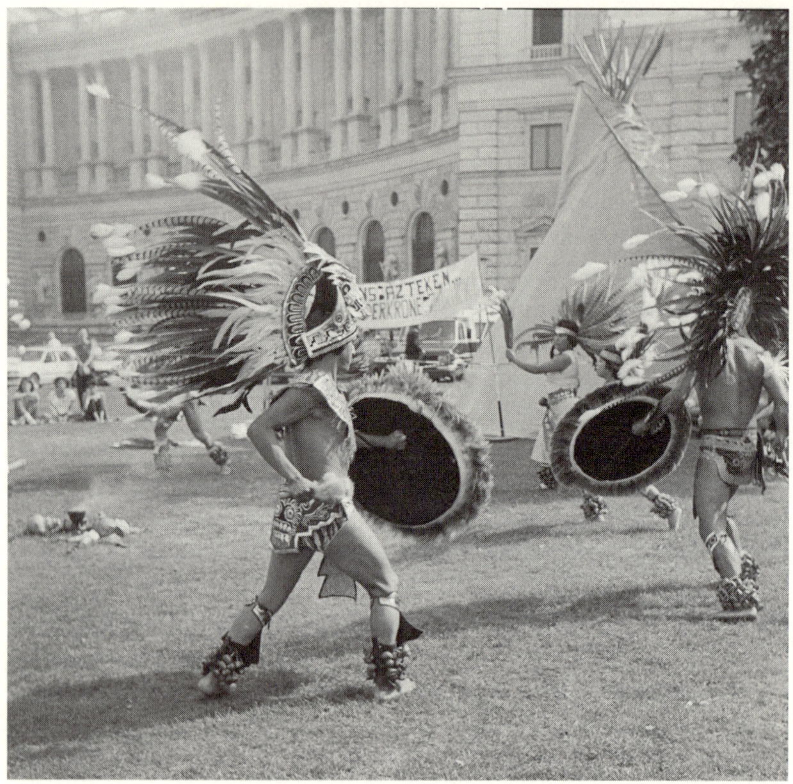

Abb. 13 Nachfahren der Azteken demonstrieren für die Rückgabe der *Federkrone des Moctezuma* vor dem Museum für Völkerkunde in Wien, Sommer 1987.

Diskurse – auf Forschung in ethnologischen Sammlungen mit ethnologischen Methoden.

Fallbeispiel 1:
Die sogenannte Federkrone des Moctezuma in Wien

Im Sommer 1987 schlugen 13 Angehörige indigener Gruppen aus Mexiko, Nachfahren der Azteken, auf dem Rasen vor der Wiener Hofburg ihre Zelte auf. Auf einem Transparent stand ihre Forderung: «Bitte gebt uns Azteken … unsere Federkrone zurück!» (Abb. 13). Um ihrem Begehren Nachdruck zu verleihen, traten sie in einen 40-tägigen Hungerstreik.[37]

Es ging dabei um die sogenannte *Federkrone des Moctezuma* (Tafel 7) im Museum für Völkerkunde. Das Museum für Völkerkunde befand sich damals wie heute im Corps de Logis der Neuen Burg. Die *Federkrone des Moctezuma* (spanisch *Penacho de Moctezuma*) ist ein altmexikanischer Kopfschmuck aus Hunderten langer Federn verschiedener Vogelarten und mehr als tausend Goldplättchen. Es handelt sich um ein weltweit einzigartiges Objekt und um das prominenteste Exponat des Museums. Seine Provenienz ist ungeklärt, denn wir wissen nicht, wann und auf welchen Wegen der Kopfschmuck nach Österreich gelangte. Erstmals sicher belegt ist er 1596 in Schloss Ambras bei Innsbruck im Nachlassinventar der Sammlung von Erzherzog Ferdinand II. von Tirol (1529–1595), einer der größten und berühmtesten Rüst-, Kunst- und Wunderkammern jener Zeit. Von dort kam er 1806 nach Wien. Berühmt ist der Federkopfschmuck vor allem wegen seines (vermeintlichen) einstigen Besitzers. Doch ob es tatsächlich eine Verbindung zu dem aztekischen Herrscher Moctezuma II. (um 1467–1520) gibt, ist völlig ungewiss, sogar eher unwahrscheinlich.[38] Im Bewusstsein vieler Mexikaner bleibt er jedoch untrennbar mit Moctezuma verbunden. Aufgrund dieser Zuschreibung, dieser alten Legende, hat der Kopfschmuck für die kulturelle Identität Mexikos einen kaum zu überschätzenden ideellen Wert, weswegen Nachfahren der Azteken seit Langem seine Rückgabe fordern. Im Museo Nacional de Antropología in Mexiko Stadt befindet sich seit 1940 eine Kopie des Federkopfschmucks, deren Herstellung auf die von Österreich abgelehnte Rückgabeforderung in den Jahren 1932 bis 1934 zurückging. Auf offizieller Ebene kam es von 2010 bis 2012 im Rahmen einer binationalen interdisziplinären Kooperation zwischen Österreich und Mexiko zu einer umfassenden Untersuchung und Konservierung des Objektes. Am Ende des Projektes wurde vom österreichischen und mexikanischen Kollegium gemeinsam entschieden, dass der Federkopfschmuck wegen seiner Fragilität nicht reisefähig ist.[39] Dennoch erbat Mexiko im Oktober 2020 den Kopfschmuck als Leihgabe für eine Ausstellung.[40]

Nationalsozialismus

Während des NS-Regimes, insbesondere im Zweiten Weltkrieg, kam es in Deutschland und Europa zu Translokationen Hunderttausender Kulturgüter. Die systematische Enteignung der jüdischen Bevölkerung im NS-Staat mündete ab 1939 in einen Kunstraub gigantischen Ausmaßes in ganz Europa. In den Jahren des Zweiten Weltkriegs plünderten nationalsozialistische Organisationen in den von der deutschen Wehrmacht besetzten Gebieten Europas öffentliche und private Sammlungen (vor allem von Juden), Schlösser, Archive und Bibliotheken. Der US-amerikanische Historiker Jonathan Petropoulos schätzt die Gesamtzahl der geraubten Kunstwerke auf 600 000: 200 000 in Deutschland und Österreich, 100 000 in Westeuropa und 300 000 in Osteuropa.[41] Beteiligt daran waren mehrere Organisationen, Institutionen und Personen, die zum Teil heftig miteinander konkurrierten, darunter der Einsatzstab Reichsleiter Rosenberg (ERR), das Sonderkommando Künsberg des Auswärtigen Amtes, das Sonderkommando Paulsen des Reichssicherheitshauptamtes, das Amt Ahnenerbe der SS, der Sicherheitsdienst (SD), die Dienststelle Mühlmann, der militärische Kunstschutz der Wehrmacht, die am «Sonderauftrag Linz» beteiligten Fachleute, die für Hermann Görings Kunstsammlung tätigen Sonderbeauftragten und die deutschen Botschaften. Aber auch Evakuierungen, also Auslagerungen als Schutzmaßnahme vor möglichen Kriegseinwirkungen, insbesondere Bombenschäden, waren Gründe für Translokationen von Kulturgütern und führten nicht selten zu Verlusten. Neben verfolgungsbedingt entzogenem Kulturgut (= NS-Raubgut) und kriegsbedingt entzogenem Kulturgut (= Beutegut) darf die NS-Propagandaaktion «Entartete Kunst» nicht vergessen werden, welche zur Beschlagnahme und Translokation von rund 21 000 Kunstwerken aus deutschem Museumsbesitz führte.

Die Aktion «Entartete Kunst»

Unter dem Schlagwort «Entartete Kunst» führten die Nationalsozialisten eine Propagandakampagne gegen die auch als «Verfallskunst» deklassierte moderne Kunst.[42] Diese Kampagne war Bestandteil einer Kunstpolitik, deren ideologie- und geistesgeschichtliche Wurzeln bis ins 19. Jahrhundert zurückreichen und die dazu diente, die rassistische Ideologie, insbesondere deren Feindbilder, zu verbreiten. Das zeigt sich unter anderem in dem von den Nationalsozialisten als Synonym für «Entartete Kunst» benutzten Schlagwort «jüdisch-bolschewistische Kunst». Sowohl das Wort «entartet» in Verbindung mit Kunst als auch das Begriffspaar «jüdisch-bolschewistisch» waren bereits lange vor dem Machtantritt der Nationalsozialisten in nationalistischen und völkischen Milieus verbreitet.

Unter dem Titel «Entartete Kunst» veranstalteten die Nationalsozialisten – neben einer ganzen Reihe lokaler «Schreckenskammern» ab 1933 – zwei Wanderausstellungen: Die eine ging 1933 von Dresden aus und tourte bis 1937, die andere, weitaus bekanntere und umfangreichere, startete 1937 in München und reiste bis 1941 durch das damalige Reich.

Die Aktion «Entartete Kunst» umfasste zudem umfangreiche Beschlagnahmungen moderner Kunst, überwiegend im Jahre 1937. Insgesamt wurden dabei in 101 deutschen Museen rund 21 000 Kunstwerke von mehr als 1400 Künstlern beschlagnahmt, davon etwa ein Drittel Bilder, Skulpturen, Aquarelle und Zeichnungen sowie zwei Drittel Druckgrafiken.[43] Am 31. Mai 1938 wurde das «Gesetz über Einziehung von Erzeugnissen entarteter Kunst» erlassen. Es schrieb die entschädigungslose Enteignung der beschlagnahmten Kunstwerke zugunsten des Reiches fest und beauftragte Propagandaminister Joseph Goebbels mit deren Durchführung. Das Gesetz schuf die juristische Grundlage für die nun einsetzende «Verwertung» der 1937 konfiszierten Kunstwerke, das heißt den Verkauf gegen Devisen ins Ausland oder den Tausch gegen ältere Kunstwerke. Mit den Verkäufen wurden vor allem vier, durch ihre Erfahrungen in der Vermittlung moderner Kunst ausgewiesene Kunsthändler betraut: Bernhard A. Böhmer, Karl Buchholz, Hildebrand Gurlitt und Ferdinand Möller. Ihnen wurde untersagt, «entartete» Kunst im Inland zu verkaufen, aber alle vier hielten sich nicht daran. Wie stellt sich die Bilanz der «Verwertung» dar? Von den etwa 21 000 als «entartet» beschlagnahmten Kunstwerken wurden 46 % verkauft bzw. eingetauscht und 33 % zerstört. Die restlichen 21 % verteilen sich auf nicht verkaufte Kommissionsware bei den beauftragten Kunsthändlern, Exponate der Wanderausstellung «Entartete Kunst», vereinzelte Rückgaben an die Besitzer oder Leihgeber (1,5 %) etc.[44]

Viele der betroffenen Kunstwerke sind bis heute verschollen – darunter als wohl berühmtester Fall Franz Marcs monumentales Gemälde *Der Turm der blauen Pferde*, die Inkunabel des deutschen Expressionismus. Doch immer wieder tauchen auch Werke aus der Beschlagnahmeaktion «Entartete Kunst» auf. So etwa 2010, als bei Erdarbeiten für eine neue U-Bahn-Linie vor dem Roten Rathaus in Berlin-Mitte 16 Skulpturen bzw. Skulpturenfragmente zutage gefördert wurden.[45] Ein ungleich größeres Konvolut befand sich bei Cornelius Gurlitt, dem Sohn von Hildebrand Gurlitt. Von den insgesamt 1566 Werken aus seinem (ehemaligen) Besitz werden 407 Werke der «Verdachtsgruppe ‹Entartete Kunst›» zugeordnet.[46]

Rechtlicher Rahmen

Wie verhält es sich nun mit der eigentumsrechtlichen Problematik der im Zuge der Aktion «Entartete Kunst» beschlagnahmten Kunstwerke? Die in der Literatur zu findende Feststellung, das «Gesetz über Einziehung von Erzeugnissen entarteter Kunst» von 1938 sei nach Ende des Zweiten Weltkrieges durch die Alliierten nicht aufgehoben worden, trifft so pauschal nicht zu. Vielmehr ermächtigte die Sowjetische Militäradministration die Deutsche Verwaltung für Volksbildung in der Sowjetischen Besatzungszone am 8. Oktober 1946, «alle notwendigen Maßnahmen zur Ermittlung und Rückführung von Kunstbesitz vorzunehmen, der aus ehemals öffentlicher Hand oder aus Privatbesitz durch die Faschisten […] entfernt worden ist. Die Deutsche Verwaltung für Volksbildung ist befugt, ermitteltes Kunstgut dieser Art, vor allem solches aus der Aktion ‹Entartete Kunst› zu beschlagnahmen und alle Verfügungen zu treffen, die für die Rückgabe des Kunstgutes an seine ehemaligen Besitzer wichtig sind.» Aufgrund dieser Ermächtigung beschlagnahmte das Amt für Volksbildung beim Magistrat von Groß-

Berlin Werke aus der Aktion «Entartete Kunst», welche die Händler Bernhard A. Böhmer und Ferdinand Möller erworben hatten, und gab sie 1949 und Anfang der 1950er-Jahre an Museen in der Sowjetischen Besatzungszone (SBZ) zurück.[47] Richtig ist allerdings, dass nach Kriegsende der Alliierte Kontrollrat und später auch der bundesdeutsche Gesetzgeber von der Aufhebung des Einziehungsgesetzes absahen. Hierzu schreibt der Jurist Carl-Heinz Heuer:

> «Nach Kriegsende hat der Alliierte Kontrollrat die weitere Anwendung zahlreicher Gesetze verboten, die unter nationalsozialistischer Herrschaft ergingen. Kriterium für die Nichtanwendung war, ob die fraglichen Gesetze Diskriminierungen unter Anknüpfung an Rasse, Nationalität, Glaubenszugehörigkeit oder politische und weltanschauliche Überzeugungen enthielten. [...] Als das Einziehungsgesetz und die auf seiner Grundlage ergangenen Verfügungen [...] überprüft wurden, entschied man sich indes gegen eine Aufhebung. Die damals entscheidende Erwägung stützte sich darauf, den Erwerbern auf dem Kunstmarkt Rechtssicherheit zu gewähren und nicht die Grundlage der händlerischen Verwertung zu zerstören. [...] Bei der Einziehung ‹entarteter› Kunst wurde ästhetische Barbarei betrieben, ohne dabei jedoch rassisch, politisch oder weltanschaulich zu diskriminieren. Die hohe Schwelle, um als ‹gesetzliches Unrecht› eingeordnet zu werden, erfüllen das Einziehungsgesetz und die auf seiner Grundlage ergangenen Beschlagnahmungen damit nicht. [...] So moralisch unhaltbar die Verfolgung ‹entarteter› Kunst auch gewesen ist, aus rein juristischer Sicht kann grundsätzlich keine Restitution verlangt werden.»[48]

Erst nach genau drei Jahrzehnten und sieben Monaten trat das Gesetz außer Kraft:

> «Formell wurde das Einziehungsgesetz vom 31. Mai 1938 schließlich am 31. Dezember 1968 im Rahmen der Rechtsbereinigung in der Bundesrepublik Deutschland außer Kraft gesetzt, da alle Dekrete, die nicht in die als Bundesgesetzblatt Teil III veröffentlichte Sammlung aufgenommen wurden, am Tag der Ausschlusswirkung automatisch außer Kraft traten [...].»[49]

Es bleibt also festzuhalten, dass die Beschlagnahmen im Rahmen der Aktion «Entartete Kunst» rechtswirksam zustande gekommen sind, so dass auch die Folgeerwerber wirksames Eigentum an den betreffenden Werken erlangen konnten – und noch immer können.

Fallbeispiel 2: Marc Chagalls Gemälde *Rabbiner*

Diese Feststellung trifft auch auf Marc Chagalls Gemälde *Rabbiner* (Tafel 8) zu, das 1937 in der Kunsthalle Mannheim beschlagnahmt wurde und seit 1939 dem Kunstmuseum Basel gehört. Seine Provenienz spiegelt exemplarisch wesentliche Facetten der nationalsozialistischen Kunstpolitik wider.[50]

Chagall malte das Bild (als Zweitfassung eines 1912 entstandenen Gemäldes, das sich als Dauerleihgabe aus Privatbesitz im Städel Museum Frankfurt befindet) zwischen 1923 und 1926 in Paris. Die Städtische Kunsthalle Mannheim erwarb es 1928 in der Mannheimer Kunsthandlung «Das Kunsthaus» des jüdischen Kunsthändlers Herbert Tannenbaum. Nach der Entfernung von Museumsdirektor Gustav Friedrich Hartlaub (1884–1963) aus seinem Amt wurde das Bild im Frühjahr 1933 in der Femeausstellung *Kulturbolschewistische Bilder* angeprangert, die im Anschluss in München und Erlangen zu sehen war. Am 8. Juli 1937 erfolgte die Beschlagnahme durch das Reichsministerium für Volksaufklärung und Propaganda und ab 19. Juli 1937 die Anprangerung in der Ausstellung «Entartete Kunst» in München sowie 1938 auf den Folgestationen in Berlin, Leipzig, Düsseldorf und Salzburg. Im Oktober 1938 wurde das Bild von Salzburg nach Berlin ins Schloss Schönhausen überführt, das Depot für die «international verwertbaren» Bestände «entarteter» Kunst. Am 30. Juni 1939 erhielt Georg Schmidt (1896–1965), Direktor des Kunstmuseums Basel, den Zuschlag für den *Rabbiner* auf der Auktion *Gemälde und Plastiken moderner Meister aus Deutschland* der Galerie Fischer im Grand Hôtel National Luzern. Dabei handelte es sich um die bekannteste NS-Verkaufsaktion, bei der 125 in deutschen Museen konfiszierte Spitzenwerke – unter anderem von Gauguin, van Gogh und Picasso – einem über dreihundertköpfigen internationalen Publikum von Museumsleuten, Sammlern, Händlern und Liebhabern zum Kauf angeboten wurden. Nur fünfmal hat das Gemälde nach 1945 seinen Platz im Kunstmuseum Basel verlassen: Als Leihgabe für Sonderausstellungen kam es 1950/51 nach Zürich (Kunsthaus), von dort 1951 nach Bern (Kunsthalle), 1953 nach Turin (Museo Civico), 1967 nochmals nach Zürich (Kunsthaus) sowie zuletzt 1992 nach Berlin (Altes Museum).

Die Bildrückseite (Tafel 9) weist diverse Provenienzmerkmale auf, die sich mit den erwähnten Stationen in Verbindung bringen lassen. Im unteren Bereich befinden sich direkt auf der Leinwand mehrere runde Stempel, die der Pariser Zoll bei der Ausfuhr des Werkes aus Frankreich aufgebracht hat. Darüber hinaus gibt es am oberen horizontalen Keilrahmen Klebeetiketten der Kunsthalle Mannheim und des Kunstmuseums Basel mit den jeweiligen Inventarnummern, ferner, ebenfalls am oberen horizontalen bzw. linken vertikalen Keilrahmen, zwei Ausstellungsetiketten des Kunsthauses Zürich. Das Etikett zur Chagall-Ausstellung von 1950 trägt die (rot übermalte) Aufschrift «Besitzer: Nell Walden». Da sich das Werk, wie erwähnt, seit 1939 durchgängig im Eigentum des Kunstmuseums Basel befindet, handelt es sich hier um einen Irrtum, der durch die rote Überschreibung (im Sinne eines Durchstreichens) kenntlich gemacht wurde – ein Beispiel dafür, wie Provenienzmerkmale bisweilen auch eine falsche Spur legen können. Ein in der unteren rechten Ecke aufgebrachter Zettel mit der Nr. 24 lässt sich bislang nicht einem bestimmten Ereignis zuordnen – solche Zettel werden zum Beispiel von Auktionshäusern zur Kennzeichnung der Losnummern verwendet. Der *Rabbiner* wurde indessen nur ein einziges Mal verauktioniert, in Luzern 1939 – und zwar als Los Nr. 17.

Raub jüdischen Eigentums

Als Raubkunst/Raubgut bzw. NS-Raubkunst/NS-Raubgut bezeichnet man NS-verfolgungsbedingt entzogene Kunstwerke bzw. (im weiteren Sinne) Kulturgüter (unter Einschluss etwa von Möbeln, Teppichen und Silber). Die Objekte stammen aus dem Privateigentum von Personen, die vom NS-Regime, also in der Zeit vom 30. Januar 1933 bis zum 8. Mai 1945, aus rassischen, politischen, religiösen oder weltanschaulichen Gründen verfolgt wurden. Dabei gab es ein breites Spektrum unterschiedlichster Entzugsformen, die vom Verkauf unter Druck und Zwangsverkauf über Enteignung und Beschlagnahme bis hin zu gewaltsamem Raub reichten. Die Opfer dieser Vermögensverluste waren vorwiegend Juden, welche durch die nationalsozialistische Gewaltherrschaft und die rassistisch motivierte Judenverfolgung gezwungen waren, sich von ihrem Hab und Gut zu trennen.[51] Bis 1941 forcierte der NS-Staat die Emigration der jüdischen Bevölkerung und entwickelte ein perfides System, um sich des Vermögens ausreisewilliger Juden zu bemächtigen. So existierte bis 1941 in Berlin das sogenannte Palästinaamt, in dem zionistische Gruppen unter Federführung der «Jewish Agency for Palestine» die Auswanderung deutscher Juden nach Palästina organisierten. 1941 änderten die Nationalsozialisten ihre Politik und strebten die sogenannte Endlösung an: Vernichtungslager wie Auschwitz wurden gebaut und Juden aus ganz Europa systematisch dorthin deportiert, 1941 begann der Holocaust.

Als Reaktion auf die Weltwirtschaftskrise wurde am 8. Dezember 1931, in der Endphase der Weimarer Republik, die sogenannte Reichsfluchtsteuer («4. Verordnung zur Sicherung von Wirtschaft und Finanzen zum Schutze des inneren Friedens») eingeführt. Bei einer Emigration mussten 25 Prozent des Vermögens über 200 000 Reichsmark an den Staat abgegeben werden. Ziel war es, die Bürger von einer Übersiedlung ins Ausland abzuhalten und so die Kapitalflucht einzudämmen. Die Nationalsozialisten senkten den Freibetrag für die Reichsfluchtsteuer auf 50 000 Reichsmark und bildeten die Steuer zu einem Instrument des systematischen Entzugs von Vermögen auswandernder Juden aus. Doch auch wer die Reichsfluchtsteuer bezahlt hatte, konnte nicht einfach sein Vermögen ins Exil mitnehmen. Vielmehr wurden Bank- und Wertpapierguthaben auf Sperrkonten übertragen, die nur gegen hohe Abschläge ins Ausland transferiert werden konnten.

Die Ausgrenzung und Entrechtung der jüdischen Bevölkerung, die bald nach dem Machtantritt der Nationalsozialisten am 30. Januar 1933 beginnt, wird am 15. September 1935 durch die auf dem Reichstag während des Reichsparteitags verkündeten sogenannten Nürnberger Rassengesetze («Gesetz zum Schutze des deutschen Blutes und der deutschen Ehre», «Reichsbürgergesetz») auf eine juristische Grundlage gestellt und zugleich erheblich verschärft. Die Handhabung des «Reichsbürgergesetzes» wird bis 1943 durch 13 Durchführungsverordnungen geregelt. So schafft die 3. Verordnung zum «Reichsbürgergesetz» vom 14. Juni 1938 die Grundlagen für die «Arisierung» der noch bestehenden jüdischen Betriebe. Die «Arisierung» von jüdischen Vermögenswerten, einschließlich Kunstgegenständen aller Art, wird durch die «Verordnung über den Einsatz jüdischen Vermögens» vom 3. Dezember 1938 forciert. In der Folge kommt es zur systematischen Beschlagnahme und «Verwertung» der noch vorhandenen jüdischen Kunstsammlungen. Eine Berliner Polizeiverordnung vom selben Tage legt fest, dass sich der «Judenbann» auch auf die Museen erstreckt, Juden also Museen nicht mehr betreten dürfen. Im selben Jahr bereitet die «Verordnung über die Anmeldepflicht jüdischen Vermögens» (26. April 1938) das spätere Gewerbeverbot und die Enteignung vor und verpflichtet die «Verordnung über die Sühneleistung der Juden deutscher Staatsangehörigkeit» (12. November 1938) die deutschen Juden kollektiv zur Zahlung von einer Milliarde Reichsmark für die während der Novemberpogrome 1938 entstandenen Schäden. Die letzten Durchführungsverordnungen zum «Reichsbürgergesetz» werden während des Krieges erlassen: Am 25. November 1941 spricht die 11. Verordnung allen im Ausland lebenden – also ausgewanderten oder deportierten – deutschen Juden die deutsche Staatsbürgerschaft ab und verfügt die Einziehung ihres Vermögens. Am 1. Juli 1943 stellt die 13. und letzte Verordnung die überlebenden deutschen Juden außerhalb des Rechts, das Vermögen der ermordeten Juden wird generell beschlagnahmt.

Wiedergutmachung und Restitution von 1945 bis heute

Die Entschädigung von Opfern der nationalsozialistischen Gewaltherrschaft begann bald nach Kriegsende.[52] Das Bundesentschädigungsgesetz, das am 29. Juni 1956 rückwirkend zum 1. Oktober 1953 in der Bundesrepublik Deutschland verabschiedet wurde, gewährte den Opfern nationalsozialistischer Verfolgung eine finanzielle Entschädigung. Aufgrund dieser gesetzlichen Regelung, die Teil der deutschen Wiedergutmachungspolitik war, stellten weltweit Hunderttausende entsprechende Anträge. Der weitaus größte Teil der Überlieferung beinhaltet Verfahren, die in den 1950er- und 1960er-Jahren bei den Wiedergutmachungsämtern bearbeitet wurden. Aus Sicht der Provenienzforschung in Bezug auf NS-verfolgungsbedingt entzogenes Kulturgut hat sich, wie in Kapitel 4 ausgeführt, gezeigt, dass Wiedergutmachungsakten äußerst wichtige archivische Quellen sind. Die Antragsteller haben ihre Ansprüche so genau wie möglich begründet, so dass man in vielen Verfahrensakten detaillierte Beschreibungen, Listen, mitunter auch Fotos von abhanden gekommenen Vermögenswerten (etwa Bibliotheken, Kunstsammlungen, Antiquitäten) findet. Werden heute Ansprüche gestellt, so kann mittels der Wiedergutmachungsakten festgestellt werden, ob in der Vergangenheit bereits eine finanzielle Entschädigung gezahlt wurde.

Der Historiker Constantin Goschler unterscheidet in der bundesdeutschen Nachkriegsgeschichte zwei Phasen der Restitution jüdischen Eigentums:

> «Eine erste Phase begann bald nach 1945 und zog sich bis in die 1960er Jahre hinein. In diesem Zeitraum wurden in Westdeutschland zuächst die von den drei westlichen Besatzungsmächten zwischen 1947 und 1949 erlassenen Rückerstattungsgesetze durchgeführt, die auf die Rückerstattung des sogenannten wiederauffindbaren Eigentums zielten. Hier ging es vor allem um Häuser, Grundstücke und Firmen, kurz um diejenigen Vermögenswerte, die im Zuge der sogenannten ‹Arisierung› in die Hände nichtjüdischer Deutscher gewechselt waren. Hinzu trat seit 1957 das Bundesrückerstattungsgesetz, mit dem die Bundesrepublik zwölf Jahre nach Kriegsende einen Teil der Verantwortung für die geldwerten Vermögenswerte übernahm, welche das Deutsche Reich als der größte Nutznießer der Beraubung der Juden an sich gerissen hatte. Eine zweite Phase setzte 1990 mit der Vereinigung der beiden deutschen Staaten ein und hält bis in die Gegenwart hinein an. Ging es hier zunächst um eine nachholende Rückerstattung, bei der die Maßstäbe der westlichen Rückerstattungsgesetze mit jahrzehntelanger Verzögerung auf Ostdeutschland übertragen wurden, so traten jüngst neue Forderungen nach der Restitution von Kunstwerken an die Erben der früheren jüdischen Eigentümer hinzu.»[53]

Mit den jüngsten Forderungen bezieht sich Goschler auf die «Washington Conference on Holocaust-Era Assets» (Washingtoner Konferenz über Vermögenswerte aus der Zeit des Holocaust), die vom 30. November bis 3. Dezember 1998 auf Initiative der US-Regierung und jüdischer Interessensverbände im State Department in Washington stattfand.[54] Auf ihr legten 42 Staaten, darunter die Bundesrepublik Deutschland, elf Grundsätze in Bezug auf von den Nationalsozialisten beschlagnahmte Kunstwerke fest (Washington Principles).[55] Dabei handelt es sich um eine freiwillige moralisch-ethische Selbstverpflichtung, ein «soft law», kein bindendes Gesetz. Die Washingtoner Prinzipien rufen auf zur Identifizierung und Veröffentlichung belasteter Kunstwerke (1, 5), zur Zugänglichmachung von Archivalien (2), zur Bereitstellung entsprechender Finanz- und Personalmittel (3), zur Einrichtung eines zentralen Registers (6), zur Ermutigung der Eigentümer oder deren Erben, ihre Ansprüche anzumelden (7), sowie zur ausgeglichenen Zusammensetzung von Gremien, die zur Klärung strittiger Eigentumsfragen beitragen sollen (10). Werden entsprechende Kunstwerke identifiziert, so sollen «gerechte und faire Lösungen» (8, 9) mit den rechtmäßigen Eigentümern bzw. deren Nachfahren gefunden werden. Diese Lösung könne, so wörtlich, «je nach den Gegebenheiten und Umständen des spezifischen Falls unterschiedlich ausfallen» (8). Es müssen also nicht Restitutionen sein, auch andere Formen gütlicher Einigungen mit den rechtmäßigen Eigentümern bzw. deren Erben sind möglich, etwa neuerliche Erwerbungen oder auch Dauerleihgaben.

Um den Anforderungen der Washingtoner Erklärung gerecht zu werden, richten Bund und Länder 1998 die Koordinierungsstelle für Kulturgutverluste in Magdeburg ein (sie geht 2015 im Deutschen Zentrum Kulturgutverluste auf). Im Dezember 1999 unterzeichnen Bund, Länder und kommunale Spitzenverbände eine «Erklärung der Bundesregierung, der Länder und der kommunalen Spitzenverbände zur Auffindung und zur Rückgabe NS-verfolgungsbedingt entzogenen Kulturgutes, insbesondere aus jüdischem Besitz» (sogenannte Gemeinsame Erklärung). Darin wird unterstrichen, dass die Identifizierung und Rückgabe von NS-Raubgut zu den Aufgaben der öffentlich unterhaltenen Archive, Museen und Bibliotheken gehört. Die Erklärung geht insofern über die Washingtoner Prinzipien hinaus, als «nun ausdrücklich nicht nur von ‹beschlagnahmten Kunstwerken›, sondern von ‹NS-verfolgungsbedingt entzogenem Kulturgut› die Rede [ist]. Damit umfasst sie sowohl einen weiteren Kreis von Verlustumständen als auch von Kulturgütern wie Büchern und Archivalien.»[56] Zudem werden privatrechtlich organisierte Einrichtungen und Privatpersonen aufgefordert, sich den Grundsätzen und Verfahrensweisen anzuschließen. 2000 wird die Lost Art-Internet-Datenbank von der Koordinierungsstelle für Kulturgutverluste in Magdeburg online geschaltet, die internationale Such- und Fundmeldungen zu NS-Raubgut und Beutegut verzeichnet, 2001 die Handreichung zur Umsetzung der Gemeinsamen Erklärung veröffentlicht (Überarbeitung 2007, Neufassung 2019).[57] 2003 wird die sogenannte Beratende Kommission ins Leben gerufen, die als Schiedsstelle bei strittigen Restitutionsfällen Empfehlungen aussprechen soll. 2008 erfolgt die Einrichtung der Arbeitsstelle für Provenienzrecherche/-forschung beim Institut für Museumsforschung der Staatlichen Museen zu Berlin – Stiftung Preußischer Kulturbesitz (auch sie geht 2015 im

Deutschen Zentrum Kulturgutverluste auf). Sie hat den Auftrag, staatliche Fördermittel zu vergeben, die es Museen, Bibliotheken und Archiven ermöglichen, ihre Bestände nach möglichem NS-Raubgut zu durchforsten. Von 2008 bis 2011 steht dafür jährlich eine Million Euro zur Verfügung, danach werden die Fördermittel in mehreren Schritten auf über vier Millionen Euro jährlich erhöht. Die im November 2013 durch die Medien bekannt gemachte staatliche Beschlagnahme des Kunstbesitzes von Cornelius Gurlitt (sogenannter Schwabinger Kunstfund), die auf ein weltweites mediales Echo stößt, schärft das öffentliche Bewusstsein für die Dimensionen des NS-Kunstraubs und wirkt wie ein Katalysator für den Ausbau der Provenienzforschung in Deutschland. Dies führt am 1. Januar 2015 zur Gründung des Deutschen Zentrums Kulturgutverluste (DZK) mit Sitz in Magdeburg, das ebenfalls Fördermittel vergibt. Das DZK versteht sich als in Deutschland zentraler Ansprechpartner zu allen Fragen unrechtmäßiger Kulturgutentziehungen, wobei das Hauptaugenmerk auf NS-Raubgut liegt.[58] Das Zentrum führt die Aufgaben der vormaligen Koordinierungsstelle Magdeburg und der vormaligen Arbeitsstelle für Provenienzforschung fort – mit mittlerweile deutlich erweitertem Aufgabenfeld.

Die Washingtoner Prinzipien und ihre Umsetzung in Deutschland

- 3. 12. 1998: Verabschiedung der Washingtoner Prinzipien
- 12/1999: Erklärung der Bundesregierung, der Länder und der kommunalen Spitzenverbände zur Auffindung und zur Rückgabe NS-verfolgungsbedingt entzogenen Kulturgutes, insbesondere aus jüdischem Besitz (sogenannte Gemeinsame Erklärung)
- 04/2000: Lost Art-Internet-Datenbank von der Koordinierungsstelle für Kulturgutverluste in Magdeburg online geschaltet
- 02/2001: Handreichung zur Umsetzung der Gemeinsamen Erklärung (Überarbeitung 2007, Neufassung 2019)
- 07/2003: Gründung der Beratenden Kommission im Zusammenhang mit der Rückgabe NS-verfolgungsbedingt entzogenen Kulturguts, insbesondere aus jüdischem Besitz
- 2008–2014: Arbeitsstelle für Provenienzrecherche/-forschung beim

Institut für Museumsforschung der Staatlichen Museen zu Berlin – Stiftung Preußischer Kulturbesitz
- 06/2009: Verabschiedung der (von der Bundesrepublik Deutschland mitgetragenen) Theresienstädter Erklärung, welche die Unterstützung der Grundsätze der Washingtoner Konferenz bekräftigt
- 01/2015: Gründung des Deutschen Zentrums Kulturgutverluste mit Sitz in Magdeburg
- 11/2018: Erneutes Bekenntnis der deutschen und der US-Regierung zu den Washingtoner Prinzipien in einer «Joint Declaration» im Rahmen der internationalen Konferenz «20 Jahre Washingtoner Prinzipien» in Berlin

Infolge der Washingtoner Konferenz (also auf einen äußeren, politischen Impuls hin) wird in vielen der Unterzeichnerstaaten (nicht in allen!) seit Jahren verstärkt Provenienzforschung betrieben, um NS-verfolgungsbedingt entzogenes Kulturgut zu identifizieren. In fünf europäischen Ländern – Deutschland, Frankreich, Großbritannien, Niederlande, Österreich – gibt es staatliche Kommissionen, die sich mit der Erforschung und Rückgabe von NS-verfolgungsbedingt entzogenem Kulturgut befassen.[59] In vielen Fällen kam es im Ergebnis zu Restitutionen. Allein die Stiftung Preußischer Kulturbesitz hat seit 1999 über 350 Kunstwerke und mehr als 1000 Bücher restituiert.[60] Zwei dieser Fälle seien im Folgenden exemplarisch vorgestellt.

Fallbeispiel 3: Spätmittelalterliches Alabasterrelief aus der Sammlung Harry Fuld

1932 erbte Harry Fuld jun. (1913–1963) von seinem Vater Harry Fuld sen. (1879–1932) neben Anteilen an dem Familienunternehmen H. Fuld & Co., das Telefone herstellte und vertrieb, auch eine Kunstsammlung. Nach der «Arisierung» des Unternehmens durch die Nationalsozialisten emigrierte Harry Fuld jun. 1936 nach England, seine Kunstsammlung lagerte er bei der Berliner Spedition Gustav Knauer ein. Dort wurde die Sammlung auf Veranlassung der Oberfinanzdirektion beschlagnahmt und 1943 über das Auktionshaus Lange in Berlin versteigert. Auf dieser Auktion erwarben die Staatlichen Museen zu

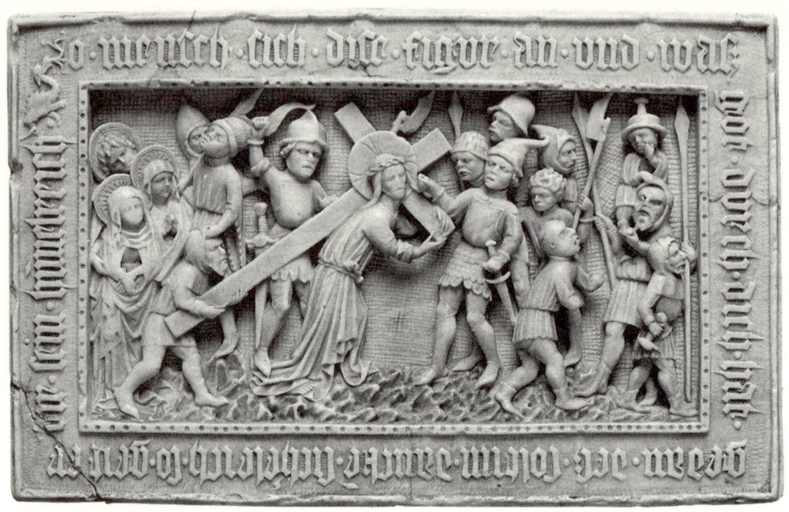

Abb. 14 Alabasterrelief mit einer Darstellung der Kreuztragung Christi, um 1440, 17 × 26,8 cm, Bode-Museum, Berlin, Dauerleihgabe der Ernst von Siemens Kunststiftung.

Berlin das Relief (Abb. 14). Ein kleiner Teil des Versteigerungserlöses gelangte in das Vermögen von Fuld, der weitaus größere Teil floss jedoch in die Staatskasse. 2009 restituierte die Stiftung Preußischer Kulturbesitz das Relief an die Erbin Fulds, die Magen David Adom UK (MDAUK). Dabei handelt es sich um die englische Förderorganisation der israelischen Hilfsgesellschaft Roter Davidstern. Mit ihr und der Unterstützung der Ernst von Siemens Kunststiftung konnte eine gerechte und faire Lösung im Sinne der Washingtoner Prinzipien gefunden werden. Seither wird das Relief als Dauerleihgabe der Ernst von Siemens Kunststiftung im Bode-Museum ausgestellt.

Fallbeispiel 4: Bücher einer Potsdamer Freimaurerloge

Wie in Kapitel 4 ausgeführt, kamen im Nationalsozialismus häufig ganze Büchersammlungen von aus «rassischen» oder politischen Gründen verfolgten Personen und Organisationen wie jüdischen und freireligiösen

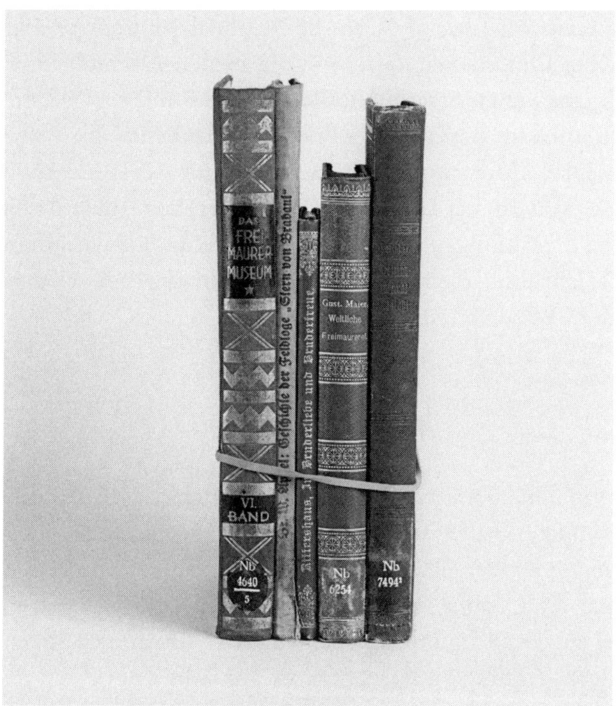

Abb. 15 Bücher der Potsdamer Freimaurerloge *Teutonia zur Weisheit*, 2016 durch die Stiftung Preußischer Kulturbesitz restituiert.

Gemeinden, politischen Parteien und Gewerkschaften, Arbeiterbildungsvereinen und Freimaurerlogen in öffentliche Bibliotheken. Ein Beispiel ist die Bibliothek der ehemaligen Potsdamer Freimaurerloge *Teutonia zur Weisheit*, die über 2000 Bücher umfasste. Als sich im Jahr 1935 unter dem Druck des NS-Regimes alle Freimaurerlogen selbst auflösen mussten, schickte der Liquidator der Potsdamer Loge deren Literatur als Geschenk an die Preußische Staatsbibliothek. Zusammen mit den übrigen Beständen der Preußischen Staatsbibliothek wurden die Logen-Bücher ab 1941 zum Schutz vor Kriegseinwirkungen nahezu vollständig ausgelagert, wobei Sammlungen getrennt wurden oder verloren gingen. Nach 1945 befanden sich Teile der Gesamtbestände wie auch der Loge jeweils in West-Berlin und in Ost-Berlin. Die 640 Bände der einstigen Potsdamer Loge in der West-Berliner Staatsbibliothek wurden bereits im Jahre 1965 an die National-Mutterloge *Zu den drei Weltkugeln* restituiert. Seit 1992 sind die beiden Nachfolgeeinrichtungen der Preußischen Staatsbibliothek in West und Ost vereint in der Staatsbibliothek zu Berlin – Preußischer Kulturbesitz. Im Rahmen der systematischen Erforschung der Bestände auf NS-Raubgut wurden schließlich weitere 384 Bände der Potsdamer Loge identifiziert. 2016 restituierte die Stiftung Preußischer Kulturbesitz diese aus dem 18. bis frühen 20. Jahrhundert stammenden Bände an die 1991 wiedergegründete Loge in Potsdam (Abb. 15).[61]

Raubgut – Fluchtgut?

Im Zusammenhang mit NS-Raubgut wird auch der Begriff des Fluchtguts verwendet, für den es allerdings noch keine allgemein anerkannten Richtlinien oder Vereinbarungen gibt. Eingeführt wurde der Begriff 2001 durch die Unabhängige Expertenkommission Schweiz – Zweiter Weltkrieg für «Kulturgüter, die von ihren rechtmäßigen Eigentümern oder in deren Auftrag im Bestreben, sie vor dem Zugriff der deutschen Behörden in Sicherheit zu bringen, in die Schweiz transferiert wurden».[62] Im Laufe der Zeit wurde der Begriff auch auf andere Exilländer ausgeweitet, etwa die USA. Seit den 2010er-Jahren wird kontrovers über die Frage debattiert, ob Fluchtgut dem Raubgut gleichzusetzen sei, insbesondere im Hinblick auf das Thema Restitution.[63] Fest steht, dass Raubgut räumlich und zeitlich auf den NS-Herrschaftsbereich begrenzt ist, während Fluchtgut geografisch und zeitlich darüber hinausweist. Im Leitfaden des Deutschen Zentrums Kulturgutverluste heißt es 2019:

> «In den europäischen und außereuropäischen Staaten, die keine Verbündeten des Deutschen Reichs waren und die den Verfolgten Exil boten, veräußerten die Geflüchteten oder Vertriebenen zwischen 1933 und 1945 vielfach Kulturgut, das sie aus Deutschland hatten ausführen können. Diese Fälle werden häufig als ‹Fluchtgut› bezeichnet. Der Umgang mit Verkäufen im relativ sicheren Exil wird bislang unterschiedlich gehandhabt und ist aktuell Gegenstand fachlicher und politischer Debatten. Eine generelle Empfehlung kann daher nicht gegeben werden, jeder Einzelfall sollte genau geprüft werden.»[64]

Zuletzt wurde in Deutschland anlässlich der von der Beratenden Kommission Ende März 2021 empfohlenen (und am 11. Januar 2022 vollzogenen) Restitution von Franz Marcs im Besitz der Stadt Düsseldorf befindlichen Gemälde *Füchse*, das 1940 in New York verkauft worden war, kontrovers über das Thema Fluchtgut diskutiert, zumal dieselbe Kommission 2014 in einem ähnlichen Fall die Rückgabe verweigert hatte.[65]

Kulturgüter als Kriegsbeute

Beutekunst bzw. Beutegut ist ein Überbegriff für sämtliche im Zusammenhang mit Krieg und Besatzung entzogene, angeeignete und translozierte Kulturgüter. Wie bereits beim Thema NS-Raubgut ausgeführt, so reichen auch bei Beutegut die Entziehungsformen vom Ankauf unter Wert bis hin zu Beschlagnahme, gewaltsamer Enteigung, Diebstahl, Raub und Plünderung.

Obgleich, wie in Kapitel 3 dargelegt, die Haager Landkriegsordnung von 1907, die vom Deutschen Reich unterzeichnet worden war, dies ausdrücklich untersagte, kam es in den Jahren 1939 bis 1945 zur Verschleppung Hunderttausender Kulturgüter. Ein Großteil der von den Nationalsozialisten geraubten und erbeuteten Kunstwerke wurde nach dem Krieg von der US-Militärregierung in Central Collecting Points zusammengetragen und zurückgeführt – bis 1962 insgesamt mehr als eine Million Kulturgüter.[66] Dennoch gibt es unzählige Verluste und bis heute ungeklärte bzw. unentdeckte Fälle, bisweilen auch in unseren Museumsdepots. Dass die Provenienzforschung dabei ein unverzichtbares Mittel zur Aufklärung ist, belegt der im Folgenden vorgestellte Fall.

Fallbeispiel 5: Zwei 1940 von der deutschen Wehrmacht im besetzten Polen beschlagnahmte Barockmöbel und ihre Rückgabe

Im Rahmen des Recherche-, Erfassungs- und Inventurprojekts *Daphne* an den Museen der Staatlichen Kunstsammlungen Dresden wurden die Provenienzen zweier barocker Lackmöbel im Kunstgewerbemuseum (Schloss Pillnitz) untersucht – eines kleinen französischen Damen-

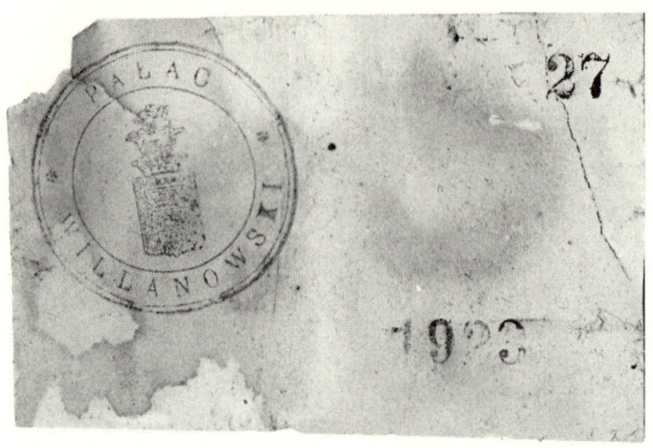

Abb. 16 Papieraufkleber Schloss Wilanów, 1923.

schreibtischs aus der Werkstatt des Pariser Ebenisten Jacques Dubois (1694–1763) (Tafel 10) und eines prunkvollen Kabinettschranks aus der Werkstatt des Dresdner Hoflackierers Martin Schnell (1675–1740).[67] Letzterer fertigte eine Vielzahl von Lackmöbeln, Wandvertäfelungen und dekorativen Ausstattungsstücken für die Residenzen Augusts des Starken (1670–1733) in Sachsen und Polen. In den Inventarbüchern des Kunstgewerbemuseums vor 1945 sind die beiden Möbel nicht aufgeführt, sie wurden erst 1989 mit dem Hinweis «unbekannte Herkunft» erfasst – was auf einen Zugang nach dem Zweiten Weltkrieg hindeutet. Bei der Inventarisierung in den 1960er- bis 1980er-Jahren wurden im Kunstgewerbemuseum in den Inventarbüchern und auf den Karteikarten nur sehr selten Provenienzmerkmale aufgenommen, so dass erst bei der Überprüfung der Möbel im Rahmen des *Daphne*-Projektes zwei rechteckige Papieraufkleber mit verschiedenen historischen Markierungen entdeckt wurden (Abb. 16). Der runde Stempel mit dem Schriftzug «PAŁAC WILLANOWSKI» verweist auf das bei Warschau gelegene Schloss Wilanów, das älteste Kunstmuseum Polens. Da im Kunstgewerbemuseum und in den sächsischen Archiven keinerlei Unterlagen zu den Möbeln und den Vorgängen in Wilanów im Nationalsozialismus aufzufinden waren, kontaktierte die Dresdner Provenienzforscherin das Palastmuseum Schloss Wilanów mit der Bitte um nähere Auskunft zu den Aufklebern. Die dortige Kuratorin konnte den Standort der beiden Möbel in Wilanów bis 1944 anhand von historischen Fotos, Inventareinträgen, Brief- und Aktenverkehr sowie Publikationen eindeutig belegen. So ließ sich auch die Herkunft des Aufklebers, der neben dem erwähnten Stempel in der unteren rechten Ecke die Zahl 1923 und in der oberen rechten Ecke die Ziffer 27 aufweist, klären: Es handelt sich um die Kennzeichnung der Wilanówer Sammlung, die angebracht wurde, als verschiedene Exponate im April 1923 für eine Ausstellung zur französischen Kunst nach Warschau ausgeliehen wurden. Die Leihgabenliste hat sich erhalten. Unter der Nummer 27 ist vermerkt: «Lackierter Schreibtisch, französische Arbeit, Sammlung von Wilanów». Die dichte Quellenlage zu den Möbeln endet mit dem Abtransport aus Wilanów 1944 durch die deutsche Wehrmacht. Seit Kriegsende galten der Damenschreibtisch und der Kabinettschrank als vermisst und waren in der internationalen Suchdatenbank des polnischen Ministeriums für Kultur und Nationales Erbe registriert. Andere, von den Deutschen geraubte Gegenstände kamen hingegen ab 1946 nach Schloss Wilanów zurück – einige über den Central Collecting Point in München, andere aus der Sowjetunion, wohin sie von der Roten Armee, mutmaßlich nach einer Beschlagnahme in Deutschland nach Kriegsende, verbracht worden waren. Diese Objekte waren also gleich zwei Mal Kriegsbeute.

Wie war es nun 1944 zum Raub durch die deutsche Wehrmacht gekommen? Nach dem Überfall auf Polen und dessen militärischer Besetzung durch NS-Deutschland wurde im Oktober 1939 der österreichische Kunsthistoriker und SS-Führer Kajetan Mühlmann als Sonderbeauftragter für die Erfassung und Sicherung der Kunst- und Kulturschätze im «Generalgouvernement für die besetzten polnischen Gebiete» eingesetzt. Generalgouverneur Hans Frank (1900–1946) erließ im Dezember 1939 eine Verordnung, auf deren Grundlage der gesamte öffentliche Kunstbesitz in den besetzten polnischen Gebieten beschlagnahmt werden sollte. Die Verordnung diente der systematischen Erfassung der Kulturgüter in öffentlichen und privaten Sammlungen wie auch in kirchlichen Einrichtungen, ihrer Inventarisierung und der Auswahl «reichswichtiger Kunstgegenstände zugunsten des Reiches». Innerhalb nur eines halben Jahres wurden die Kulturgüter beschlagnahmt, um sie aus Polen ins Deutsche Reich zu transportieren. Wie stark der Besitz im Schloss Wilanów davon betroffen war, belegt der Katalog «Sichergestellte Kunstwerke im Generalgouvernement» aus dem Jahre 1940. Von den darin aufgelisteten 521 Positionen aus ganz Polen stammen allein 74 aus Wilanów.

Nach dem Abtransport der beiden Barockmöbel aus Wilanów 1944 durch die deutsche Wehrmacht verliert sich ihre Spur bis zur Inventarisierung 1989 im Kunstgewerbemuseum in Dresden mit dem Vermerk «unbekannte Herkunft». Es gibt also eine 45-jährige Lücke in der Provenienz. Wann und auf welchem Wege die beiden Objekte Eingang in das Dresdner Kunstgewerbemuseum gefunden haben, lässt sich somit nicht mehr klären, aber ein legaler Erwerb ist auszuschließen.

Am 17. Februar 2016 übergab der damalige Ministerpräsident Sachsens, Stanislaw Tillich, die beiden Möbel in Wilanów an den polnischen Kulturminister, Piotr Glinski. Seit ihrer Konservierung und Restaurierung sind sie wieder in den Räumen des Schlosses aufgestellt, in denen sie bis 1944 zu besichtigen waren.

Fallbeispiel 6: Ein Dresdner Kriegsverlust und seine Rückkehr

Hatten die Staatlichen Kunstsammlungen Dresden 2016 zwei Objekte aus deutscher Kriegsbeute an den rechtmäßigen Eigentümer zurückgeführt, so waren sie zwei Jahre später selbst Empfänger eines eigenen Kriegsverlustes.[68] Die Gemäldegalerie verzeichnet seit 1945 410 Werke der Alten Meister und 160 Werke der Neuen Meister als Kriegsverluste, die in der oben erwähnten Lost Art-Datenbank aufgelistet sind. Darunter befand sich auch das *Stillleben mit einem Hasen* von Pietro Francesco Cittadini (Tafel 11), einem der profiliertesten Stilllebenmaler in Bologna Mitte des 17. Jahrhunderts. Es wurde 1741 für die Gemäldesammlung Augusts III. von Sachsen-Polen (1696–1763) erworben und im Gemäldeinventar von 1754 erstmals näher beschrieben. Im Zweiten Weltkrieg war das Gemälde zunächst in Döbra bei Kamenz und später in Schloss Barnitz im Kreis Meißen ausgelagert und wurde wahrscheinlich 1945 von dort gestohlen. 2013 erhielten die Dresdner Museen den Hinweis, dass sich das Gemälde möglicherweise in georgischem Privatbesitz befinde. Die genauen Umstände, wie es von Schloss Barnitz, das nach Kriegsende in der SBZ lag, in georgischen Privatbesitz gelangt war, sind bis heute unbekannt. Zu einem direkten Kontakt mit den Besitzern kam es nicht, und die Bemühungen um die Rückkehr des Bildes blieben zunächst erfolglos. Im Juli 2018 konnte die Spur zu dem Ge-

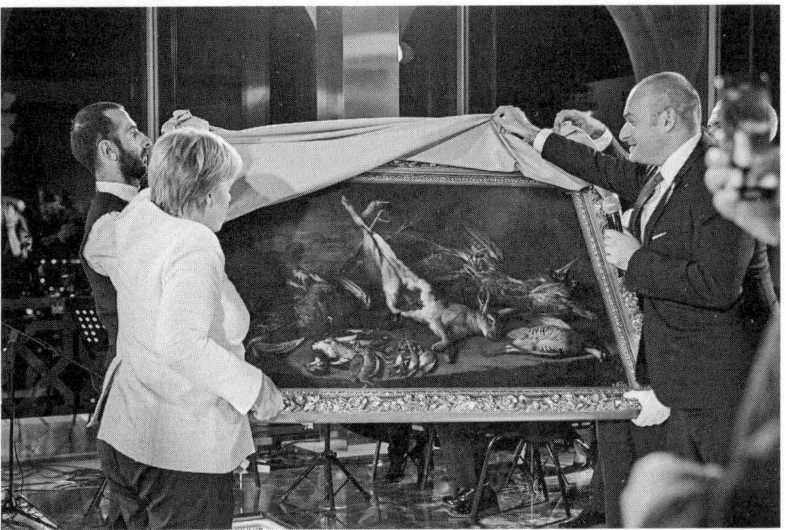

Abb. 17 Übergabe des Gemäldes *Stillleben mit einem Hasen* in Tiflis, Georgien, August 2018.

mälde dank Vermittlung der georgischen Regierung wieder aufgenommen werden. Wissenschaftler der Gemäldegalerie Alte Meister und des Georgischen Nationalmuseums untersuchten das Gemälde und bestätigten die Identität mit dem Dresdner Kriegsverlust zweifelsfrei. Dies war neben der alten Inventarnummer (die bei der Inventarisierung im 18. Jahrhundert vergebene Nummer 2610 findet sich noch heute gut sichtbar am unteren, rechten Bildrand) und den Informationen in Inventarbüchern insbesondere dank einer erhaltenen historischen Fotografie möglich. Sie erlaubte Detailvergleiche, zum Beispiel der feinen Risse in der Malschicht (Craquelé). Der georgischen Regierung gelang es, mit den Besitzern eine Einigung über die Rückgabe zu erzielen. Im August 2018 überreichte schließlich der Ministerpräsident Georgiens, Mamuka Bakhtadze, Bundeskanzlerin Angela Merkel das Bild während eines Staatsbesuchs in Tiflis (Abb. 17).

Beutegut – Rechtlicher Rahmen

Kulturgut, das während Kriegshandlungen oder nach Kriegsende gestohlen wurde, muss nach den Regeln des Völkerrechts den rechtmäßigen Eigentümern zurückgegeben werden. Dies kann zum Beispiel im Rahmen eines außergerichtlichen Vergleichs gegen Zahlung eines sogenannten Finderlohnes geschehen. In einem berühmt gewordenen Fall einigte sich die Bundesrepublik Deutschland 1991 mit den Erben eines US-Offiziers, der 1945 zwölf kostbare mittelalterliche Objekte aus dem Quedlinburger Domschatz gestohlen und per Feldpost nach Texas geschickt hatte; zehn Stücke aus der Beute kamen so 1992 zunächst zur Restaurierung und Ausstellung nach Berlin, 1993 dann nach Quedlinburg zurück.[69]

Zur gerichtlichen Durchsetzung von Eigentumsansprüchen kam es hingegen in einem international viel beachteten Präzedenzfall in den 1990er-Jahren: Das kleinformatige, 1603 von dem Utrechter Maler Joachim Wtewael (1566–1638) geschaffene Bild *Heilige Familie* war 1945 aus dem herzoglichen Museum in Schloss Friedenstein in Gotha (oder aus einem Auslagerungsort in der Nähe von Gotha) gestohlen worden und in den 1980er-Jahren auf ungeklärten Wegen aus Moskau nach West-Berlin gekommen, um dann 1992 auf dem Londoner Auktionsmarkt aufzutauchen. 1998 konnte vor einem Londoner Gericht das Eigentum der Bundesrepublik Deutschland nachgewiesen und das Bild für Schloss Friedenstein wieder erlangt werden.[70]

Ebenfalls zum Prozess kam es im Falle des sogenannten *Augsburger Geschlechterbuches* aus dem Besitz der Staatsgalerie Stuttgart. Dieses hatte ein amerikanischer Soldat gegen Ende des Krieges an seinem Auslagerungsort entwendet. Über Jahrzehnte galt es als verbrannt, bis es 2004 im New Yorker Auktionshandel wieder auftauchte. Ein New Yorker Gericht sprach den wertvollen Band aus dem 16. Jahrhundert dem Land Baden-Württemberg zu. 2010 kehrte das Buch in die Graphische Sammlung der Staatsgalerie zurück.[71]

Ausblick: Kulturgüter als Kriegsbeute – heute

Auch in der jüngeren Vergangenheit und der Gegenwart kommt es immer wieder zu Verstößen gegen das Völkerrecht, werden im Zuge kriegerischer Auseinandersetzungen Kulturgüter zerstört oder als Kriegsbeute entwendet. So wurden nach dem Zweiten Golfkrieg 1991 elf irakische Provinzialmuseen geplündert, was zum Verlust von rund 4000 Objekten führte.[72] Auch nach der US-Invasion im Irak seit 2003 (Dritter Golfkrieg) wurden Tausende antiker Gegenstände gestohlen, plünderten Bewaffnete erneut das Irakische Nationalmuseum in der Hauptstadt Bagdad, eines der bedeutendsten Museen im Vorderen Orient.[73] Ende Juli 2021 gaben die USA nach jahrelangen Verhandlungen mehr als 17 000 archäologische Funde aus der Zeit der Sumerer an den Irak zurück, die meisten der Objekte stammten aus den Raubzügen im Nationalmuseum. Bereits 2018 hatte Großbritannien antikes Raubgut aus dem Irak-Krieg an das Land zurückgegeben.[74]

Während ihrer Herrschaft über Teile von Irak und Syrien zerstörte die Terrormiliz des sogenannten Islamischen Staats (IS) aus ideologischen Gründen wertvolle archäologische Stätten. So fielen ihr 2014 im nordirakischen Mossul assyrische Kulturgüter und die Zentralbibliothek zum Opfer. 2015 zerstörte die Terrormiliz Teile der antiken Ruinenstadt Palmyra, die zum UNESCO-Weltkulturerbe zählt. In der Folge kam es zu Plünderungen und illegaler Ausfuhr von Antiken.[75] Seit Beginn des russischen Angriffskrieges gegen die Ukraine am 24. Februar 2022 kommt es immer wieder zu völkerrechtswidrigen Zerstörungen von Baudenkmälern wie auch zu illegalem Abtransport von Museumsgütern durch die russischen Truppen.[76]

Sowjetische Besatzungszone / Deutsche Demokratische Republik

Nach dem Ende des Zweiten Weltkriegs richteten die alliierten Siegermächte in Deutschland vier Besatzungszonen ein: eine französische, eine amerikanische und eine britische Zone im Westen sowie eine sowjetische Zone im Osten. Die ehemalige Reichshauptstadt Berlin stand unter Viermächtestatus und wurde von den Alliierten gemeinsam verwaltet. In den folgenden Jahren kam es mehr und mehr zu einer politischen und ideologischen Spaltung in Deutschland, der sogenannte «Kalte Krieg» zwischen den drei westlichen Siegermächten und der Sowjetunion begann. Zu einem ersten Höhepunkt des «Kalten Krieges» kam es in der Berlin-Blockade durch die Sowjets. Fast ein Jahr lang, von Juni 1948 bis Mai 1949, wurde die Berliner Bevölkerung aus der Luft versorgt (sogenannte Luftbrücke). Mit der Gründung der beiden deutschen Staaten, der Bundesrepublik Deutschland am 23. Mai 1949 und der Deutschen Demokratischen Republik am 7. Oktober 1949, wurde die politische Spaltung Deutschlands, die bis zur (Wieder-)Vereinigung 1990 dauern sollte, auch formell vollzogen. Am 15. September 1949 wurde Konrad Adenauer (1876–1967) der erste Bundeskanzler der Bundesrepublik Deutschland, am 11. Oktober 1949 Otto Grotewohl (1894–1964) der erste Ministerpräsident der Deutschen Demokratischen Republik. Mit dem Mauerbau im August 1961 schloss die DDR die Grenze zum Westen.

Deutsche Kulturgüter als sowjetische Kriegsbeute

Russland hatte zu den Mitinitiatoren der in Kapitel 3 besprochenen Haager Landkriegsordnung von 1907 gehört. Dennoch war die Sowjetunion im Zusammenhang mit dem Zweiten Weltkrieg für umfangreiche Kunstbeutezüge in der von ihr besetzten Zone verantwortlich: Zwischen 1945 und 1947 transportierten die auf die Suche nach Kunstschätzen spezialisierten sogenannten Trophäenbrigaden der Roten Armee im Auftrag verschiedener russischer Ministerien und Institutionen über 2,5 Millionen Kulturgüter aus Deutschland in die Sowjetunion.

Dabei handelte es sich um Kulturgüter unterschiedlichster Provenienz: solche aus in der SBZ gelegenen Museen; solche aus Museen in den westlichen Zonen, die ihre Bestände im Osten ausgelagert hatten, um sie vor Kriegsschäden zu schützen; ebenfalls ausgelagertes NS-Raub- und Beutegut war ebenso darunter wie ausländisches Eigentum, das sich nach Kriegsende mehr oder minder zufällig in der SBZ befand. Hierfür ein Beispiel: 1936 hatte die Papyrussammlung der Österreichischen Nationalbibliothek 570 Fragmente zur Restaurierung nach Berlin geschickt; seit 1945 befinden sie sich als Teil der sowjetischen Kriegsbeute in der Eremitage von St. Petersburg.[77]

Die Kriegstrophäen sollten einerseits als Kompensation für die eigenen durch NS-Deutschland verursachten, auf rund 1,1 Millionen Objekte geschätzten Kulturgutverluste der sowjetischen Museen und Bibliotheken dienen – darunter das legendäre, 1941 von der Wehrmacht erbeutete und seit 1945 verschollene Bernsteinzimmer –, andererseits als Siegestrophäen ein von Josef Stalin (1878–1953) geplantes, nie realisiertes Museum der Weltkunst in Moskau bestücken. An eine Rückgabe der erbeuteten Kulturgüter dachten die Sowjets ursprünglich wohl nicht. Erst nach dem Tod Stalins 1953 und der Gründung des Warschauer Pakts 1955, also zehn Jahre nach Kriegsende, änderte sich dies. 1955 endete zudem die Besatzungszeit und die Sowjetunion erklärte die DDR zu einem souveränen Staat. Zwischen 1955 und 1958 restituierte die Sowjetunion einen Großteil der in Deutschland geraubten Kulturgüter an die DDR, zunächst nach Dresden (das über 600 000 Objekte erhielt, darunter Raffaels *Sixtinische Madonna*), dann nach Ost-Berlin (das rund eine Million Objekte bekam, darunter die Reliefs vom Pergamon-Altar), wobei sich unter den restituierten Kulturgütern auch solche befanden, die ursprünglich weder aus Dresden noch aus Berlin stammten. Die mit Ausstellungen in Moskau, Leningrad, Berlin und Dresden verbundene Rückgabe an die DDR wurde als «Fest der deutsch-sowjetischen Freundschaft» inszeniert, der Abtransport der Kulturgüter nach dem Krieg nachträglich als «Rettung» dargestellt.[78] Doch wie sich erst viel später zeigen sollte, wurden bei Weitem nicht alle als Kriegsbeute in die Sowjetunion translozierten Objekte in den 1950er-Jahren zurückgegeben.

Am 9. November 1990, dem ersten Jahrestag des Mauerfalls, unterzeichneten Deutschland und die Sowjetunion in Bonn den «Vertrag über gute Nachbarschaft, Partnerschaft und Zusammenarbeit», den der Deutsche Bundestag am 25. Mai 1991 ratifizierte. Er enthält folgenden Artikel 16, der auf Kriegsbeute gemünzt zu sein scheint: «Die Bundesrepublik Deutschland und die Union der Sozialistischen Sowjetrepubliken werden sich für die Erhaltung der in ihrem Gebiet befindlichen Kulturgüter der anderen Seite einsetzen. Sie stimmen darin überein, daß verschollene oder unrechtmäßig verbrachte Kunstschätze, die sich auf ihrem Territorium befinden, an den Eigentümer oder seinen Rechtsnachfolger zurückgegeben werden.»[79] Zu diesem Zeitpunkt wusste jedoch die Öffentlichkeit noch gar nichts von der großen Menge an deutscher Kriegsbeute in sowjetischen Geheimdepots, denn deren Existenz war spätestens seit 1948 Staatsgeheimnis. Vieles galt als Kriegsverlust, war verschollen. Darunter auch der legendäre *Schatz des Priamos*, den Heinrich Schliemann (1822–1890) 1873 bei seinen Ausgrabungen in Troja entdeckt, außer Landes geschmuggelt und über Griechenland und London nach Berlin gebracht hatte, wo er ab 1885 im Völkerkundemuseum, dem späteren Museum für Vor- und Frühgeschichte, präsentiert wurde. Ende Juni 1945 wurde er in einem Flugzeug von Berlin nach Moskau ins Puschkin-Museum gebracht. Über Jahrzehnte leugnete die sowjetische Seite den Besitz dieses Schatzes wie auch weiterer Beutekunst aus Deutschland. Es waren der ukrainische Kunsthistoriker Konstantin Akinscha und der russische Kunsthistoriker Grigori Koslow, die die Öffentlichkeit Anfang der 1990er-Jahre über die sowjetischen Geheimdepots in der Eremitage und im Puschkin-Museum informierten und weitere Forschungen zu diesem Thema anstießen.[80] Unter dem internationalen Druck gab Russland die Existenz solcher Depots schließlich zu. Am 25. Oktober 1994 konnten Mitarbeiter des Museums für Vor- und Frühgeschichte der Staatlichen Museen zu Berlin den *Schatz des Priamos* im Puschkin-Museum in Augenschein nehmen. Seit 1996 wird er in der ständigen Sammlung des Puschkin-Museums gezeigt. Nicht nur Deutschland, auch die Türkei fordert seine Rückgabe.[81]

Bis heute befinden sich in Russland noch folgende nach Kriegsende aus Deutschland geraubte Kulturgüter: rund 200 000 Kunstwerke von besonderer musealer Bedeutung, circa 4,8 Millionen Bücher sowie Archivgut im Umfang von drei Regalkilometern.[82] Das russische Parlament, die Duma, erließ am 15. April 1998 ein (zunächst wegen des Vetos des russischen Präsidenten aufgeschobenes, aber dann 1999 vom russischen Verfassungsgericht bestätigtes) Gesetz, das die von den «Trophäenkommissionen» offiziell in Deutschland beschlagnahmten Gegenstände für alle Zeiten zu russischem Staatseigentum erklärte – ein eklatanter Verstoß nicht nur gegen den Vertrag von 1990, sondern auch gegen geltendes Völkerrecht. Ausdrücklich nicht betroffen von diesem Gesetz sind private und kirchliche Sammlungen, Archive von Nazi-Gegnern, Kulturgüter anderer Staaten und individuelle Diebstähle von Soldaten. 2009 gab Russland 10 770 Aktenstücke, welche die Nationalsozialisten in Österreich beschlagnahmt hatten und von der Roten Armee in Deutschland erbeutet worden waren, an Österreich zurück.[83] 2012 erfolgte die Restitution von 977 Büchern aus dem 16. bis 18. Jahrhundert aus der österreichischen *Bibliotheca Esterhazyana*, die 1945 von der sowjetischen Armee von Österreich in die Sowjetunion verbracht worden waren und deren Rückgabe seit 1955 verhandelt wurde, an die Stiftung Esterhazy.[84]

Seit dem Duma-Gesetz hat Russland nur in Einzelfällen, in denen Ausnahmeregeln des Gesetzes griffen, Beutegut nach Deutschland zurückgegeben: so im Jahre 2000 101 Zeichnungen und Grafiken an die Kunsthalle Bremen. Diese hatte 1943 einige Bestände auf Schloss Karnzow nahe Kyritz in Brandenburg ausgelagert, um sie vor Kriegsschäden zu bewahren.[85] Kurz nach Kriegsende plünderten Angehörige der sowjetischen Armee und Einheimische aus dem Ort das Schloss. Die 101 Blätter waren 1993 anonym in der deutschen Botschaft in Moskau abgegeben worden. Sie fielen nicht unter das Duma-Gesetz, weil sie sich ein einzelner Soldat auf eigene Faust, nicht eine der offiziellen Trophäenkommissionen, angeeignet hatte, zudem befindet sich die Kunsthalle Bremen seit Gründung in privater Trägerschaft, weswegen ihre Kriegsverluste (von denen sich nach wie vor ein großer Teil in Russland befindet) juristisch Privateigentum sind. Außerdem von Russland restituiert wurden 2002 und 2008 gotische Kirchenfenster der Marienkirche in Frankfurt (Oder), die als kirchliches Eigentum ebenfalls nicht unter das Gesetz fielen.

Laut Aussage der Bundesregierung von 2018 ist die «Frage der Rückführung kriegsbedingt verbrachter Kulturgüter [...] regelmäßig Gegenstand der deutsch-russischen Regierungskonsultationen, die allerdings seit dem Jahr 2014 (Annexion der Krim) suspendiert sind».[86] Dessen ungeachtet bemühte man sich auf politischer wie auch auf fachlicher Ebene um einen Dialog. Von 2005 bis zum Beginn des Ukraine-Krieges 2022 gab es den Deutsch-Russischen Museumsdialog, der sich um die gemeinsame Erforschung der deutschen wie auch der russischen Kriegsverluste bemühte, zudem seit 2009 den Deutsch-Russischen Bibliotheksdialog. In dessen Rahmen kam es 2019 zum Abschluss eines Kooperationsvertrages zwischen der Deutschen Nationalbibliothek und der Russischen Staatsbibliothek, der auf die Digitalisierung und Erschließung der in Leipzig und Moskau bewahrten Bestände zielte. Auf diese Weise wurden die kriegsbedingt verstreuten Bestände im Internet virtuell wieder zusammengeführt.[87]

Sowjetische Besatzungszone (SBZ)

Kulturgutentziehungen in der SBZ und der DDR, also zwischen 1945 und 1990, gehören neben solchen während des Nationalsozialismus und des Kolonialismus zu den drei historischen Unrechtskontexten, in deren Rahmen Provenienzforschung aktuell vor allem stattfindet und diskutiert wird – wobei diese drei unterschiedlichen historischen Unrechte selbstverständlich nicht auf eine Stufe gestellt werden dürfen. Auch wenn es sich beim SBZ/DDR-Kontext (nur) um ein Kapitel der deutschen, speziell der deutsch-deutschen Geschichte handelt, so ist dessen angemessene Aufarbeitung im Hinblick auf die Beseitigung von Unrecht und nicht zuletzt auch für die Erinnerungskultur von großer Bedeutung. Insofern wäre zu wünschen, dass das Deutsche Zentrum Kulturgutverluste, das seit 2017 Projekte zur Grundlagenforschung in diesem Bereich unterstützt, auch hier die Voraussetzungen für Projektförderungen zur systematischen Prüfung von Beständen in öffentlichen Einrichtungen schaffen kann – analog zu den beiden anderen genannten Unrechtskontexten.

Rechtlicher Rahmen

Während es im Hinblick auf die Restitution kolonialer Kulturgüter keinerlei rechtliche Vorgaben und bezogen auf NS-Raubgut mit den *Washington Principles* wenigstens ein «soft law» gibt, existiert bezogen auf

SBZ/DDR-Unrecht sogar ein präziser, «harter» gesetzlicher Rahmen. Für Verlagerungs- und Entzugskontexte in der SBZ handelt es sich um das «Gesetz über die Entschädigung nach dem Gesetz zur Regelung offener Vermögensfragen und über staatliche Ausgleichsleistungen für Enteignungen auf besatzungsrechtlicher oder besatzungshoheitlicher Grundlage» vom 27. September 1994 (Bundesgesetzblatt I, S. 2624), kurz «EALG», das zuletzt durch Artikel 4 Absatz 38 des Gesetzes vom 22. September 2005 (Bundesgesetzblatt I, S. 2809) geändert wurde.[88] Dieses Gesetz, das sich nur auf das Gebiet der ehemaligen SBZ/DDR bezieht, ist zum Beispiel im Hinblick auf die Restitution von (im nächsten Abschnitt erläuterten) «Schlossbergungsgut» relevant. Für die Zeit der DDR greift das «Gesetz zur Regelung offener Vermögensfragen» vom 23. September 1990, kurz «VermG», in der Fassung der Bekanntmachung vom 9. Februar 2005 (BGBl. I, S. 205), das zuletzt durch Artikel 15 Absatz 33 des Gesetzes vom 4. Mai 2021 (BGBl. I, S. 882) geändert wurde.[89]

Bodenreform und «Schlossbergung»

Auf Befehl der sowjetischen Militäradministration in Deutschland wurde in den Ländern der SBZ in den Jahren 1945/46 eine Bodenreform durchgeführt, in deren Verlauf ab September 1945 alle land- und forstwirtschaftlichen Betriebe mit mehr als 100 Hektar Nutzfläche sowie das Eigentum von Kriegsverbrechern und -schuldigen (im Sinne der SBZ-Behörden), von Mitgliedern der NSDAP, der Reichs- und Landesregierungen sowie des Reichstags entschädigungslos enteignet wurden. Betroffen waren etwa 12 000 land- und forstwirtschaftliche Betriebe.[90] Nicht nur der Grund und Boden, auch die «Gebäude auf den Ländereien, die Schlösser, Herren- und Gutshäuser mitsamt ihrer Ausstattung waren [...] Gegenstand der Enteignung. [...] Auf Kunstwerke und Antiquitäten zielte die Bodenreform eigentlich gar nicht, diese waren eher ein willkommener ‹Beifang›, der sich ökonomisch verwerten ließ.»[91] Allein im Land Sachsen wurden 1155 Schlösser, Guts- und Herrenhäuser nebst ihren mobilen Wohnungsausstattungen, Archiven, Bibliotheken und Kunstsammlungen enteignet.[92]

Beteiligt daran waren Experten aus Museen, Archiven und Bibliotheken, die als Sachverständige die jeweiligen Bestände zu begutachten hatten. In diesem Personenkreis wurde wohl auch um 1945/46 in Sachsen der Begriff «Schlossbergung» geprägt, der die merkwürdige Ambivalenz des Vorgangs spiegelt: Etwas zu bergen bedeutet, es zu retten, in Sicherheit zu bringen. Tatsächlich gelangten zahlreiche der kulturgeschichtlich bedeutenden enteigneten Kulturgüter in die Obhut der Museen (für die sich damit eine willkommene Möglichkeit bot, eigene Kriegsverluste auszugleichen) und konnten so vor dem Verkauf gerettet und der Öffentlichkeit erhalten werden. Gleichzeitig handelt es sich zweifellos um eine Form der Enteignung, die unter das oben genannte Ausgleichsleistungsgesetz von 1994 fällt. Auf dieser Grundlage haben allein die Staatlichen Kunstsammlungen Dresden in den letzten Jahren mehr als 3600 Werke aus den «Schlossbergungen» (nicht eingerechnet die Rückgaben an das ehemalige sächsische Königshaus Wettin) an die Bodenreformopfer oder deren Rechtsnachfolger restituiert, wobei dieser Prozess noch nicht abgeschlossen ist. Im Folgenden sei eine Restitution vorgestellt, die bemerkenswerterweise durch ein Museum in Westdeutschland vorgenommen wurde – obwohl dafür keinerlei Verpflichtung bestand, stellt sich die Frage der Restitution von «Schlossbergungsgut» auf Grundlage des Ausgleichsleistungsgesetzes rein rechtlich, wie oben erwähnt, doch nur für Museen auf dem Boden der ehemaligen SBZ/DDR.

Fallbeispiel 7: Ein Meißener Porzellanteller aus sächsischem Adelsbesitz

Der Meißener Porzellanteller mit Schmetterlings-Dekor (Tafeln 12 und 13) hat eine bewegte Geschichte.[93] Er gehörte einst zum Tafelservice der Grafen Vitzthum von Eckstädt, deren Schloss Schönwölkau bei Leipzig 1945 zunächst von der Roten Armee in Besitz genommen und dann im Zuge der Bodenreform enteignet wurde. Das Speiseservice verblieb aber zunächst im Schloss. Es wurde, zusammen mit anderen Kulturgütern, erst am 16. Januar 1951 in das Schlossbergungsdepot Moritzburg in Halle transportiert. Dabei erfolgte die Inventarisierung der Objekte mit Wö (für Wölkau = Schloss Schönwölkau), römischer Ziffer, Großbuchstaben und arabischer Ziffer. Wohl über den Kunsthandel gelangte der Teller an den Düsseldorfer Industriellen Ernst

Schneider (1900–1977), der seine bedeutende Privatsammlung von Meißener Porzellanen aus dem 18. Jahrhundert am 12. Dezember 1968 dem Freistaat Bayern übergab. Dieser präsentiert die Kollektion seit 1971 auf Schloss Lustheim, einem Zweigmuseum des Bayerischen Nationalmuseums. Die Unterseite des Tellers (Tafel 13) weist neben den beiden in Unterglasurblau aufgetragenen gekreuzten Schwertern – der charakteristischen Marke der Meißener Porzellanmanufaktur – zwei Provenienzmerkmale auf: zum einen die in Schwarz aufgeklebte Inventarnummer des Bayerischen Nationalmuseums zur Sammlung Ernst Schneider («ES 1218»), zum anderen die handschriftlich mit roter Farbe deutlich sichtbar aufgetragene Sigle «Wö I, C 199». Letztere weist das Objekt eindeutig als ehemaligen Teil des Vitzthum'schen Familienservices aus. Am 4. Dezember 2015 erfolgte die Restitution des Tellers an die Erben der Alteigentümer.

Ergänzend sei angemerkt, dass die Stadt Düsseldorf im März 2021 einen weiteren Meißener Porzellanteller mit Schmetterlingsdekor, der aus demselben Vitzthum'schen Familienservice stammte und ebenfalls über die Sammlung Ernst Schneider in Museumsbesitz gelangt war, an die Erben restituierte.[94]

Unrechtmäßiger Entzug von Kulturgütern in der DDR – Aktion «Licht»

Das Ministerium für Staatssicherheit – in der DDR eine Art Nachrichtendienst und Geheimpolizei zugleich und entsprechend in der Bevölkerung als «Stasi» weithin gefürchtet – führte im Januar 1962 eine landesweite Geheimoperation durch, die sogenannte Aktion «Licht».[95] Dabei wurden in nahezu allen Banken der DDR heimlich Panzerschränke, Wertpapierdepots, Schließfächer und Safes geöffnet, die seit langer Zeit verschlossen waren und zu denen es keinen Eigentumsnachweis gab oder deren Eigentumsverhältnisse die Staatssicherheit bewusst ignorierte. Ziel war laut einem vertraulichen Schreiben des Ministers für Staatssicherheit, Erich Mielke (1907–2000), vom 20. Dezember 1961, «die Ermittlung und Sicherstellung der bisher nicht ordnungsgemäß erfassten Wertgegenstände, die gesellschaftliches Eigentum sind». Im Rahmen der Aktion wurden Schmuck, Silberbesteck, Uhren, Gemälde,

Porzellan, Briefmarkensammlungen und kostbare Autografen, aber auch Aktien, Lebensversicherungen und Sparbücher konfisziert – darunter mit großer Wahrscheinlichkeit auch rechtmäßig erworbenes Eigentum von NS-Opfern, Gegenstände «längst verstorbener bzw. durch Kriegsereignisse verschollener» und «republikflüchtiger Personen». Im Oktober 1962 wurde die Beute des staatlichen Raubzugs dem Finanzministerium der DDR übergeben, die Auflistung nennt einen Gesamtwert von rund 2,37 Millionen DM. Die Objekte wurden auf unterschiedliche Art verwertet und zu Geld gemacht. Die euphemistische Bezeichnung Aktion «Licht» wurde von der Staatssicherheit sicher mit Bedacht gewählt, weil sie positive Assoziationen auslöst – etwa Licht ins Dunkel bringen.

Enteignungen wie jene im Rahmen der Aktion «Licht» sowie Aufforderungen an die Museen, Werke «freiwillig» abzugeben, dienten dem Staat vorwiegend dazu, Kulturgüter wie Antiquitäten, Kunstwerke und Bücher zu erlangen, die er gegen frei konvertierbare Devisen in den Westen verkaufen konnte. Dazu wurde 1966 als Bereich des DDR-Handelsministeriums die «Kommerzielle Koordinierung (KoKo)» eingesetzt. Deren 1973 eingerichtete Untergliederung «Kunst & Antiquitäten GmbH» bildete ein landesweites Netz zur Beschaffung aus.[96] Hier tun sich Forschungsfelder für die Zukunft auf, die von in jüngerer Zeit erschlossenen Archivbeständen profitieren können.[97]

Zusammenfassend kann man sagen, dass es in der DDR ein breites, erst in Ansätzen aufgearbeitetes Spektrum an unrechtmäßigen Kulturgutentziehungen – und -transfers aus Privatbesitz gab: unter Druck erfolgte Ankäufe des Staatlichen Kunsthandels der DDR oder der «Kunst und Antiquitäten GmbH», Einziehungen von Besitztümern von Geflüchteten oder legal Ausgereisten oder auch von Kunst- und Antiquitätenhändlern sowie Privatsammlern unter systematischem Missbrauch des Steuerrechts – und vieles mehr. Nach heutiger juristischer Einschätzung reichen die Entzugsformen «von legal über scheinlegal bis zu grob rechtsstaatswidrig. Häufig war das Vorgehen der DDR-Behörden dabei von Willkür und Machtmissbrauch geprägt. Entsprechend kompliziert ist die Bewertung derartiger Fälle durch die Provenienzforschung in den Museen.»[98] Objekte mit entsprechenden Provenienzen befinden sich nicht nur in Sammlungen auf dem Gebiet der ehemaligen DDR, sondern sie wurden auch gegen Devisen auf dem internationalen Kunstmarkt verkauft. Die daraus resultierenden juristischen wie auch moralisch-ethischen Fragen sind also grenzübergreifend von Interesse.

6. AUSBLICK: DER *PROVENANCIAL TURN* ODER WARUM WIR IN DEN MUSEEN MEHR TRANSPARENZ HINSICHTLICH DER HERKUNFT DER OBJEKTE BRAUCHEN

Ohne Provenienz gehts nicht mehr.

Sebastian Preuss 2022[1]

Provenienzforschung hat Konjunktur. Aber wird das auch noch in 20, 50 oder 100 Jahren der Fall sein? Ich meine ja! Wir erleben derzeit zweierlei: Zum einen steht das Museum, wieder einmal, als Institution vor großen Herausforderungen, werden unterschiedlichste Erwartungen an es herangetragen. Es ist angehalten, auf gesellschaftliche Entwicklungen zu reagieren und sich zu positionieren, um auch in Zukunft ein kulturell relevanter Ort zu bleiben. Globalisierung, Digitalisierung, Nachhaltigkeit, Diversität, Migration – all das sind Themen, die das Museum nicht nur tangieren, sondern denen es sich offensiv stellen sollte. Wie kann der westlich und männlich geprägte Kanon korrigiert, das Museum insgesamt offener, vielstimmiger, diverser, inklusiver werden? Was bedeutet die vielfach erhobene Forderung nach der Dekolonisierung des Museums – und zwar nicht nur des ethnologischen – konkret? Das gewandelte Selbstverständnis und der neue Anspruch an Museen im 21. Jahrhundert spiegeln sich auch darin, dass der *International Council of Museums (ICOM)* 2016 eine – international kontrovers diskutierte – Überarbeitung der Museumsdefinition eingeleitet hat.

Zum anderen erleben wir gegenwärtig eine Wende hin zur Provenienz als neuem Paradigma in den Kultur- und Geisteswissenschaften (*provenancial turn*). Willibald Sauerländer (1924–2018) erkannte schon vor über 35 Jahren ein Desiderat: «Die Museen sind voll von Bildern, deren ursprünglicher Standort unbekannt ist und hier wartet auf die Forschung noch eine riesige, auch für die spätere Deutung fundamentale Aufgabe.»[2] Bereits vor über 20 Jahren konnte man dann einer Publikation der *American Association of Museums* entnehmen, dass Provenienzforschung zu einem Anliegen vieler Menschen innerhalb und außerhalb des Museumswesens geworden ist.[3] Seither hat die Provenienzforschung nicht nur unter Kunsthistorikern zunehmend Aufmerksamkeit und Anerkennung erfahren, sondern auch in der breiten Öffentlichkeit, die über die Herkunft und Geschichte der Objekte in den Museen informiert werden möchte. Und dies zu Recht! Und wohl nicht zufällig in einer Zeit, in der uns das Wissen um die Herkunft unserer Nahrung und Konsumgüter allgemein wichtiger geworden ist: Woher kommt unser Fleisch (oder Soja), woher das Holz für das Parkett und die Möbel, wie sehen die Lieferketten für unsere Kleidung aus?

Wenn ein Museum, wie Niklas Maak in der FAZ vom 30. Dezember 2021 schreibt, ein Ort ist, «an dem eine Gesellschaft ihr Selbstbild und ihre Idee von Kultur verhandelt», und wenn das Erinnern an die Geschichte Teil unseres Selbstbildes, Teil unserer kulturellen Identität ist, dann gehören die Rechenschaft über das historische Gewordensein der Sammlungsbestände, die Rechenschaft über die Herkunft der Exponate, das Wissen also um ihre Provenienz (und dann eben auch der transparente Umgang damit), zwingend dazu. Diese Erkenntnis steht heute außer Frage.

Deswegen wird es künftig verstärkt darum gehen, innovative Wege zu finden, um im Museum genau diese Transparenz herzustellen. Transparenz meint hier Offenlegung in gleich mehrfacher Hinsicht: Wer erzählt aus welcher Perspektive aus welchen Gründen über welchen Gegenstand welchem Publikum welche Geschichte? Aber eben auch: Woher kommen die Bestände, welche Geschichte haben sie? Auch wenn ich hier nur vom Museum spreche, so betrifft dies ebenso andere kulturgutbewahrende Institutionen wie Bibliotheken und Archive.

Wenn die These vom *provenancial turn* zutrifft, wird er die universitäre Kunstgeschichte ebenso wie die praktische Museumsarbeit tiefgreifend und nachhaltig verändern. Wohin das führen wird, ist aktuell noch nicht absehbar. Fest steht indes eines: Das zukünftige Entwicklungspotenzial der Provenienzforschung, es ist noch längst nicht ausgeschöpft.

ANHANG

ANMERKUNGEN

Sämtliche Links in diesem Band wurden am 13. Juni 2022 letztmalig abgerufen.

1. Einleitung: Was heißt und zu welchem Ende betreibt man Provenienzforschung?

1 Donath 1925, S. 150.
2 Diese Einleitung stützt sich in Teilen auf Zuschlag 2019a und 2021b.
3 Aus Gründen der besseren Lesbarkeit wird im vorliegenden Band das generische Maskulinum verwendet, das alle Geschlechter einschließt.
4 Vgl. zum Konzept der *Biographies of Objects* bzw. Objektbiografien Boschung/Kreuz/Kienlin 2015.
5 Vgl. hierzu Cooke 2020.
6 https://icom-deutschland.de/images/Publikationen_Buch/Publikation_5_Ethische_Richtlinien_dt_2010_ komplett.pdf (§ 2.3, § 2.20 und § 4.5).
7 Vgl. zum Folgenden: http://www.kulturgutschutz-deutschland.de/SharedDocs/Downloads/DE/HandreichungKGSG.pdf?__blob=publicationFile&v=2. Vgl. aus der Perspektive des Kunsthandels den Band Interessengemeinschaft Deutscher Kunsthandel 2021.
8 Vgl. zu den unterschiedlichen Phasen der Rückgabe jüdischen Eigentums Goschler 2008, zur Geschichte der aktuellen Provenienzforschung Bambi 2021, Hartmann 2016, Lupfer 2020 und Schneede 2019.
9 Vgl. zuletzt von Pufendorf 2018.
10 Vgl. zur «Zäsur Gurlitt» Baresel-Brand 2018 und Berggreen-Merkel 2015, S. 131–134.
11 https://www.kulturgutverluste.de/Webs/DE/Stiftung/Aufgaben/Index.html.
12 Mit diesem Begriff sind Kulturgüter aller Art gemeint, die im Zusammenhang mit kolonialen Herrschaften in (überwiegend) westliche Sammlungen gelangt sind. Vgl. hierzu Kapitel 5.
13 http://restitutionreport2018.com/sarr_savoy_fr.pdf. Vgl. die deutsche Übersetzung: Sarr/Savoy 2019.
14 Auf diesen Begriff komme ich in Kapitel 5 zurück.
15 Lippert 2018, S. 213.
16 Vgl. Zuschlag 2019a.

2. Von der legendarischen Provenienz zur historisch-kritischen Provenienzangabe

1 Im Folgenden beziehe ich mich auf Cordez 2015.

2 Ebd., S. 58.

3 Vgl. zu mittelalterlichen Reliquiensammlungen sowie zu Heiltum und Schau Angenendt 1997, S. 158-162 sowie speziell zu den Heiltumsbüchern Cárdenas 2013.

4 Meier 2020, S. 89 f. Vgl. zu der Säule ausführlich Tuzi 2002.

5 Vgl. Meier 2020, S. 89.

6 Nachweislich erfunden wurde die Provenienz eines im 13. Jahrhundert in Italien gefertigten Tafelkreuzes, das sich im Markusdom in Venedig befindet. Eine spätere Chronik behauptet nämlich, es sei 1204 in der Hagia Sophia in Konstantinopel geraubt worden. Diese (vermeintliche) Herkunft galt als besonderes Gütesiegel und diente dazu, dem Objekt die Aura eines wunderfähigen Kultbildes zu verleihen. Vgl. Belting 1990, S. 221–224.

7 Grundlegend zur Geschichte der Ausgrabungen in Rom und der römischen Antikensammlungen ist Lanciani 1989–2002. Für eine aktuelle Publikation zu den berühmten *Marmi Torlonia*, in der 600 Jahre Rezeptionsgeschichte römischer Skulpturen nachgezeichnet werden, vgl. Settis/Gasparri 2020.

8 Vorster 2018, S. 464.

9 von Schlosser 1908, S. 23.

10 Minges 1998, S. 20. Das Inventar wurde publiziert von Guiffrey 1894–1896. Vgl. zu Robinet d'Estampes auch Meiss/Off 1971 und zum Folgenden Hartmann 2008.

11 Minges 1998, S. 21.

12 Zit. nach Thiemann/Hübner 2015, S. 13 f. Vgl. auch Knaus 2016, S. 28; Tschetschik-Hammerl 2018, S. 20, Anm. 31.

13 Vasari 2020, S. 66 f. Der Originaltext unter: http://vasari.sns.it/cgi-bin/vasari/Vasari-all?code_f=print_page&work=le_vite&volume_n=4&page_n=189.

14 Ebd., S. 67. Der Originaltext unter: http://vasari.sns.it/cgi-bin/vasari/Vasari-all?code_f=print_page&work=le_vite&volume_n=4&page_n=190.

15 Zit. nach Scherner 2012/13, S. 71. Vgl. ebd., S. 65. Vgl. ferner Fey 2019, S. 104. Der Bericht Gerschows über den Besuch in der Münchner Kunstkammer vom 26. August 1603 ist abgedruckt bei Sauerländer 2008b, S. 369 f.

16 Vgl. Hunger 1928.

17 Vgl. zu Inventaren, Katalogen und Galeriewerken grundlegend Ketelsen 1990 und 2005; Bähr 2009 und 2015; Krause 2005; Penzel 2007; Schürmann 2018, S. 39–105; Seelig 2001.

18 Zit. nach Diemer 2011, S. 80. Vgl. Ketelsen 1990, S. 138.

19 Zit. nach Diemer 2011, S. 82. Vgl. Ketelsen 1990, S. 138.

20 Damit ist wohl der zwischen 1525 und 1533 auf den Ruinen des antiken Marcellus-Theaters errichtete, Baldassare Peruzzi (1481–1536) zugeschriebene Palazzo Savelli gemeint.

21 Dabei handelt es sich um Camillo Francesco Maria Pamphilj (1622–1666) aus dem berühmten umbrischen Adelsgeschlecht der Pamphilj.

22 Félibien 1677, S. 7, Nr. X: https://digital.staatsbibliothek-berlin.de/werkansicht?PPN=PPN684228122&PHYSID=PHYS_0013&DMDID=DMDLOG_0001; vgl. Bähr 2009, S. 42–75 und Bähr 2015, S. 81. Die Schenkung an König Ludwig XIV. erfolgte 1665; vgl. Foucart-Walter 2007, S. 160.

23 Bähr 2009, S. 75.

24 Vgl. Krause 2019.

25 Vgl. zum Folgenden Huemer 2019 und Raux 2012.

26 Vgl. zu Pierre Crozat und dem *Recueil Crozat* Haskell 1993, S. 18–64; Bähr 2009, S. 102–135 und Bähr 2015, S. 85; Krause/Niehr/Hanebutt-Benz 2005, Kat.-Nr. 63.

27 Vgl. Raux 2012, S. 88.

28 «On a ajousté à ces Vies une description succincte des Tableaux & des Desseins dont on donne les Estampes suivies des noms de ceux qui les ont successivement possedez, pour en établir & constater plus autentiquement l'originalité.» *Mercure de France*, Mai 1728, S. 1006: https://books.google.fr/books?id=pntQAAAAYAAJ&printsec=frontcover&hl=de&source=gbs_ge_summary_r&cad=0#v=onepage&q&f=false.

29 Huemer 2017, S. 53. Vgl. Hoet 1752. Das hier reproduzierte Exemplar im Getty Research Institute war ehemals, wie die beiden Stempel links belegen, eine Dublette in der Kunsthalle Hamburg. Außerdem enthält das Buch zwei Exlibris, darunter eines von Carl Georg Heise (1890–1979), Direktor der Hamburger Kunsthalle von 1945–1955.

30 Vgl. Joullain 1783.

31 Baudrillard 2007, S. 99. Die französische Originalausgabe erschien 1968. Vgl. Raux 2012, S. 86.

32 Vgl. Lehninger 1782.

33 Penzel 2007, S. 135.

34 Es befindet sich heute unter dem Titel *Heilige Familie mit Johannesknaben* im Kunsthistorischen Museum Wien.

35 Zit. nach Penzel 2007, S. 159.

36 Hartmann 2008, S. 8. Vgl. zu Joseph Rosas und Christian von Mechels Wirken an der kaiserlichen Galerie in Wien Lechner 2011. An dieser Stelle nur erwähnt sei das *Inventaire générale du musée Napoléon* von 1810, das ebenfalls die Herkunft der Werke verzeichnete; vgl. hierzu ausführlich Savoy 2013.

37 Vgl. für einen Überblick zur Geschichte des Kunstmuseums in Deutschland Sheehan 2002, speziell zur Frühgeschichte im 18. Jahrhundert Savoy 2015.

38 Vgl. Wolter-von dem Knesebeck 2018.

39 Vgl. Dilly 1979, S. 237–248.

40 Villot 1849, S. IX f.

41 Penzel 2007, S. 289.

42 Kunst-Chronik, 2. Jg., 1867, Heft 22 (27. September 1867), S. 186, https://digi.ub.uni-heidelberg.de/diglit/kunstchronik1867/0191. Auf den Seiten der Universitätsbibliothek Heidelberg stehen die Jahrgänge 1 (1866) bis 29 (1918) als Digitalisate zur freien Verfügung. Durch Bearbeitung mit automatischer Texterkennung (OCR) entstanden durchsuchbare Volltexte: https://digi.ub.uni-heidelberg.de/diglit/kunstchronik.

43 Kunst-Chronik, 3. Jg., 1868, Heft 7/8 (31. Januar 1868), S. 55–58, hier S. 57, https://digi.ub.uni-heidelberg.de/diglit/kunstchronik1868/0056.

44 Kunst-Chronik, 8. Jg., 1873, Heft 9 (13. Dezember 1872), Sp. 141–146, hier Sp. 143 https://digi.ub.uni-heidelberg.de/diglit/kunstchronik1873/0076.

45 von Eitelberger 1874, S. 41. Vgl. Penzel 2007, S. 295.

46 Fuchsgruber 2020, S. 150.

47 Vgl. Keazor 2015, S. 233–246. Vgl. darüber hinaus zum Fall Beltracchi, dem vermutlich größten Kunstfälscherskandal der deutschen Nachkriegsgeschichte, aber auch zum Thema Kunstfälschung allgemein Butin 2020, Hirsch 2016 und Koldehoff/Timm 2013.

48 Wölfflin 1908, S. 51.

49 Vgl. Passavant 1839/1858 und hierzu Hellwig 2005, S. 68–71.

50 Prange 2007, S. 156.

51 Vgl. Lugt 1921 (1956).

52 «Sans les marques qui, sur les dessins et les estampes, en trahissent la provenance, il serait téméraire de risquer une étude […] les belles pièces sans aucune marque sont comme des enfants trouvés. Par contre, les belles pièces qui portent des indications de leur provenance sont comme parées de titres de noblesse […].» http://www.marquesdecollections.fr/introduction.cfm.

53 Vgl. https://www.fondationcustodia.fr/Collection.

54 http://www.marquesdecollections.fr/.

55 Vgl. Lugt 1938–1987.

56 Lugt 1938, S. III. Vorwort online unter: http://www.marquesdecollections.fr/introduction.cfm.

57 Donath 1923, S. 19 f.

58 Donath 1925, S. 150 f.

59 Ebd., S. 168.

60 Ebd, S. 166.

61 Luz 1931, S. 262.

62 Vgl. zum Folgenden Huemer 2019, S. 8–11.

63 Vgl. die Sammelrezension zu mehreren, zwischen 1992 und 1998 publizierten Bänden von Francis Haskell in der Frankfurter Allgemeinen Zeitung vom 25. Juli 1998.

64 Vgl. https://www.getty.edu/research/tools/provenance/search.html.

65 Vgl. https://www.arthistoricum.net/themen/portale/german-sales/about. Vgl. Huemer 2017. Im Rahmen von *German Sales* werden auch historische deutschsprachige Zeitschriften zum Kunsthandel digitalisiert und im Volltext bereitgestellt, darunter *Die Kunstauktion*, *Die Weltkunst* und die *Internationale Sammlerzeitung*. Vgl. https://www.arthistoricum.net/themen/portale/german-sales/zeitschriften-kunsthandel.

66 https://idw-online.de/de/news771849.

67 Vgl. zu einer möglichen digitalen Zukunft der Provenienzforschung Newbury/Lippincott 2019.

3. Translokation von Kulturgütern

1 Nach Pomian 2020, S. 32, stieg die Anzahl der Museen zwischen 1960 und 2010 weltweit von 10 000 auf 80 000 an.

2 https://www.si.edu/newsdesk/factsheets/smithsonian-institution-fact-sheet.

3 https://www.preussischer-kulturbesitz.de/ueber-uns/einrichtungen/staatliche-museen-zu-berlin/.

4 Sauerländer 2008a, S. 136.

5 Vgl. die Webseiten der Beauftragten der Bundesregierung für Kultur und Medien: http://www.kulturgutschutz-deutschland.de/DE/Home/home_node.html sowie des UNESCO-Welterbezentrums: http://whc.unesco.org/en/. Vgl. zum Folgenden ferner Irmscher 2007, S. 15–20; Reichelt 1992; Schoen 2013; Strobl 2018; Stumpf 2003, S. 46–71; Turner 1991, S. 48–73.

6 Erwähnt sei hier der 1889 erschienene Antikriegsroman «Die Waffen nieder!», der in viele Sprachen übersetzt und in zahlreichen Auflagen verbreitet wurde. Er stammt aus der Feder der österreichischen Schriftstellerin und Friedensaktivistin Bertha von Suttner (1843–1914), die 1899 an den Vorbereitungen zur Ersten Haager Friedenskonferenz beteiligt war und 1905 als erste Frau mit dem Friedensnobelpreis ausgezeichnet wurde.

7 Beide Zitate sind entnommen aus: https://www.1000dokumente.de/index.html?c=dokument_de&dokument=0201_haa&object=translation&l=de. Vgl. auch Dolezalek/Savoy/Skwirblies 2021, S. 238–242.

8 Vgl. DaCosta Kaufmann/Dossin/Joyeux-Prunel 2015; Fennetaux/Miller-Blaise/Oddo 2020; Mayer/Tammaro 2018.

9 http://www.translocations.net/projekt/.

10 Vgl. https://translanth.hypotheses.org/ https://transliconog.hypotheses.org/. Vgl. die aus dem Projekt hervorgegangenen Publikationen Dolezalek/Savoy/Skwirblies 2021, Lagatz/Savoy/Sissis 2021 und Savoy/Bodenstein/Lagatz 2022.

11 https://www.transcultaa.eu/wp-content/uploads/2019/04/TransCultAA_Flyer_DE.pdf. Vgl. Fuhrmeister/Wedekind/Tischner 2017.

12 Vgl. zum Folgenden die Sammelbände Dittmeyer/Hommers/Windmüller 2015 und Kaspar 2007 sowie auch Meier 2020, S. 165–171.

13 Seit 1907 ist es Teil des dortigen Norwegischen Freilichtmuseums Norsk Folkemuseum.

14 Vgl. Meier 2020, S. 15.

15 Vgl. Meier 2020, S. 53 f. und zur Antikenrezeption im Aachener Dom Markschies 2018.

16 Zit. nach Treue 1957, S. 199. Vgl. Steck 1961, S. 54.

17 Eine Geschichte der Translokationen von Kulturgütern kann an dieser Stelle nicht geschrieben werden. Einen historisch-systematischen Abriss bietet Wolf 2010.

18 Eine der ältesten Studien zum Kunstraub stammt von Treue 1957, eine der jüngsten von Tompkins 2018. Vgl. auch den Sammelband Schade/Fliedl/Sturm 2000 sowie Wolf 2010.

19 Zit. nach Güttler 2010, S. 10. Vgl. Dolezalek/Savoy/Skwirblies 2021, S. 323–328.

20 Potin 2010, S. 91.

21 Stumpf 2003, S. 39. Vgl. zur juristischen Betrachtung von Beutekunst auch Anton 2010, S. 273–400.

22 Vgl. für einen aktuellen Überblick Künzl 2019.

23 Vgl. https://translanth.hypotheses. org/ueber/chronik-p.

24 Vgl. Dolezalek/Savoy/Skwirblies 2021, S. 29–35.

25 Vgl. hierzu Künzl 2019, S. 102–114.

26 Wescher 1976, S. 16 f.

27 Vgl. Dolezalek/Savoy/Skwirblies 2021, S. 42–47; Künzl 2019, S. 130–134.

28 Seit 1982 stehen dort Kopien, die Originale werden im Museum von San Marco aufbewahrt. Vgl. zur Geschichte der Pferde von San Marco Künzl 2019, S. 13–19.

29 Vgl. zu Halberstadt Dolezalek/Savoy/Skwirblies 2021, S. 48–53.

30 Vgl. zum Folgenden Savoy 2011a; Savoy/Potin 2010; Wescher 1976.

31 Vgl. Foulon 1999.

32 Savoy 2011b, S. 75.

33 Potin 2010, S. 91.

34 Ebd., S. 97.

35 Treue 1957, S. 270.

36 Vgl. hierzu ausführlich bereits Mackay Quynn 1945, S. 446–460; Treue 1957, S. 253–271.

37 Um hier nur ein Beispiel anzuführen: Ein Erlass des französischen Innenministers im Jahre 1801 hatte verfügt, dass in 15 Städten Frankreichs Museen gegründet und aus dem Bestand des «Musée Central» (des späteren Musée Napoléon) im Louvre mit Bildern versorgt werden sollten. Neben Lyon, Bordeaux, Straßburg, Brüssel und Genf gehörte auch Mainz, die östliche Bastion

der französischen Republik und Hauptstadt des neuen Departements «Mont Tonnerre», zu den auserwählten Städten. Die sogenannte französische Schenkung, Geburtsstunde des heutigen Landesmuseums Mainz, traf 1803 ein. Von den 36 Gemälden sind 32 noch heute im Bestand des Museums vorhanden. Sie stammten ursprünglich aus Museen, Sammlungen und Kirchen in Frankreich, Italien, Deutschland, Belgien und den Niederlanden, wo sie durch die französischen Revolutionsarmeen beschlagnahmt worden waren. Vgl. hierzu Paas/Mertens 2003.

38 Vgl. Savoy 2011a, S. 279–302.

39 Vgl. Kott 1998; Roolf 2017.

40 Vgl. Clemen 1919. Vgl. zum Folgenden Zuschlag 2021a.

41 Bonnet 2018, S. 143.

42 Vgl. zu Franziskus Graf Wolff Metternich zur Gracht ausführlich Heyer 2019 und Langbrandtner/Heyer/Peyronnet-Dryden 2021.

43 Vgl. Chapuis/Kemperdick 2015, S. 11.

44 Vgl. zum Folgenden https://www.ulb.uni-bonn.de/de/aktuelles-ulb/rueckfuehrung-verlorener-buecher sowie ausführlich Schaper/Herkenhoff 2020.

45 Kleinere Collecting Points richteten die Amerikaner in Wiesbaden, Offenbach am Main und Marburg ein, die Briten unterhielten einen «Zonal Fine Arts Repository» in Celle.

46 Vgl. Lauterbach 2015. Für einen Überblick über die Verlagerung, Auffindung und Rückführung von Kulturgütern im Zweiten Weltkrieg siehe Hartmann 2007.

47 Schwarz 2017, S. 23. Der *Genter Altar* spielt auch eine Schlüsselrolle im 2014 in die Kinos gekommenen Spielfilm *The Monuments Men* von und mit George Clooney, der den amerikanischen Kunstschutzoffizieren in Europa ein Denkmal setzt. Zum ebenfalls bewegten Schicksal des *Genter Altares* im Ersten Weltkrieg vgl. Rößler 2014.

48 Hierzu nach wie vor grundlegend Zuschlag 1995; eine aktuelle Zusammenfassung (unter Einbeziehung der Exilthematik) bei Zuschlag 2020a sowie Zuschlag 2022c.

49 Vgl. das Gesamtverzeichnis der 1937 in deutschen Museen beschlagnahmten Werke der Aktion «Entartete Kunst»: https://www.geschkult.fu-berlin.de/e/db_entart_kunst/index.html.

50 Von den insgesamt 1566 Positionen des Kunstbesitzes von Cornelius Gurlitt werden 407 der «Verdachtsgruppe ‹Entartete Kunst›» zugeordnet; vgl. Baresel-Brand 2020, S. 14 und https://www.kulturgutverluste.de/Webs/DE/Projekt-Gurlitt/Provenienzrecherche-Gurlitt/Arbeitsergebnisse/Index.html. Vgl. ferner https://www.fu-berlin.de/presse/informationen/fup/2018/fup_18_236-gurlitt-sammlung/index.html.

51 Für eine äußerst kritische Stimme vgl. Remy 2017. Nachdem die Anwälte Gurlitts Beschwerde gegen die Beschlagnahme eingelegt hatten, hob die Staats-

anwaltschaft Augsburg sie kurz vor dem Tod Gurlitts am 6. Mai 2014 auf, was als juristischer Sieg für Gurlitt gewertet wurde. Vgl. zum Kunstbesitz Gurlitt Baresel-Brand/Bahrmann/Lupfer 2020 und Lulińska 2017.

52 Vgl. hierzu Damaschun/Schmitt 2019. Die Wissenschaft staunte nicht schlecht, als sich 2022 herausstellte, dass Humboldt 1801 aus dem südamerikanischen Dschungel auch ein kleines gelbes Beuteltier mit schwarzen Punkten und sehr langem Schwanz mitgebracht hatte. Er konnte jedoch damals nicht ahnen, dass er als Erster das Marsupilami entdeckt hatte; vgl. Flix 2022.

53 Vgl. Splettstößer 2019, S. 79.

54 Ebd., Anm. 97.

55 Vgl. für einen Kompromissvorschlag aus juristischer Sicht, der eine Aufteilung der Objekte vorsieht, Schmidt-Gabain 2019. Vgl. zu den *Elgin Marbles* auch Dolezalek/Savoy/Skwirblies 2021, S. 155–161, S. 169–177 und S. 394–400.

56 Vgl. http://www.museo-on.com/go/museoon/home/db/archaeology/_page_id_550/_page_id_11.xhtml.

57 Vgl. https://www.bz-berlin.de/artikel-archiv/nofretete-bleibt-eine-berlinerin. Vgl. zur Nofretete auch Lembke 2021, S. 27–34; Savoy 2011c und Wedel 2011 sowie aus juristischer Sicht Anton 2010, S. 1260–1266.

58 Vgl. Anton 2010, S. 1256–1259. Vgl. zu den (zum Teil illegalen) Berliner Erwerbungen archäologischer Objekte aus dem Mittelmeerraum im frühen 20. Jahrhundert Puritani/Maischberger/Sporleder 2022.

59 Vgl. Ohlsberg 1958, Kat.-Nr. B 96 f.

60 Vgl. zum Central Collecting Point Wiesbaden Bernsau 2013 und 2020.

61 Vgl. Penny 2019, S. 151 sowie Köpke 2011.

62 Vgl. https://idw-online.de/de/news172676; https://idw-online.de/en/news173589.

63 Vgl. zum Folgenden Boll 2017, S. 17–24.

64 Vgl. Wescher 1976, S. 25.

65 Vgl. https://www.museumsbund.de/museumsaufgaben/.

66 Vgl. Gammon 2018.

67 Vgl. Lüthy 1995, S. 13–24. Die massenhafte Reproduktion des Bildes veranlasste Andy Warhol (1928–1987), Abbildungen des Leonardo-Gemäldes als Vorlage für verschiedene Siebdruckserien zu verwenden.

68 Vgl. Scharrer 2012.

69 Vgl. etwa Odendahl 2005, S. 19 f. und Yeide/Akinsha/Walsh 2001, S. 3.

70 Wescher 1976, S. 131.

71 «[…] force est de constater que les conquętes artistiques de l'Empire ne constituent qu'un souci mineur pour la diplomatie et n'apparaissent dans aucun règlement international. Si rien n'en est dit dans le premier traité de Paris, le congrès de Vienne n'évoque jamais directement la question […] Enfin, le traité de Paris du 20 novembre 1815 […] ne revient pas sur la question des musée fran-

çais. [...] si règlement il y eut, ce fut en marge des grandes négociations diplomatiques internationales [...]» (Pécout 2001, S. 502 f.). Vgl. Savoy, in: Dolezalek/Savoy/Skwirblies 2021, S. 167.

72 Savoy 2011a, S. 384.

73 Vgl. Turner 1991, S. 49. Der Autor bezieht sich an dieser Stelle auf Mackay Quynn 1945, S. 451 f.

74 Stumpf 2003, S. 45.

75 Eberlein 1991.

76 Assmann 2009, S. 149.

77 Vgl. Künzl 2019, S. 132; Meier 2020, S. 174 f.

78 Cremer 1998, S. 267.

79 Vgl. Angenendt 1997, S. 72–75.

80 Vgl. zu Palmeselprozessionen in der Gotik Tripps 2000, S. 95–121.

81 Vgl. https://www.erzbistum-paderborn.de/pressemeldungen/reliquien-des-bistumspatrons-in-die-dom-krypta-zurueckgefuehrt/.

82 Vgl. https://www.l-iz.de/politik/engagement/2020/01/Am-21-Januar-bekommt-Leipzig-das-Stillleben-mit-Mohn-und-schwarzer-Kanne-von-Oskar-Moll-zurueck-312260.

83 Vgl. zum Thema Kunstdiebstähle Koldehoff/Koldehoff 2004; Koldehoff/Timm 2020, S. 19–51; Partsch 2021.

84 Vgl. http://www.medienkunstnetz.de/werke/da-ist-eine-kriminelle-beruehrung/video/1/.

85 Kathmann 2007, S. 228. Zu Spitzweg vgl. ebd., S. 233.

86 Vgl. https://www.sueddeutsche.de/panorama/england-toilette-gold-diebstahl-churchill-1.4600999.

87 Vgl. https://www.lr-online.de/nachrichten/sachsen/gruenes-gewoelbe-dresden-raub-diebstahl-diamanten-prozess-einbruch-taeter-beute-wert-62255439.html.

88 Vgl. https://www.stiftungfriedenstein.de/aktuell/die-funf-gemalde-aus-dem-gothaer-kunstraub-von-1979-kehren-zuruck-die-sammlung-der-stiftung.

89 Vgl. Flashar 2000; Heilmeyer/Eule 2004; Koldehoff/Timm 2020, S. 159–182; Otten 2008; Parzinger 2012, S. 31–37; Tompkins 2020, S. 161–193 (= Part V); Wessel 2015; aus kriminalpolizeilicher bzw. juristischer Sicht: Anton 2010, S. 35–76; Jakobi 2013. Den Ergebnissen der vom Bundesministerium für Bildung und Forschung in den Jahren 2015 bis 2018 geförderten Studie «ILLICID – Illegaler Handel mit Kulturgut in Deutschland» zufolge haben nur rund zwei Prozent der in Deutschland gehandelten Antiken aus dem östlichen Mittelmeerraum nachweisbar eine legale Herkunft. Vgl. hierzu https://www.gesis.org/forschung/drittmittelprojekte/archiv/illicid-illegaler-handel-mit-kulturgut-in-deutschland; https://www.kulturstiftung.de/illicid/. Raubgrabungen gibt es in allen Regionen der Welt seit Jahrhunderten.

90 Vgl. https://www.landesmuseum-vorgeschichte.de/himmelsscheibe-von-ne-

bra.html. Vgl. ferner Meller/Michel 2018; Meller/Schefzik 2020; Otten 2008, S. 22–25.

91 Vgl. Kapitel 5.

92 Schreiber 2015.

93 Vgl. zur in vielen Heiligenviten und Wunderberichten beschriebenen *agency* von Reliquien im Mittelalter Wittekind 2015, S. 146.

94 Vgl. Geary 1990.

95 Jucker 2010, S. 222.

96 Vgl. Krause 2009, S. 129 und S. 161.

97 Vgl. MacGregor 2015; 100 Histories of 100 Worlds in 1 Object, in: ArtHist.net, 26. September 2020, https://arthist.net/archive/23616.

4. Methoden der Provenienzforschung

1 Vgl. Kapitel 5.

2 Vgl. Hoffmann 2019; https://www.mari-portal.de/.

3 Dabei orientiere ich mich grundsätzlich an Kocourek u. a. 2019, variiere aber die dort vorgeschlagene Reihenfolge. Vgl. zu den methodischen Schritten einer Provenienzrecherche auch Stolberg/Lehmann 2020 und Yeide/Akinsha/Walsh 2001, S. 11–32 (mit Fallbeispielen).

4 Der Begriff Rückseitenbefund bezieht sich auf sogenannte Flachware wie Gemälde und Arbeiten auf Papier. Bei dreidimensionalen Kunstwerken wie Plastiken und Skulpturen oder kunsthandwerklichen Objekten wie Kannen und Tellern können sich auf den Unterseiten bzw. Standflächen entsprechende Provenienzmerkmale finden.

5 Die Datenbank zum ERR ist abrufbar unter https://www.errproject.org/jeudepaume/.

6 Die entsprechenden drei Datenbanken sind über die Website des Deutschen Historischen Museums in Berlin abrufbar: https://www.dhm.de/sammlung/forschung/provenienzforschung/datenbanken/.

7 Vgl. die in Kapitel 2 erwähnte Lugt-Datenbank: http://www.marquesdecollections.fr/.

8 Vgl. hierzu Kocourek u. a. 2019, S. 72–76 sowie ebd. Kapitel 9.

9 Vgl. https://www.archivportal-d.de/;http://www.lostart.de/Webs/DE/Provenienz/RaubkunstQuellen.html; https://archivfuehrer-kolonialzeit.de/.

10 Im Folgenden beziehe ich mich hauptsächlich auf Stephan 2007, der die einschlägigen Bestandsgruppen in den staatlichen Archiven Bayerns untersucht hat. Weitere Informationen zu Archiven im In- und Ausland sind zusammengestellt bei Kocourek u. a. 2019, S. 57–65.

11 Vgl. die Übersicht zu den Aktenbeständen aus den Wiedergutmachungsämtern

unter www.lostart.de/hr-wiedergutmachung. Die Wiedergutmachungs-Datenbank im Landesarchiv Berlin ist abrufbar unter http://wga-datenbank.de. Das Themenportal Wiedergutmachung nationalsozialistischen Unrechts des Bundesministeriums der Finanzen ist abrufbar unter: https://www.archivportal.de/themenportale/wiedergutmachung. Im Arbeitskreis Provenienzforschung e. V. gibt es eine eigene Arbeitsgruppe zu den Wiedergutmachungsakten.

12 Vgl. hierzu detailliert Stephan 2007, S. 86 f. sowie https://www.museothyssen.org/en/collection/artists/pissarro-camille/rue-saint-honore-afternoon-effect-rain. Dort ist ein Dossier zu dem Rechtsstreit abrufbar, der im August 2020 durch ein US-Berufungsgericht endgültig zugunsten des Museums entschieden wurde.

13 Hier sei auf den 2018 in Hamburg gegründeten Arbeitskreis Werkverzeichnis hingewiesen, eine informelle Interessengemeinschaft für Autoren von Werkverzeichnissen: https://arbeitskreis-werkverzeichnis.de. Die Seite enthält eine Auflistung von Werkverzeichnissen.

14 Vgl. Kapitel 2.

15 Vgl. https://www.ub.uni-heidelberg.de/fachinfo/kunst/zeitschriften/weltkunst.html. Dort auch Verweise auf weitere historische Zeitschriften zum Kunsthandel.

16 Vgl. die Hinweise zur Internetrecherche am Schluss dieses Buches.

17 https://www.kulturgutverluste.de/Webs/DE/Stiftung/Grundlagen/Washingtoner-Prinzipien/Index.html.

18 Vgl. BKM 2019, S. 38.

19 https://www.beratende-kommission.de/media/pages/empfehlungen/rieger/b7c2c7100f-1644579899/21-02-08-empfehlung-rieger-koeln.pdf, S. 11.

20 Vgl. hierzu Arbeitskreis Provenienzforschung 2018, S. 9, Kapitel 3; BKM 2019, S. 37 f. Für ein konkretes Beispiel einer nicht geklärten Werkidentität vgl. Goldmann 2017, S. 111–113.

21 Im Kupferstichkabinett der Staatlichen Museen zu Berlin wurde 2012 ein Konzept für Provenienzforschung in Large-Scale Collections erarbeitet; vgl. https://www.smb.museum/museen-einrichtungen/kupferstichkabinett/sammeln-forschen/forschung/erwerbungen-der-sammlung-der-zeichnungen/.

22 Vgl. zum Folgenden: Albrink/Babendreier/Reifenberg 2005; Alker/Bauer/Stumpf 2017; Dehnel 2012 und 2014; Langer 2018, S. 17–21; Lenhart/Scholz 2018; 10. Ausgabe des Periodikums Provenienz & Forschung (2021, Heft 1) mit dem Fokus auf Bibliotheken; Heft zum *Schwerpunkt NS-Raubgut* der Zeitschrift BuB Forum Bibliothek und Information (68. Jg., 2016, Nr. 12); Themenheft *Provenienzforschung in Bibliotheken* der Zeitschrift Bibliotheksdienst (Bd. 54, 2020, Heft 10–11); Themenheft zur NS-Bücherraubforschung der Zeitschrift für Bibliothekswesen und Bibliographie (Jg. 63, 2016, Heft 4). Hingewiesen sei auch auf die Kommission Provenienzforschung und Provenienzerschließung im Deutschen Bibliotheksverband, die als Geschäftsstelle des Arbeitskreises Provenienzforschung und Restitution – Bibliotheken dient; vgl.

https://www.bibliotheksverband.de/provenienzforschung-und-provenienz-erschliessung.

23 Alker/Bauer/Stumpf 2017, S. 1.

24 Vgl. zur Bibliothek der ehemaligen NS-Ordensburg Vogelsang Schröders 2006.

25 Benjamin [1931] 1991, S. 389.

26 Vgl. das Beispiel einer Potsdamer Freimaurerloge in Kapitel 5.

27 Vgl. Briel 2013 und 2016.

28 Vgl. https://www.errproject.org/looted_libraries.php.

29 Vgl. https://www.lootedculturalassets.de. Dabei handelt es sich um eine kooperative Provenienzdatenbank nicht nur zu NS-Raub- und Beutegut, sondern auch allgemein zu Provenienzen aller Art. Die Gemeinsame Normdatei (GND) in der Deutschen Nationalbibliothek (DNB) verzeichnet serielle Provenienzmerkmale (wie Exlibris und Stempel), aber keine individuellen (wie Widmungen). Vgl. auch das ProvenienzWiki des Gemeinsamen Bibliotheksverbundes (GBV) (https://provenienz.gbv.de) sowie die Bilddatenbank Provenienzforschung in der Deutschen Fotothek (http://www.deutsche fotothek.de/cms/provenienzforschung.xml).

30 Hermes-Wladarsch 2020, S. 766.

31 Vgl. Unger 2010, S. 299 f.

32 Vgl. Rudolph 2003; https://www.errproject.org/guide.php. Vgl. ferner allgemein zum Thema die Sektion «Geraubte, beschlagnahmte und missbrauchte Archive» in Kretzschmar 2007, S. 81–164.

33 Vgl. Höroldt 2018, S. 325–327 und S. 159 f. in diesem Band.

34 https://www.kulturgutverluste.de/Webs/DE/Stiftung/Grundlagen/Washingtoner-Prinzipien/Index.html.

35 https://www.kulturgutverluste.de/Webs/DE/Stiftung/Grundlagen/Gemeinsame-Erklaerung/Index.html. Vgl. Kapitel 5.

36 Vgl. https://www.kulturgutverluste.de/Webs/DE/Forschungsfoerderung/Projektfinder/Index.html. Vgl. ferner das Themenheft *Provenienzforschung* der Zeitschrift Archivar, 75. Jg., 2022, Heft 1: https://www.archive.nrw.de/sites/default/files/media/files/Archivar_2022-1_Internet-NEU-28032022_Mod.pdf.

37 Vgl. Höroldt 2018, S. 312 mit Anm. 5.

38 Regin 2019, S. 29.

39 Vgl. Schilling 2001. Vgl. zu einem Restitutionsfall NS-verfolgungsbedingt entzogenen Bibliotheksguts von Freimaurern Kapitel 5.

40 Vgl. Pilger 2013. Vgl. zum Fall der Restitution von ebenfalls kriegsbedingt verlagerten Archivalien durch Russland an Österreich im Jahre 2009 sowie zur Rückgabe von Teilen des koreanischen königlichen Archivs aus der Joseon-Dynastie (1392–1897) durch Frankreich an Südkorea im Jahre 2011 Kapitel 5.

41 Vgl. Köstering/Sachse 2019.

42 Die US-amerikanische *Art Looting Investigation Unit (*ALIU), eine von der damaligen US-Administration eingerichtete Spezialeinheit unter dem Dach des

Nachrichtendienstes *Office of Strategic Services (*OSS), erstellte 1945/46 mehrere Berichte zum NS-Kulturgutraub, darunter eine Liste beteiligter Personen und Organisationen. Vgl. https://www.lootedart.com/MVI3RM469661. Ergänzend sei auf die Liste «Beteiligte Privatpersonen und Körperschaften am NS-Kulturgutraub» in der Forschungsdatenbank Proveana verwiesen: https://www.proveana.de/de/suche?term=&filter[tag][0]=Beteiligte%20Personen%20und%20K%C3 %B6rperschaften%20am%20NS-Kulturgutraub.

43 Vgl. zum Folgenden Landschaftsverband Rheinland 2019, S. 103. Der Abdruck erfolgte mit freundlicher Genehmigung des Deutschen Zentrums Kulturgutverluste.

44 Vgl. Cohen/Heimann-Jelinek/Weinberger 2019, S. 8.

45 Vgl. Geißler-Grünberg 2019; Purin 2000; Yeide 2005, S. 133–145.

46 Vgl. zum Folgenden Deutscher Museumsbund 2021a, S. 19–21. Vgl. ferner Berner/Hoffmann/Lange 2011; Brandstetter/Hierholzer 2018.

47 Deutscher Museumsbund 2021b, S. 14.

48 Vgl. hierzu Deutscher Museumsbund 2021 b; Fforde/McKeown/Keeler 2020; Stoecker/Schnalke/Winkelmann 2013; Winkelmann u. a. 2022.

49 https://icom-deutschland.de/images/Publikationen_Buch/Publikation_5_Ethische_Richtlinien_dt_2010_komplett.pdf (§ 4.3, § 4.4).

50 Vgl. zu den Spezifika der ethnologischen Provenienzforschung Andratschke 2016; Fine/Thode-Arora 2021, S. 153–158; Förster 2019, S. 82 f.; Hauser-Schäublin 2018.

51 Vgl. zum Folgenden Deutscher Museumsbund 2021b.

52 Den Thesen von Götz Aly (2021) widersprach u. a. Brigitta Hauser-Schäublin in der ZEIT vom 15.7.2021, worauf Aly in der ZEIT vom 29.7.2021 antwortete.

53 Vgl. zu diesem Abschnitt Baresel-Brand/Scheibe/Winter 2019.

54 Die Forschungsdatenbank Proveana des DZK sollte in diesem Zusammenhang nicht nur regelmäßg konsultiert, sondern eigene Forschungsergebnisse sollten auch rückgemeldet und auf diese Weise an zentraler Stelle der Öffentlichkeit zugänglich gemacht werden.

55 Vgl. zum Folgenden Arbeitskreis Provenienzforschung 2018. Vgl. ferner Yeide/Akinsha/Walsh 2001, S. 33 f.

56 Vgl. https://www.duesseldorf.de/kulturamt/provenienzforschung/auskunfts-und-restitutionsgesuche/heinrich-heimes-sonnenuntergang-an-der-nordsee-1891.html.

57 Vgl. https://www.kulturgutverluste.de/Webs/DE/Recherche/AusstellungenProvenienzforschung/Index.html. Exemplarisch sei hier auf eine Fallstudie zu einer Ausstellung in den USA zum Thema NS-Raubgut verwiesen; vgl. Karrels 2019.

58 Vgl. das Spiel *Wie würden Sie entscheiden?* auf der Website des Jüdischen Museums Berlin, bei dem der Spieler in die Rolle verschiedener Charaktere schlüpfen kann: https://www.jmberlin.de/raub-und-restitution/entscheidungsspiel_

DE.html. Die Staatsgalerie Stuttgart bietet ein Spiel zur Provenienzforschung in Virtual Reality an, das vor Ort im Museum oder im Internet gespielt werden kann: https://arthunters.staatsgalerie.de/. Vgl. zu unterschiedlichen Strategien der Vermittlung auch Andratschke/Jachens 2020 und Bösl 2020.

59 Vgl. hierzu Mucha/Oswald 2022.

60 Vgl. zu NS-Raubgut in privaten Haushalten und Sammlungen Thesing 2020.

61 Vgl. Zuschlag 2022b.

62 Vgl. https://www.skd.museum/presse/2021/vermisst-in-benin-eine-kuenstlerische-intervention-von-emeka-ogboh/. Die sogenannten Benin-Bronzen wurden 1897 im Rahmen einer Strafexpedition von britischen Soldaten im Königspalast von Benin-City, der Hauptstadt des gleichnamigen Königreiches, geraubt. Die Briten brachten mehr als 3000 Bronzen sowie andere Artefakte nach Europa, wo sie an Sammler und Museen verkauft wurden. Seit der Unabhängigkeit 1960 fordert Nigeria die Rückgabe. Die Benin-Bronzen sind ein Symbol für die gewaltsame Aneignung und den Raub von Kulturgütern in den afrikanischen Kolonien. Vgl. Schulze/Reuther 2018.

63 Vgl. https://www.humboldt-labor.de/de/projekte/weitere-forschungsprojekte/who-is-id-8470; https://www.youtube.com/watch?v=IFfYhyrd4To.

64 Vgl. Schnalke 2021.

65 Schröder 2021, S. 202. Hier sei auf den 2010 im englischen Original und 2011 in deutscher Übersetzung erschienenen Familienroman *Der Hase mit den Bernsteinaugen* von Edmund de Waal verwiesen. Darin spürt der Autor, Nachfahre der einst einflussreichen jüdischen Familie Ephrussi, dem Schicksal des Kunstbesitzes der Familie, insbesondere einer Sammlung von 264 japanischen Miniaturfiguren (Netsuke), nach.

5. Provenienzforschung in Bezug auf historische Unrechtskontexte

1 Deutscher Museumsbund 2013, S. 9 f.

2 Ebd., S. 10.

3 Deutscher Museumsbund 2021b, S. 19.

4 Vgl. für eine philosophische Betrachtung dieses Begriffs Schefczyk 2012.

5 Terkessidis 2019, S. 195.

6 Jain 2021, S. 137.

7 Deutscher Museumsbund 2021b, S. 19.

8 Eine umfassende Studie zu Rechtsgrundlagen und Restitutionspraxis von NS-Raubkunst weltweit legten Schnabel/Tatzkow 2007 vor. Zwei jüngere, auch andere Unrechtskontexte in den Blick nehmende, von den aktuellen Debatten inspirierte Studien aus juristischer Sicht legten Herman 2021 und Schönberger 2021 vor. Eine Chronologie der Restitutionen von infolge des Zweiten Welt-

krieges verlagerten Kulturgütern in den Jahren 1945 bis 2006 findet sich bei Hartmann 2007, S. 537–663. Vgl. im Hinblick auf eine globale Perspektive Gaudenzi/Swenson 2017 und Unfried 2014. Zum Thema Restitution im (post-)kolonialen Kontext vgl. den Sammelband Sandkühler/Epple/Zimmerer 2021.

9 Die folgenden Abschnitte stützen sich in Teilen auf Zuschlag 2021b.

10 Hartung 2005, S. 66.

11 https://icom-deutschland.de/images/Publikationen_Buch/Publikation_5_Ethische_Richtlinien_dt_2010_ komplett.pdf (§ 6.2, § 6.3).

12 Vgl. etwa Pupeter 2021 und Unfried 2014, S. 39–44.

13 Goschler/Ther 2003, S. 19.

14 Bertz/Dorrmann 2008, S. 10.

15 Barkan 2002, S. 366.

16 Vgl. für einen knappen Abriss der deutschen Kolonialgeschichte und weiterführende Literatur Koller 2017; vgl. außerdem Conrad 2019 und Speitkamp 2021.

17 Eine systematische Übersicht über gewaltsame militärische Expeditionen offizieller Vertreter des Deutschen Reiches in den deutschen Kolonialgebieten in Afrika sowie über in diesem Kontext erfolgte Plünderungen kultureller Objekte und menschlicher Überreste findet sich bei Künkler 2022.

18 Vgl. https://www.dfg.de/dfg_magazin/veranstaltungen/exkurs/2019/191023_savoy_restitution/index.html.

19 Vgl. Savoy 2021. Vgl. zu frühen Rückgabeforderungen und Restitutionen nicht nur bezogen auf Afrika, sondern im globalen Kontext Lars Müller 2021. Ein Beispiel: Im Dezember 1955 übergab DDR-Ministerpräsident Otto Grotewohl in Peking mehrere von deutschen Truppen während des Boxeraufstandes (1899–1901) erbeutete Fahnen aus dem Besitz des Museums für Deutsche Geschichte im Berliner Zeughaus an die Volksrepublik China (vgl. ebd., S. 43).

20 Zit. nach Fitschen 2004, S. 46.

21 Vgl. von Paczensky/Ganslmayr 1984.

22 An dieser Stelle sei auf die Rückgabe von 297 Bänden des koreanischen königlichen Archivs aus der Joseon-Dynastie (1392–1897) an Südkorea durch Frankreich im Jahre 2011 verwiesen, die französische Truppen 1866 in einem Feldzug erbeutet hatten und die seitdem in der Bibliothèque nationale de France in Paris verwahrt wurden. Bei der Rückgabe handelt es sich im rechtlichen Sinne nicht um eine (dauerhafte) Restitution, sondern um eine jeweils fünfjährige, immer wieder verlängerbare Leihgabe. Vgl. hierzu Cornu/Maget Dominicé 2022, S. 113 f.

23 http://restitutionreport2018.com/sarr_savoy_fr.pdf. Vgl. Sarr/Savoy 2019. Der Bericht löste in Frankreich und international eine hitzige Debatte aus. Für eine sachlich-kritische Stimme vgl. zum Beispiel Bahners 2019.

24 Vgl. Thompson 2022.

25 Vgl. Deutscher Museumsbund 2019; Greve 2022; Kazeem/Martinz-Turek/

Sternfeld 2009. Vgl. zum Entwurf eines «Post-Ethnographischen» Museums Deliss 2020.

26 Vgl. zu den Begrifflichkeiten Kraus 2015, S. 7–9.

27 Vgl. zu den juristischen Aspekten Anton 2010, S. 1253–1269; Jayme 2019 und 2021; Kuprecht 2010 und 2020; Schönberger 2016 und 2021, S. 15–22; Splettstößer 2019, S. 57–72; Deutscher Museumsbund 2021 a, S. 159–170 (mit Quellen und Literatur).

28 von Bernstorff/Schuler 2019. Vgl. Schönberger 2021, S. 20–22.

29 https://www.zeit.de/2019/31/felwine-sarr-raubkunst-kolonialismus-museen-europa.

30 Ein Beispiel für ein internationales Kooperationsprojekt im digitalen Raum ist Digital Benin: https://digital-benin.org/. Zum Thema Digitalisierung ethnologischer Sammlungen vgl. jüngst den Sammelband von Hahn u. a. 2021.

31 https://www.zeit.de/2018/11/dekolonisation-achille-mbembe-philosoph. Vgl. Mbembe 2019; Thiemeyer 2018, bes. S. 37 f.

32 Fine/Thode-Arora 2021, S. 155.

33 Deutscher Museumsbund 2021a, S. 27. Vgl. zum Folgenden ebd., S. 29–43.

34 Vgl. Binter u. a. 2021.

35 Förster/Edenheiser/Fründt 2018, S. 17.

36 Vgl. die Einführungen von Castro Varela/Dhawan 2020 und Kerner 2021.

37 Vgl. die Website des an den damaligen Protesten beteiligten mexikanischen Aktivisten Xokonoschtletl Gómora: http://www.spenden-moctezumasfederkrone.org/Deutsch/. Vgl. zur Restitutionsdebatte um das Objekt von Zinnenburg Carroll 2022 sowie zu Perspektiven aus Österreich zum Museum im kolonialen Kontext Schölnberger 2021.

38 Vgl. Bussel 2017, S. 33.

39 Vgl. Haag u. a. 2012.

40 Vgl. https://www.welt.de/geschichte/article217842798/Azteken-Mexiko-fordert-Federkrone-Moctezumas-von-Wien.html. Das Leihgesuch wurde dem österreichischen Bundespräsidenten persönlich überreicht und von der Präsidentschaftskanzlei mit Schreiben vom 23. Oktober 2020 abgelehnt (freundliche Nachricht von Gerard W. van Bussel, Weltmuseum Wien).

41 https://web.archive.org/web/20121017185535/http://archives.financialservices.house.gov/banking/21000pet.shtml. Bereits in den 1980er- und 1990er-Jahren erschienen Studien zum NS-Kunstraub, unter anderem von Hector Feliciano, Günther Haase, Jakob Kurz, Lynn H. Nicholas und Jonathan Petropoulos. Neuere Studien legten u. a. Heuss 2000, Schwarz 2014 und 2018 sowie jüngst McLaughlin 2022 vor. Vgl. zum Forschungsstand Gramlich 2021, S. 586–590.

42 Vgl. hierzu ausführlich Zuschlag 1995, sowie in jüngerer Zeit Zuschlag 2020a, 2020c und 2022c.

43 Vgl. die Datenbank «Entartete Kunst» der Forschungsstelle «Entartete Kunst»

an der Freien Universität Berlin: https://www.geschkult.fu-berlin.de/e/db_entart_kunst/datenbank/index.html.

44 Vgl. Hüneke 2010, S. 77 f.

45 Vgl. Wemhoff 2012.

46 Vgl. Baresel-Brand 2020, S. 14.

47 Vgl. Janda/Grabowski 1992, S. 68 (Wortlaut der Ermächtigung) und S. 83 f. (Einträge zu zwei Werken Rudolf Bellings). Vgl. Kunze 2010, S. 65 f. mit Dokument Nr. 3 auf S. 271.

48 Heuer 2013, S. 10 und S. 12 f. Vgl. hierzu auch den Abschnitt «Fortwirken des Einziehungsgesetzes» bei Anton 2010, S. 1063–1066, Rn. 131–135 sowie den entsprechenden Abschnitt bei Kunze 2010, S. 64–66.

49 Anton 2010, S. 1066, Rn. 135.

50 Der folgende Abschnitt basiert auf Zuschlag 2009.

51 Vgl. zu diesem und dem folgenden Abschnitt den Sammelband von Goschler/Ther 2003.

52 Dieser Abschnitt basiert in Teilen auf Zuschlag 2020b und 2021b. Vgl. zur juristischen Betrachtung Anton 2010, S. 401–855; Müller 2010; Schönberger 2019 und 2021.

53 Goschler 2008, S. 30.

54 Die Kongressakten erschienen 1999; vgl. Bindenagel 1999. Vgl. zur gesellschafts- und erinnerungspolitischen Bedeutung der Washingtoner Konferenz Surmann 2012, S. 223–232.

55 In den offiziellen Quellen zur Konferenz wird die Zahl der teilnehmenden Staaten der Washingtoner Konferenz mit 44 angegeben (vgl. Bindenagel 1999, S. I). Diese Zahl hat sich durchgesetzt. Der Liste der teilnehmenden Delegationen zufolge haben tatsächlich allerdings nur 42 Staaten an der Konferenz teilgenommen sowie zusätzlich der Vatikan als «Observer» und nichtstaatliche Organisationen. Die 42 Unterzeichnerstaaten sind: Albanien, Argentinien, Australien, Belgien, Bosnien und Herzegowina, Brasilien, Bulgarien, Dänemark, Deutschland, Estland, Finnland, Frankreich, Griechenland, Israel, Italien, Kanada, Kroatien, Lettland, Litauen, Luxemburg, Mazedonien, Niederlande, Norwegen, Österreich, Polen, Portugal, Rumänien, Russland, Schweden, Schweiz, Slowakei, Slowenien, Spanien, Tschechien, Türkei, Ukraine, Ungarn, Uruguay, USA, Vereinigtes Königreich, Weißrussland (Belarus), Zypern. Die Washingtoner Prinzipien sind abrufbar unter: https://www.kulturgutverluste.de/Webs/DE/Stiftung/Grundlagen/Washingtoner-Prinzipien/Index.html und im englischen Originaltext unter https://www.lootedartcommission.com/Washington-principles. Vgl. zur Washingtoner Erklärung und den ergänzenden Regelungen in Deutschland zu ihrer Umsetzung Schnabel/Tatzkow 2007, S. 192–212. Vgl. auch Dolezalek/Savoy/Skwirblies 2021, S. 383–388.

56 Gramlich/Thielecke 2019, S. 23.

57 Vgl. BKM 2019. Zur Handreichung veröffentlicht Heidt 2017 einen Praxisleitfaden Restitutionsbegehren bei NS-Raubkunst.

58 Vgl. https://www.kulturgutverluste.de/Webs/DE/Stiftung/Aufgaben/Index.html. Vgl. für einen Überblick über unrechtmäßige Kulturgutentziehungen in Deutschland im 20. Jahrhundert und die Aufgaben und Tätigkeitsfelder des DZK Hartmann 2016.

59 Nationale und internationale Perspektiven auf das Thema NS-Raubgut und Restitution sowie einen Anhang mit wichtigen Dokumenten wie den Washingtoner Prinzipien enthält der Sammelband Palmer 2021. Die fünf staatlichen Kommissionen haben sich zu einem Netzwerk zusammengeschlossen, das einen Newsletter herausbringt: https://www.beratende-kommission.de/Webs_BK/DE/Netzwerk/Index.html.

60 https://www.preussischer-kulturbesitz.de/newsroom/dossiers-und-nachrichten/dossiers/magazin-ns-raubkunst/fair-und-gerecht.html. Die folgenden Ausführungen zu den beiden Fallbeispielen zitieren die Pressemitteilungen, die auf der Seite abgerufen werden können.

61 Vgl. zu einem Restitutionsfall NS-verfolgungsbedingt entzogenen jüdischen Archiv- und Bibliotheksguts Kapitel 4.

62 Tisa Francini/Heuss/Kreis 2001, S. 465.

63 Vgl. hierzu den Abschnitt «Die Fluchtgut-Debatte» in Tisa Francini 2018, S. 72–74 sowie ausführlich Heuss/Schlegel 2018 und Jeuthe 2019. Vgl. für eine juristische Perspektive Weller/Dewey 2020.

64 Deutsches Zentrum Kulturgutverluste 2019a, S. 18.

65 Vgl. https://www.weltkunst.de/kunstwissen/2021/05/restitution-raubkunst-franz-marc-gemaelde-fuechse-duesseldorfer-kunstpalast.

66 Vgl. Schönberger 2019, S. 19.

67 Im Folgenden zitiere ich Barbara Bechter im Blog der Staatlichen Kunstsammlungen Dresden (https://blog.skd.museum/forschung/raubkunst-aus-schloss-wilanow-bei-warschau/) sowie aus Bechter 2018.

68 Im Folgenden zitiere ich Carina Merseburger im Blog der Staatlichen Kunstsammlungen Dresden: https://blog.skd.museum/forschung/pietro-francesco-cittadinis-stillleben-mit-einem-hasen/.

69 Vgl. Heydenreuter 1995. Aus juristischer Perspektive: Anton 2010, S. 284–290.

70 Vgl. zu dem Fall ausführlich Carl/Güttler/Siehr 2001 und neuerdings Roodt 2019.

71 Vgl. zur Geschichte des Buches zwischen 1944 und 2010 Kaulbach 2012, S. 219–225; vgl. auch Heuss/Schlegel 2018, S. 219.

72 Vgl. hierzu und zum Folgenden https://www.sueddeutsche.de/kultur/museen-pluenderung-barbaren-in-bagdad-1.438672.

73 Vgl. hierzu den Bericht des amerikanischen Soldaten Bogdanos 2006.

74 Vgl. https://www.dw.com/de/r%C3%BCckgabe-von-17000-antiken-raubkunstgegenst%C3%A4nden-an-den-irak/a-58721260.

75 Vgl. zu Palmyra Bredekamp 2016. Für einen Überblick über Kulturzerstörungen (die häufig mit systematischem Kunstraub Hand in Hand gehen) vom Alten Orient bis zur Gegenwart vgl. Parzinger 2021, zum islamistischen Ikonoklasmus ebd. S. 251–280.

76 Vgl. Akinscha 2022.

77 Vgl. https://www.wienerzeitung.at/nachrichten/politik/oesterreich/438769-Ringen-um-russische-Restitution.html?em_cnt_page=1.

78 Vgl. Dolezalek/Savoy/Skwirblies 2021, S. 341–347.

79 https://www.bundesregierung.de/breg-de/service/bulletin/vertrag-ueber-gute-nachbarschaft-partnerschaft-und-zusammenarbeit-zwischen-der-bundesrepublik-deutschland-und-der-union-der-sozialistischen-sowjetrepubliken-788564.

80 Vgl. Akinscha/Koslow 1995. Aus dem mittlerweile umfangreichen kunsthistorischen und juristischen Schriftgut zu den Verlusten auf beiden Seiten seien genannt: Anton 2010, S. 856–954; Baufeld 2005; Eichwede/Hartung 1998; Güttler 2010; Heuss 2000; Holm 2008; Kaiser-Schuster 2021; Kuhr-Korolev/Schmiegelt-Rietig/Zubkova 2019; Ritter 1997; Stumpf 2003; Volkert 2000.

81 Vgl. https://www.welt.de/newsticker/news2/article108998033/Tuerkei-will-den-Schatz-des-Priamos.html. Vgl. auch Hellmayr 2021, S. 281.

82 Vgl. Güttler 2010, S. 26; ebd., S. 26–28, eine summarische Zusammenstellung von Verlusten. Vgl. auch Ritter 1997, S. 14.

83 Vgl. https://www.wienerzeitung.at/nachrichten/politik/oesterreich/438769-Ringen-um-russische-Restitution.html?em_cnt_page=1. Vgl. zum Fall der Restitution von ebenfalls kriegsbedingt verlagerten Archivalien durch Deutschland an Belgien Kapitel 4.

84 Vgl. https://www.deutschlandfunk.de/deutsche-kunstsammlungen-koennten-heimkehren-100.html; https://www.ris.bka.gv.at/Dokumente/RegV/REGV_COO_2026_100_2_809131/COO_2026_100_2_811322.html.

85 Vgl. zum Folgenden https://blog.kunsthalle-bremen.de/post/155026253082/nach-knapp-70-jahren-heimgekehrt-wie-kunstwerke.

86 Vgl. https://dserver.bundestag.de/btd/19/010/1901045.pdf.

87 Vgl. Jacobs 2020 sowie https://www.faz.net/aktuell/feuilleton/debatten/deutsch-russische-digitalisierung-von-beutekunst-16481811.html.

88 Vgl. https://www.gesetze-im-internet.de/ealg/.

89 Vgl. https://www.gesetze-im-internet.de/vermg/BJNR211590990.html.

90 Vgl. Scheunemann 2019, S. 166.

91 Lupfer 2022, S. 102.

92 Vgl. Rudert/Lupfer 2012, S. 115. Einen aktuellen Überblick zur Thematik Kulturgutverluste in SBZ und DDR bietet der Sammelband Deinert/Hartmann/Lupfer 2022. Vgl. zum Folgenden auch Deinert 2020, Hüsgen u. a. 2018, Lupfer 2022, Sachse 2019 und Scheunemann 2019.

93 Im Folgenden beziehe ich mich auf Grimm 2016 und Lupfer 2022, S. 103.

94 Vgl. https://www.duesseldorf.de/medienportal/pressedienst-einzelansicht/pld/landeshauptstadt-duesseldorf-restituiert-meissener-porzellanteller-mit-schmetterlingsdekor.html.

95 Vgl. https://www.stasi-unterlagen-archiv.de/informationen-zur-stasi/themen/beitrag/aktion-licht/. Aus den dort eingestellten Quellen stammen die nachfolgenden Zitate. Vgl. auch Bischof 2003, S. 350–362.

96 Hierzu nach wie vor grundlegend Bischof 2003.

97 Vgl. die Hinweise zur Internetrecherche am Schluss des Bandes. Vgl. auch Isphording 2019.

98 Hüsgen u. a. 2018, S. 52.

6. Ausblick: Der *provenancial turn* oder warum wir in den Museen mehr Transparenz hinsichtlich der Herkunft der Objekte brauchen

1 Preuss 2022, S. 27.

2 Sauerländer 2008a, S. 141. Die Erstauflage erschien 1985.

3 Vgl. Yeide/Akinsha/Walsh 2001, S. 1.

LITERATURVERZEICHNIS

Akinscha 2022 Konstantin Akinscha, *Editorial. Ukraine's cultural casualties*, in: The Burlington Magazine 164, 2022, Nr. 1432, S. 639 f.

Akinscha/Koslow 1995 Konstantin Akinscha/Grigori Koslow, *Beutekunst. Auf Schatzsuche in russischen Geheimdepots*, München 1995.

Albrink/Babendreier/Reifenberg 2005 Veronica Albrink/Jürgen Babendreier/Bernd Reifenberg, *Leitfaden für die Ermittlung von NS-verfolgungsbedingt entzogenem Kulturgut in Bibliotheken*, o. O. 2005, https://staatsbibliothek-berlin.de/fileadmin/user_upload/zentrale_Seiten/historische_drucke/pdf/leitfaden.pdf.

Alker/Bauer/Stumpf 2017 Stefan Alker/Bruno Bauer/Markus Stumpf, *NS-Provenienzforschung und Restitution an Bibliotheken*, Berlin/Boston 2017.

Aly 2021 Götz Aly, *Das Prachtboot. Wie Deutsche die Kunstschätze der Südsee raubten*, Frankfurt am Main 2021.

Andratschke 2016 Claudia Andratschke, *Provenienzforschung in ethnografischen Sammlungen*, in: Alexis von Poser/Bianca Baumann (Hg.), *Heikles Erbe. Koloniale Spuren bis in die Gegenwart*, Ausstellungskatalog Hannover 2016/17, Dresden 2016, S. 304–309.

Andratschke/Jachens 2020 Claudia Andratschke/Maik Jachens (Hg.), *Nach dem Erstcheck. Provenienzforschung nachhaltig vermitteln*, Heidelberg 2020 (Veröffentlichungen des Netzwerks Provenienzforschung in Niedersachsen, Bd. 1) https://doi.org/10.11588/arthistoricum.696.

Angenendt 1997 Arnold Angenendt, *Heilige und Reliquien. Die Geschichte ihres Kultes vom frühen Christentum bis zur Gegenwart*, 2. Aufl., München 1997.

Anton 2010 Michael Anton, *Rechtshandbuch Kulturgüterschutz und Kunstrestitutionsrecht*, Bd. 1: *Illegaler Kulturgüterverkehr*, Berlin/New York 2010.

Arbeitskreis Provenienzforschung 2018 Arbeitskreis Provenienzforschung e.V., *Leitfaden zur Standardisierung von Provenienzangaben*, Hamburg 2018 https://cloud.arbeitskreis-provenienzforschung.org/index.php/s/j9NizxaoEztzs9j.

Assmann 2009 Aleida Assmann, *Das Gedächtnis der Dinge*, in: Reininghaus 2009, S. 143–150.

Bähr 2009 Astrid Bähr, *Repräsentieren, bewahren, belehren. Galeriewerke (1660–1800). Von der Darstellung herrschaftlicher Gemäldesammlungen zum populären Bildband*, Hildesheim/Zürich/New York 2009.

Bähr 2015 Astrid Bähr, *Der langsame Abschied vom Galeriewerk im 18. Jahrhundert*, in: Bénédicte Savoy (Hg.), *Tempel der Kunst. Die Geburt des öffentlichen Museums in Deutschland 1701–1815*, 2. Aufl., Köln/Weimar/Wien 2015, S. 79–95.

Bahners 2019 Patrick Bahners, *Französisches Ausleerungsgeschäft. Der «Bericht über die Restitution afrikanischen Kulturerbes»*, in: Merkur, 73. Jg., 2019, Nr. 838, S. 5–17.

Bambi 2021 Andrea Bambi, *Kunstraub, Restitutionsfragen und Provenienzforschung. Historische Perspektiven einer verzögerten Aufarbeitung*, in: Brechtken 2021, S. 614–646.

Baresel-Brand 2010 Andrea Baresel-Brand (Bearb.), *Die Verantwortung dauert an. Beiträge deutscher Institutionen zum Umgang mit NS-verfolgungsbedingt entzogenem Kulturgut*, Magdeburg 2010 (Veröffentlichungen der Koordinierungsstelle Magdeburg, Bd. 8).

Baresel-Brand 2018 Andrea Baresel-Brand, *Zäsur Gurlitt? Provenienzforschung in Deutschland*, in: Blimlinger/Schödl 2018, S. 31–36.

Baresel-Brand 2020 Andrea Baresel-Brand, *Provenienzrecherche Gurlitt: Überblick, Methoden und Ergebnisse*, in: dies./Bahrmann/Lupfer 2020, S. 1–18.

Baresel-Brand/Bahrmann/Lupfer 2020 Andrea Baresel-Brand/Nadine Bahrmann/Gilbert Lupfer (Hg.), *Kunstfund Gurlitt. Wege der Forschung*, Berlin/Boston 2020 (Provenire. Schriftenreihe des Deutschen Zentrums Kulturgutverluste, Magdeburg, Bd. 2).

Baresel-Brand/Scheibe/Winter 2019 Andrea Baresel-Brand/Michaela Scheibe/Petra Winter, *Ergebnisse der Provenienzforschung*, in: Deutsches Zentrum Kulturgutverluste 2019a, S. 83–100.

Barkan 2002 Elazar Barkan, *Völker klagen an. Eine neue internationale Moral*, Düsseldorf 2002.

Baudrillard 2007 Jean Baudrillard, *Das System der Dinge. Über unser Verhältnis zu den alltäglichen Gegenständen*, 3. Aufl., Frankfurt am Main/New York 2007.

Baufeld 2005 Stefan Baufeld, *Kulturgutbeschlagnahmen in bewaffneten Konflikten, ihre Rückabwicklung und der deutsch-russische Streit um die so genannte Beutekunst*, Frankfurt am Main 2005 (Schriftenreihe zum Urheber- und Kunstrecht, Bd. 1).

Bechter 2018 Barbara Bechter, *Raubkunst aus Schloß Wilanów. Ein fast gelöstes Rätsel*, in: Dresdener Kunstblätter 62, 2018, Nr. 1, S. 42–53.

Belting 1990 Hans Belting, *Bild und Kult. Eine Geschichte des Bildes vor dem Zeitalter der Kunst*, München 1990.

Benjamin [1931] 1991 Walter Benjamin, *Ich packe meine Bibliothek aus. Eine Rede über das Sammeln* [1931], in: Walter Benjamin, *Gesammelte Schriften*, Bd. IV/I, hrsg. von Tillman Rexroth, Frankfurt am Main 1991, S. 388–396.

Berggreen-Merkel 2015 Ingeborg Berggreen-Merkel, *Was bleibt? Der «Fall Cornelius Gurlitt» und seine Bedeutung für die Provenienzforschung*, in: Johannes Heil/Annette Weber (Hg.), Ersessene Kunst – Der Fall Gurlitt, Berlin 2015, S. 119–134.

Berner/Hoffmann/Lange 2011 Margit Berner/Anette Hoffmann/Britta Lange, *Sensible Sammlungen. Aus dem anthropologischen Depot*, Hamburg 2011.

Bernsau 2013 Tanja Bernsau, *Die Besatzer als Kuratoren? Der Central Collecting Point Wiesbaden als Drehscheibe für einen Wiederaufbau der Museumslandschaft nach 1945*, Berlin 2013.

Bernsau 2020 Tanja Bernsau, *Walter Farmer and the Central Collecting Point in Wiesbaden*, in: Peter Jonathan Bell/Kristi A. Nelson, *The Berlin Masterpieces in America. Paintings, Politics, and the Monuments Men*, Ausstellungskatalog Cincinnati, Lewes 2020, S. 32–51.

von Bernstorff/Schuler 2019 Jochen von Bernstorff/Jakob Schuler, *Restitution und Kolonialismus. Wem gehört die Witbooi-Bibel?*, in: Verfassungsblog, 4. März 2019; https://verfassungsblog.de/restitution-und-kolonialismus-wem-gehoert-die-witbooi-bibel/.

Bertz/Dorrmann 2008 Inka Bertz/Michael Dorrmann (Hg.), *Raub und Restitution. Kulturgut aus jüdischem Besitz von 1933 bis heute*, Göttingen 2008.

Bindenagel 1999 J. [James] D. Bindenagel (Hg.), *Washington Conference on Holocaust-Era Assets, November 30 – December 3, 1998. Proceedings*, Washington, DC 1999 (Department of State Publication 10603), https://fcit.usf.edu/holocaust/resource/assets/heaca.pdf.

Binter u. a. 2021 Julia Binter u. a. (Hg.), *macht | | beziehungen. Ein Begleitheft zur postkolonialen Provenienzforschung in den Dauerausstellungen des Ethnologischen Museums und des Museums für Asiatische Kunst im Humboldt Forum*, Berlin 2021, https://www.smb.museum/fileadmin/website/Orte/Humboldtforum/Provenienzforschung/begleitheft-zur-postkolonialen-provenienzforschung-im-humboldt-forum.pdf.

Bischof 2003 Ulf Bischof, *Die Kunst und Antiquitäten GmbH im Bereich Kommerzielle Koordinierung*, Berlin 2003.

BKM 2019 Die Beauftragte der Bundesregierung für Kultur und Medien (BKM) (Hg.), *Handreichung zur Umsetzung der «Erklärung der Bundesregierung, der Länder und der kommunalen Spitzenverbände zur Auffindung und zur Rückgabe NS-verfolgungsbedingt entzogenen Kulturgutes, insbesondere aus jüdischem Besitz» vom Dezember 1999. Neufassung 2019*, Berlin 2019, https://www.kulturgutverluste.de/Content/08_Downloads/DE/Grundlagen/Handreichung/Handreichung.pdf?__blob=publicationFile&v=5.

Blimlinger/Schödl 2018 Eva Blimlinger/Heinz Schödl (Hg.), *… (k)ein Ende in Sicht. 20 Jahre Kunstrückgabegesetz in Österreich*, Wien/Köln/Weimar 2018 (Schriftenreihe der Kommission für Provenienzforschung, Bd. 8).

Bösl 2020 Rosa-Lena Bösl, *Provenienzforschung in Kunstmuseen. Strategien zur Vermittlung der Ergebnisse*, Berlin 2020 (Mitteilungen und Berichte aus dem Institut für Museumsforschung, Nr. 56), https://www.smb.museum/fileadmin/website/Institute/Institut_fuer_Museumsforschung/Publikationen/Mitteilungen/MIT056.pdf.

Bogdanos 2006 Matthew Bogdanos, *Die Diebe von Bagdad. Raub und Rettung der ältesten Kulturschätze der Welt*, München 2006.

Boll 2017 Dirk Boll, *Kunst ist käuflich – Freie Sicht auf den Kunstmarkt*, 3., überarb. und erw. Ausg., Berlin 2017.

Bomski/Seemann/Valk 2018 Franziska Bomski/Hellmut Th. Seemann/Thorsten Valk (Hg.), *Spuren suchen. Provenienzforschung in Weimar*, Göttingen 2018 (Klassik Stiftung Weimar, Jahrbuch 2018).

Bonnet 2018 Anne-Marie Bonnet, *Paul Clemen (1866–1947). Namensgeber des Museums im Kunsthistorischen Institut der Rheinischen Friedrich-Wilhelms-Universität Bonn*, in: Roland Kanz (Hg.), *Das Kunsthistorische Institut in Bonn. Geschichte und Gelehrte*, Berlin/München 2018, S. 131–145.

Boschung/Kreuz/Kienlin 2015 Dietrich Boschung/Patric-Alexander Kreuz/Tobias Kienlin (Hg.), *Biography of Objects. Aspekte eines kulturhistorischen Konzepts*, Paderborn 2015 (Morphomata, Bd. 31).

Brandstetter/Hierholzer 2018 Anna-Maria Brandstetter/Vera Hierholzer (Hg.), *Nicht nur Raubkunst! Sensible Dinge in Museen und wissenschaftlichen Sammlungen*, Göttingen 2018, https://www.vandenhoeck-ruprecht-verlage.com/nicht-nur-raubkunst.

Brechtken 2021 Magnus Brechtken (Hg.), *Aufarbeitung des Nationalsozialismus. Ein Kompendium*, Göttingen 2021.

Bredekamp 2016 Horst Bredekamp, *Das Beispiel Palmyra*, Köln 2016.

Briel 2013 Cornelia Briel, *Beschlagnahmt, erpresst, erbeutet. NS-Raubgut, Reichstauschstelle und Preußische Staatsbibliothek zwischen 1933 und 1945*, Berlin 2013.

Briel 2016 Cornelia Briel, *Die Bücherlager der Reichstauschstelle*, Frankfurt am Main 2016 (Zeitschrift für Bibliothekswesen und Bibliographie, Sonderband 117).

Bussel 2017 Gerard van Bussel, *Der Quetzalfeder-Kopfschmuck*, Wien 2017.

Butin 2020 Hubertus Butin, *Kunstfälschung. Das betrügliche Objekt der Begierde*, Berlin 2020.

Cárdenas 2013 Livia Cárdenas, *Die Textur des Bildes. Das Heiltumsbuch im Kontext religiöser Medialität des Spätmittelalters*, Berlin 2013.

Carl/Güttler/Siehr 2001 Michael H. Carl/Herbert Güttler/Kurt Siehr, *Kunstdiebstahl vor Gericht. City of Gotha v. Sotheby's/Cobert Finance S. A.*, Berlin/New York 2001.

Castro Varela/Dhawan 2020 María do Mar Castro Varela/Nikita Dhawan, *Postkoloniale Theorie. Eine kritische Einführung*, 3. Aufl., Bielefeld 2020.

Chapuis/Kemperdick 2015 Julien Chapuis/Stephan Kemperdick (Hg.), *Das verschwundene Museum. Die Verluste der Berliner Gemälde- und Skulpturensammlungen 70 Jahre nach Kriegsende*, Petersberg 2015.

Clemen 1919 Paul Clemen (Hg.), *Kunstschutz im Kriege. Berichte über den Zustand der Kunstdenkmäler auf den verschiedenen Kriegsschauplätzen und über die deutschen und österreichischen Maßnahmen zu ihrer Erhaltung, Rettung, Erforschung*, 2 Bände, Leipzig 1919.

Cohen/Heimann-Jelinek/Weinberger 2019 Julie-Marthe Cohen/Felicitas Heimann-Jelinek/Ruth Jolanda Weinberger, *Handbuch zur Judaica Provenienzforschung. Zeremonialobjekte*, o. O. 2019, https://art.claimscon.org/wp-content/uploads/2019/03/FINAL-Judaica-Hanbook-DEUTSCH-March-15- 2019.pdf.

Conrad 2019 Sebastian Conrad, *Deutsche Kolonialgeschichte*, 4., durchges. Aufl., München 2019.

Cooke 2020 Susan J. Cooke, *The Place of Provenance in the Catalogue Raisonné*, in: Tompkins 2020, S. 117–123.

Cordez 2015 Philippe Cordez, *Schatz, Gedächtnis, Wunder. Die Objekte der Kirchen im Mittelalter*, Regensburg 2015 (Quellen und Studien zur Geschichte und Kunst im Bistum Hildesheim, Bd. 10).

Cornu/Maget Dominicé 2022 Marie Cornu/Antoinette Maget Dominicé, *L'appréhension juridique des notions d'origine et de provenance des biens culturels, éléments de comparaison*, in: Revue de droit d'Assas, Nr. 23, Mai 2022, S. 107-125, https://www.u-paris2.fr/sites/default/files/document/brochures_plaquette/4778rda23light.pdf.

Cremer 1998 Sabine G. Cremer, *Die Ramersdorfer Kapelle. Ein Beispiel für rheinische Denkmalpflege in der ersten Hälfte des 19. Jahrhunderts*, in: Bonner Geschichtsblätter. Jahrbuch des Bonner Heimat- und Geschichtsvereins, Bd. 47/48, 1998, S. 253–268.

DaCosta Kaufmann/Dossin/Joyeux-Prunel 2015 Thomas DaCosta Kaufmann/Catherine Dossin/Béatrice Joyeux-Prunel (Hg.), *Circulations in the Global History of Art*, Farnham/Burlington 2015.

Damaschun/Schmitt 2019 Ferdinand Damaschun/Ralf Thomas Schmitt (Hg.), *Alexander von Humboldt. Minerale und Gesteine im Museum für Naturkunde Berlin*, Göttingen 2019.

Dehnel 2012 Regine Dehnel (Hg.), *NS-Raubgut in Museen, Bibliotheken und Archiven. Viertes Hannoversches Symposium*, Frankfurt am Main 2012 (Zeitschrift für Bibliothekswesen und Bibliographie, Sonderband 108).

Dehnel 2014 Regine Dehnel, *NS-Raubgut in Museen, Bibliotheken und Archiven. Restitution, universitäre Forschung und Provenienzrecherche*, in: Zeitgeschichte-online, Mai 2014, https://zeitgeschichte-online.de/thema/ns-raubgut-museen-bibliotheken-und-archiven.

Deinert 2020 Mathias Deinert, *Kulturgutverluste in der SBZ und DDR. Nur ein «Ostthema«?*, in: Landschaftsverband Westfalen-Lippe 2020, S. 82–95.

Deinert/Hartmann/Lupfer 2022 Mathias Deinert/Uwe Hartmann/Gilbert Lupfer (Hg.), *Enteignet, entzogen, verkauft. Zur Aufarbeitung der Kulturgutverluste in SBZ und DDR*, Berlin/Boston 2022 (Provenire. Schriftenreihe des Deutschen Zentrums Kulturgutverluste, Magdeburg, Bd. 3).

Deliss 2020 Clémentine Deliss, *The Metabolic Museum*, Berlin 2020.

Deutscher Museumsbund 2013 Deutscher Museumsbund e. V. (Hg.), *Empfehlungen zum Umgang mit menschlichen Überresten in Museen und Sammlungen*, Berlin 2013, https://www.museumsbund.de/wp-content/uploads/2017/04/2013-empfehlungen-zum-umgang-mit-menschl-ueberresten.pdf.

Deutscher Museumsbund 2019 Deutscher Museumsbund e. V. (Hg.), *Schwerpunkt: Dekolonisierung. Was heißt das für die Museen?*, in: Bulletin, Nr. 4/2019, https://www.museumsbund.de/wp-content/uploads/2019/12/00-bulletin19-4-online.pdf.

Deutscher Museumsbund 2021a Deutscher Museumsbund e. V. (Hg.), *Leitfaden. Umgang mit Sammlungsgut aus kolonialen Kontexten*, 3. Fassung, Berlin 2021, https://www.museumsbund.de/wp-content/uploads/2021/03/mb-leitfaden-web-210228-02.pdf.

Deutscher Museumsbund 2021b Deutscher Museumsbund e. V. (Hg.), *Leitfaden. Umgang mit menschlichen Überresten in Museen und Sammlungen*, Berlin 2021, https://www.museumsbund.de/wp-content/uploads/2021/06/dmb-leitfaden-umgang-menschl-ueberr-de-web-20210623.pdf.

Deutsches Zentrum Kulturgutverluste 2019a Deutsches Zentrum Kulturgutverluste (Hg.), *Leitfaden Provenienzforschung zur Identifizierung von Kulturgut, das während der nationalsozialistischen Herrschaft verfolgungsbedingt entzogen wurde*, Magdeburg 2019, https://wissenschaftliche-sammlungen.de/files/2915/7849/1717/Leitfaden-Provenienzforschung.pdf.

Deutsches Zentrum Kulturgutverluste 2019b Deutsches Zentrum Kulturgutverluste (Hg.), *Provenienzforschung in deutschen Sammlungen. Einblicke in zehn Jahre Projektförderung*, Berlin/Boston 2019 (Provenire. Schriftenreihe des Deutschen Zentrums Kulturgutverluste, Magdeburg, Bd. 1).

de Waal 2011 Edmund de Waal, *Der Hase mit den Bernsteinaugen. Das verborgene Erbe der Familie Ephrussi*, Wien 2011.

Diemer 2011 Peter Diemer (Hg.), *Inventarium der gemalten und andern Stuckhen, auch vornemmen sachen, so auf der Cammer Galeria zuefünden seind. Das Inventar der Kammergalerie Kurfürst Maximilians I. von Bayern aus den Jahren 1627–30*, Heidelberg 2011 (Fontes, Bd. 63), http://archiv.ub.uni-heidelberg.de/artdok/volltexte/2011/1631/.

Dilly 1979 Heinrich Dilly, *Kunstgeschichte als Institution. Studien zur Geschichte einer Disziplin*, Frankfurt am Main 1979.

Dittmeyer/Hommers/Windmüller 2015 Daria Dittmeyer/Jeannet Hommers/Sonja Windmüller (Hg.), *Verrückt, Verrutscht, Versetzt. Zur Verschiebung von Gegenständen, Körpern und Orten*, Berlin 2015 (Schriftenreihe der Isa Lohmann-Siems Stiftung, Bd. 8).

Dolezalek/Savoy/Skwirblies 2021 Isabelle Dolezalek/Bénédicte Savoy/Robert Skwirblies (Hg.), *Beute. Eine Anthologie zu Kunstraub und Kulturerbe*, Berlin 2021.

Donath 1923 Adolph Donath, *Der Kunstsammler. Psychologie des Kunstsammelns*, 4., verm. Aufl., Berlin 1923 (Bibliothek für Kunst- und Antiquitätensammler, Bd. 9); 2., verm. Auflage 1917: https://archive.org/stream/psychologiedesku1917dona/psychologiedesku1917dona_djvu. txt.

Donath 1925 Adolph Donath, *Technik des Kunstsammelns*, Berlin 1925 (Bibliothek für Kunst- und Antiquitätensammler, Bd. 28).

Eberlein 1991 Johann Konrad Eberlein, *Ein verhängnisvoller Engel. Paul Klees Bild «Angelus Novus» und Walter Benjamins Interpretationen*, in: Frankfurter Allgemeine Zeitung, 20. Juli 1991, http://www.atelierleonhardt.de/ein%20verhaengnisvoller%20Engel.pdf.

Edenheiser/Förster 2019 Iris Edenheiser/Larissa Förster (Hg.), *Museumsethnologie. Eine Einführung. Theorien – Debatten – Praktiken*, Berlin 2019, https://docplayer.org/173302969-Iris-edenheiser-larissa-foerster-museumsethnologie-eine-einfuehrung-theorien-debatten-praktiken.html.

Eichwede/Hartung 1998 Wolfgang Eichwede/Ulrike Hartung (Hg.), *«Betr.: Sicherstellung». NS-Kunstraub in der Sowjetunion*, Bremen 1998.

von Eitelberger 1874 R. v. [Rudolf von] Eitelberger, *Die Resultate des ersten internationalen kunstwissenschaftlichen Congresses in Wien*, in: Mittheilungen der K. K. Central-Commission zur Erforschung und Erhaltung der Baudenkmale, 19. Jg., 1874, S. 40–46, https://doi.org/10.11588/diglit.26256.6.

Feigenbaum/Reist 2012 Gail Feigenbaum/Inge Reist (Hg.), *Provenance. An Alternate History of Art*, Los Angeles 2012.

Félibien 1677 André Félibien, *Tableaux du Cabinet du Roy – Statuës et bustes antiques des Maisons Royales*, Paris 1677, https://digital.staatsbibliothek-berlin.de/werkansicht?PPN=PPN684228122&PHYSID=PHYS_0005&DMDID=DMDLOG_0001.

Fennetaux/Miller-Blaise/Oddo 2020 Ariane Fennetaux/Anne-Marie Miller-Blaise/Nancy Oddo (Hg.), *Objets nomades. Circulations matérielles, appropriations et formation des identités à l'ère de la première mondialisation, XVI*[e]*-XVIIIe*[e] *siècles*, Turnhout 2020 (Techne: Savoir, technique et culture matérielle, Bd. 5).

Fey 2019 Carola Fey, *Ordnung, Präsentation und Kommunikation*, in: Landesmuseum Württemberg (Hg.), *Die Kunstkammer der Herzöge von Württemberg. Bd. 1: Bestand, Geschichte, Kontext*, Heidelberg 2019, S. 103–131, https://books.ub.uni-heidelberg.de/arthistoricum/reader/download/602/602-17-87252-1-10-20191210.pdf.

Fforde/McKeown/Keeler 2020 Cressida Fforde/C. Timothy McKeown/Honor Keeler (Hg.), *The Routledge Companion to Indigenous Repatriation. Return, Reconcile, Renew*, London 2020.

Fine/Thode-Arora 2021 Jonathan Fine/Hilke Thode-Arora, *Provenienzforschung – Forschungsquellen, Methodik, Möglichkeiten*, in: Deutscher Museumsbund 2021a, S. 153–158.

Fitschen 2004 Thomas Fitschen: *«30 Jahre Rückführung von Kulturgut». Wie der Generalversammlung ihr Gegenstand abhanden kam*, in: Vereinte Nationen, Nr. 2/2004, S. 46–51, https://zeitschrift-vereinte-nationen.de/publications/PDFs/Zeitschrift_VN/VN_2004/HEFT_2_2004/02_Beitrag_Fitschen_VN_2-04.pdf.

Flashar 2000 Martin Flashar (Hg.), *Bewahren als Problem. Schutz archäologischer Kulturgüter*, Freiburg im Breisgau 2000.

Flix 2022 Flix, *Das Humboldt-Tier. Ein Marsupilami-Abenteuer*, Hamburg 2022.

Förster 2019 Larissa Förster, *Der Umgang mit der Kolonialzeit. Provenienz und Rückgabe*, in: Edenheiser/Förster 2019, S. 78–103.

Förster u.a. 2018 Larissa Förster u.a. (Hg.), *Provenienzforschung zu ethnografischen Sammlungen der Kolonialzeit. Positionen in der aktuellen Debatte. Elektronische Publikation zur Tagung «Provenienzforschung in ethnologischen Sammlungen der Kolonialzeit»*, Museum Fünf Kontinente, München, 7./8. April 2017, Berlin 2018, https://edoc.hu-berlin.de/handle/18452/19769.

Förster/Edenheiser/Fründt 2018 Larissa Förster/Iris Edenheiser/Sarah Fründt, *Eine Tagung zu postkolonialer Provenienzforschung. Zur Einführung*, in: Förster u.a. 2018, S. 13–36.

Foucart-Walter 2007 Élisabeth Foucart-Walter (Hg.), *Catalogue des peintures italiennes du Musée du Louvre. Catalogue sommaire*, Paris 2007.

Foulon 1999 Béatrice Foulon, *Dominique-Vivant Denon. L'oeil de Napoléon*, Ausstellungskatalog Paris 1999/2000, Paris 1999.

Frehner 1998 Matthias Frehner (Hg.), *Das Geschäft mit der Raubkunst. Fakten, Thesen, Hintergünde*, Zürich 1998.

Fuchsgruber 2020 Lukas Fuchsgruber, *Das Spektakel der Auktion. Die Gründung des Hôtel Drouot und die Entwicklung des Pariser Kunstmarkts im 19. Jahrhundert*, Paris 2020 (Schriftenreihe Passages, Bd. 60), https://books.openedition.org/editionsmsh/23953.

Fuhrmeister 2018 Christian Fuhrmeister, *Provenienzforschung neu denken*, in: Bomski/Seemann/Valk 2018, S. 17–32.

Fuhrmeister/Wedekind/Tischner 2017 Christian Fuhrmeister/Michael Wedekind/Maria Tischner, *Kulturguttransfers im Alpen-Adria-Raum während des 20. Jahrhunderts*, in: Provenienz & Forschung, Heft 2/2017, S. 41–45, https://www.transcultaa.eu/wp-content/uploads/2017/11/2–17-ProvenienzForschung-Fuhrmeister-Wedekind-Tischner.pdf.

Gammon 2018 Martin Gammon, *Deaccessioning and Its Discontents. A Critical History*, Cambridge/London 2018.

Gaudenzi/Swenson 2017 Bianca Gaudenzi/Astrid Swenson, *Looted Art and Restitution in the Twentieth Century. Towards a Global Perspective*, in: Journal of Contemporary History 52, 2017, Nr. 3, S. 491–518.

Geary 1990 Patrick J. Geary, *Furta Sacra. Thefts of Relics in the Central Middle Ages*, Revised Edition, Princeton 1990.

Geißler-Grünberg 2019 Anke Geißler-Grünberg, *Judaica als NS-Raubgut im Bestand der Universitätsbibliothek Potsdam*, in: Deutsches Zentrum Kulturgutverluste 2019b, S. 171–178.

Goldmann 2017 Renate Goldmann (Hg.), *Unsere Werte? Provenienzforschung im Dialog. Leopold-Hoesch-Museum Düren und Wallraf-Richartz-Museum Köln*, Ausstellungskatalog Düren 2016/17, Köln 2017.

Goschler 2008 Constantin Goschler, *Zwei Wellen der Restitution. Die Rückgabe jüdischen Eigentums nach 1945 und 1990*, in: Inka Bertz/Michael Dorrmann (Hg.), *Raub und Restitution. Kulturgut aus jüdischem Besitz von 1933 bis heute*, Göttingen 2008, S. 30–45.

Goschler/Ther 2003 Constantin Goschler/Philipp Ther, *Einleitung*, in: dies. (Hg.), *Raub und Restitution. «Arisierung» und Rückerstattung des jüdischen Eigentums in Europa*, Frankfurt am Main 2003, S. 9–25.

Gramlich 2021 Johannes Gramlich, *NS-Raubkunst und die Herausforderungen der Restitution. Ein Überblick*, in: Brechtken 2021, S. 584–613.

Gramlich/Thielecke 2019 Johannes Gramlich/Carola Thielecke, *Provenienzforschung als Selbstverpflichtung*, in: Deutsches Zentrum Kulturgutverluste 2019a, S. 15–24.

Greve 2022 Anna Greve, *Postkoloniale Museologie als Innovationsförderung für die Museen der Zukunft*, in: Mohr/Modarressi-Tehrani 2022, S. 329–339.

Grimm 2016 Alfred Grimm, *Ein Schmetterling kehrt zurück. In der DDR entzogen – vom Freistaat Bayern zurückgegeben. Das Bayerische Nationalmuseum restituiert ein «Schloßbergungsobjekt»*, in: aviso, Heft 1/2016, S. 44–47.

Güttler 2010 Herbert Güttler, *Beutekunst? Kritische Betrachtungen zur Kulturpolitik*, Bonn 2010.

Guiffrey 1894–96 Jules Guiffrey (Hg.), *Inventaires de Jean duc de Berry (1401–1416)*, 2 Bände, Paris 1894–1896, Bd. 1: https://archive.org/details/inventairesdejea01berruoft/page/n5/mode/ 2up; Bd. 2: https://gallica.bnf.fr/ark:/12148/bpt6k6331476k/f5.image.texteImage.

Haag u. a. 2012 Sabine Haag u. a. (Hg.), *Der altmexikanische Federkopfschmuck*, Altenstadt 2012.

Hahn u. a. 2021 Hans Peter Hahn u. a. (Hg.), *Digitalisierung ethnologischer Sammlungen. Perspektiven aus Theorie und Praxis*, Bielefeld 2021, https://www.transcript-verlag.de/media/pdf/6a/07/5f/oa9783839457900NaI 5CsWVcz8fV.pdf.

Halbwachs 1985 Maurice Halbwachs, *Das kollektive Gedächtnis*, Frankfurt am Main 1985.

Hartmann 2007 Uwe Hartmann (Bearb.), *Kulturgüter im Zweiten Weltkrieg. Verlagerung – Auffindung – Rückführung*, Magdeburg 2007 (Veröffentlichungen der Koordinierungsstelle für Kulturgutverluste, Bd. 4).

Hartmann 2008 Uwe Hartmann, *Provenienzforschung. Anmerkungen zu aktuellen Anforderungen an einen historischen Gegenstandsbereich*, in: Museumskunde, Bd. 73, 2008, Heft 1, S. 7–23.

Hartmann 2016 Uwe Hartmann, *Unrechtmäßige Entziehung von Kulturgut in Deutschland im 20. Jahrhundert – Forschung, Dokumentation und Vermittlung. Aufgaben und Tätigkeitsfelder des Deutschen Zentrums Kulturgutverluste*, in: Zeitschrift für Bibliothekswesen und Bibliographie 63, 2016, Heft 4, S. 184–192, https://zs.thulb.uni-jena.de/servlets/MCRFileNodeServlet/jportal_derivate_00246964/j16-h4-auf-1.pdf.

Hartung 2005 Hannes Hartung, *Kunstraub in Krieg und Verfolgung. Die Restitution der Beute- und Raubkunst im Kollisions- und Völkerrecht*, Berlin 2005.

Haskell 1993 Francis Haskell, *Die schwere Geburt des Kunstbuchs*, Berlin 1993.

Hauser-Schäublin 2018 Brigitta Hauser-Schäublin, *Ethnologische Provenienzforschung – warum heute?*, in: Förster u. a. 2018, S. 327–333.

Heidt 2017 Sheila Heidt, *Restitutionsbegehren bei NS-Raubkunst. Praxisleitfaden*, Berlin 2017.

Heilmeyer/Eule 2004 Wolf-Dieter Heilmeyer/J. Cordelia Eule (Hg.), *Illegale Archäologie? Internationale Konferenz über zukünftige Probleme bei unerlaubtem Antikentransfer, 23.-25. 5. 2003 in Berlin, aus Anlass des 15. Jahrestages der Berliner Erklärung*, Berlin 2004.

Hellmayr 2021 Leoni Hellmayr, *Der Mann, der Troja erfand. Das abenteuerliche Leben des Heinrich Schliemann*, Darmstadt 2021.

Hellwig 2005 Karin Hellwig, *Von der Vita zur Künstlerbiographie*, Berlin 2005.

Herman 2021 Alexander Herman, *Restitution. The Return of Cultural Artefacts*, London 2021.

Hermes-Wladarsch 2020 Maria Hermes-Wladarsch, *Jede Büchersammlung ein Werk für sich? Wege und Charakteristika bibliothekarischer Provenienzrecherche. Vier Beispiele aus der Staats- und Universitätsbibliothek Bremen*, in: Bibliotheksdienst, Bd. 54, 2020, Heft 10–11, S. 757–780, https://doi.org/10.1515/bd-2020-0091.

Heuer 2013 Carl-Heinz Heuer, *Die eigentumsrechtliche Problematik der «Entarteten Kunst»*, in: Meike Hoffmann/Andreas Hüneke (Hg.), *Auf den Spuren der verlorenen Moderne. 10 Jahre Forschungsstelle «Entartete Kunst» am Kunsthistorischen Institut der Freien Universität Berlin*, Berlin 2013, S. 10–14.

Heuss 2000 Anja Heuss, *Kunst- und Kulturgutraub. Eine vergleichende Studie zur Besatzungspolitik der Nationalsozialisten in Frankreich und der Sowjetunion*, Heidelberg 2000.

Heuss/Schlegel 2018 Anja Heuss/Sebastian Schlegel, *«Fluchtgut». Eine Forschungskontroverse*, in: Bomski/Seemann/Valk 2018, S. 203–226.

Heydenreuter 1995 Reinhard Heydenreuter, *Geraubt von Anfang an. Die abenteuerliche Geschichte des Quedlinburger Domschatzes*, Frankfurt am Main/Berlin 1995.

Heyer 2019 Esther Heyer, *Der Provinzialkonservator Franziskus Graf Wolff Metternich. Denkmalpflege und Kunstschutz im Rheinland und in Frankreich*, in: *Kulturpolitik der Rheinischen Provinzialverwaltung 1920 bis 1945. Tagung am 18. und 19. Juni 2018 im LVR-LandesMuseum Bonn in Kooperation mit dem LVR-Institut für Landeskunde und Regionalgeschichte*, Darmstadt 2019 (Beihefte der Bonner Jahrbücher, Bd. 59), S. 73–84.

Hirsch 2016 Johannes Hirsch, *Narrationen der Fälschung. Von Kunstfälschung und Erzählkunst bei Wolfgang Beltracchi, Eric Hebborn und Elmyr de Hory*, Gießen 2016.

Höroldt 2018 Ulrike Höroldt, *Quellen für die Provenienzforschung in den Archiven in Sachsen-Anhalt*, in: Sachsen und Anhalt. Jahrbuch der Historischen Kommission für Sachsen-Anhalt, Bd. 30, 2018, S. 311–329.

Hoet 1752 Gerard Hoet, *Catalogus of naamlyst van schilderyen, met derzelver pryzen*, 2 Bände, Den Haag 1752, Bd. 1: https://archive.org/details/catalogusofnaamlo1hoet/page/n6/mode/2up; Bd. 2: http://digital.onb.ac.at/OnbViewer/viewer.faces?doc=ABO_%2BZ15 7190801.

Hoffmann 2019 Meike Hoffmann, *Rudolf Mosse. Der Berliner Verleger als Kunstsammler*, in: Deutsches Zentrum Kulturgutverluste 2019b, S. 313–320.

Holm 2008 Kerstin Holm, *Rubens in Sibirien. Beutekunst aus Deutschland in der russischen Provinz*, Berlin 2008.

Hopp 2018 Meike Hopp, *Provenienzrecherche und digitale Forschungsinfrastrukturen in Deutschland: Tendenzen, Desiderate, Bedürfnisse*, in: Blimlinger/Schödl 2018, S. 37–61.

Huemer 2017 Christian Huemer, *German Sales 1901–1945. Kunst – Auktionen – Provenienzen*, in: Provenienz & Forschung, Heft 1/2017, S. 53–57.

Huemer 2019 Christian Huemer, *The Provenance of Provenances*, in: Milosch/Pearce 2019, S. 3–15.

Hüneke 2010 Andreas Hüneke, *Beschlagnahmte Kunstwerke im Atelier Ernst Barlachs. Böhmer als Händler der Aktion «Entartete Kunst» und die Auslagerung von deren Restbeständen nach Güstrow*, in: Meike Hoffmann (Hg.), *Ein Händler «entarteter» Kunst. Bernhard A. Böhmer und sein Nachlass*, Berlin 2010 (Schriften der Forschungsstelle «Entartete Kunst», Bd. 3), S. 73–88.

Hüsgen u. a. 2018 Jan Hüsgen u. a. (Red.), *Kunstbesitz. Kunstverlust. Objekte und ihre Herkunft*, Ausstellungsbroschüre Dresden 2018/19, Dresden 2018, https://www.skd.museum/forschung/kunstbesitz-kunstverlust-objekte-und-ihre-herkunft/.

Hunger 1928 F. W. T. [Friedrich Wilhelm Tobias] Hunger, *Bernardus Paludanus (Berent ten Broecke) (1550–1633)*, Leiden 1928, https://archive.org/stream/39002011124253.med.yale.edu#mode/1up

Interessengemeinschaft Deutscher Kunsthandel 2021 Interessengemeinschaft Deutscher Kunsthandel (Hg.), *Fair und gerecht? Restitution und Provenienz im Kunstmarkt. Praxis – Probleme – Perspektiven*, Heidelberg 2021, https://doi.org/10.11588/arthistoricum.872.

Irmscher 2007 Tobias H. Irmscher, *Kulturgüterschutz im Völkerrecht am Beispiel der Beutekunst in Russland*, in: Schoen/Baresel-Brand 2007, S. 15–46.

Isphording 2019 Bernd Isphording, *Kunstexporte aus der DDR. Zur Erschließung von Akten der Kunst und Antiquitäten GmbH und des Staatlichen Kunsthandels der DDR durch das Bundesarchiv*, in: Provenienz & Forschung, Heft 1/ 2019, S. 36–41.

Jacobs 2020 Stephanie Jacobs, *Bestände aus Leipzig und Moskau finden im Netz wieder zusammen. Deutsche Nationalbibliothek und Russische Staatsbibliothek unterzeichnen Vertrag zur kooperativen Digitalisierung und Erschließung kriegsbedingt verlagerten Kulturguts*, in: Zeitschrift für Bibliothekswesen und Bibliographie 67, 2020, Heft 1, S. 62.

Jain 2021 Jyotindra Jain, *Objekte und ihre Wege: Zur Provenienz der Dinge*, in: Stiftung Humboldt Forum im Berliner Schloss (Hg.), *(Post)Kolonialismus und Kulturelles Erbe. Internationale Debatten im Humboldt Forum*, München 2021, S. 133–151.

Jakobi 2013 Elisabeth Jakobi, *Der Raub von Kulturgütern der Antike aus kriminalpolizeilicher Sicht*, in: Weller/Kemle/Dreier 2013, S. 35–43.

Janda/Grabowski 1992 Annegret Janda/Jörn Grabowski, *Kunst in Deutschland 1905–*

1937. Die verlorene Sammlung der Nationalgalerie im ehemaligen Kronprinzen-Palais. Dokumentation, Berlin 1992 (Bilderheft der Staatlichen Museen zu Berlin, Heft 70/72).

Jayme 2019 Erik Jayme, *Die Restitution von Kolonialgut aus europäischen Museen an afrikanische Herkunftsländer. Rechtsfragen*, in: Kunst und Recht, 21. Jg., 2019, Heft 1, S. 8–10.

Jayme 2021 Erik Jayme, *Entleerte Museen: Kolonialgut im Kunstrecht*, in: Bulletin Kunst & Recht, 2021/2–2022/1, S. 5–16.

Jeuthe 2019 Gesa Jeuthe, *Kunstwerke im Exil – Das sogenannte «Fluchtgut» als Zeugnis von Verfolgung, Vertreibung und Verlust*, in: Sylvia Asmus/Doerte Bischoff/Burcu Dogramaci (Hg.), *Archive und Museen des Exils*, Berlin/Boston 2019 (Exilforschung, Bd. 37), S. 130–145.

Joullain 1783 François-Charles Joullain, *Répertoire de Tableaux, Dessins et Estampes. Ouvrage utile aux Amateurs. Première Partie*, Paris 1783, https://archive.org/details/repertoiredetabloojoul/mode/2up.

Jucker 2010 Michael Jucker, *Zirkulation und Werte der geraubten Dinge: Schatz, Beute und ihre Symbolik im mittelalterlichen Krieg*, in: Lucas Burkart u. a. (Hg.), *Le Trésor au Moyen Âge. Discours, pratiques et objets*, Florenz 2010 (Micrologus' library, Bd. 32), S. 221–239.

Kaiser-Schuster 2021 Britta Kaiser-Schuster (Hg.), *Kulturelles Gedächtnis. Kriegsverluste deutscher Museen. Wege und Biografien*, Wien/Köln 2021 (Studien zu kriegsbedingt verlagerten Kulturgütern, Bd. 3).

Karrels 2019 Nancy Karrels, *Exhibiting Provenance in the University Museum. A Case Study*, in: Milosch/Pearce 2019, S. 87–99.

Kaspar 2007 Fred Kaspar (Bearb.), *Bauten in Bewegung. Von der Wiederverwendung alter Hausgerüste, vom Verschieben und vom Handel mit gebrauchten Häusern, von geraubten Spolien, Kopien und wiederverwendeten Bauteilen*, Mainz 2007 (Denkmalpflege und Forschung in Westfalen, Bd. 47).

Kathmann 2007 Dorothea Kathmann, *Rückgewinnung von abhanden gekommenen Kunstwerken bei der Stiftung Preußischer Kulturbesitz in Berlin – Erfahrungen und Erfolge anhand konkreter Beispiele aus der jüngeren Praxis*, in: Schoen/Baresel-Brand 2007, S. 227–258.

Kaulbach 2012 Hans-Martin Kaulbach, *Der Stuttgarter Band (S)*, in: ders./Helmut Zäh, *Das Augsburger Geschlechterbuch – Wappenpracht und Figurenkunst. Ein Kriegsverlust kehrt zurück*, Ausstellungskatalog Stuttgart, Luzern 2012, S. 191–227.

Kazeem/Martinz-Turek/Sternfeld 2009 Belinda Kazeem/Charlotte Martinz-Turek/Nora Sternfeld (Hg.), *Das Unbehagen im Museum. Postkoloniale Museologien*, Wien 2009 (Ausstellungstheorie und Praxis, Bd. 3).

Keazor 2015 Henry Keazor, *Täuschend echt! Eine Geschichte der Kunstfälschung*, Darmstadt 2015.

Kenzler 2017 Marcus Kenzler (Hg.), *Herkunft verpflichtet! Die Geschichte hinter den Werken. 101 Schlagworte zur Provenienzforschung*, Oldenburg 2017.

Kerner 2021 Ina Kerner, *Postkoloniale Theorien zur Einführung*, 4., unveränd. Aufl., Hamburg 2021.

Ketelsen 1990 Thomas Ketelsen, *Künstlerviten – Inventare – Kataloge. Drei Studien zur Geschichte der kunsthistorischen Praxis*, Ammersbek bei Hamburg 1990.

Ketelsen 2005 Thomas Ketelsen, *Zur Geschichte des Sammlungs- und Galeriekataloges im 18. Jahrhundert*, in: Zeitschrift für schweizerische Archäologie und Kunstgeschichte, Bd. 62, 2005, Heft 3/4, S. 153–160.

Knaus 2016 Gudrun Knaus, *Invenit, incisit, imitavit. Die Kupferstiche von Marcantonio Raimondi als Schlüssel zur weltweiten Raffael-Rezeption 1510–1700*, Berlin/Boston 2016.

Kocourek u. a. 2019 Jana Kocourek u. a., *Methoden der Provenienzforschung*, in: Deutsches Zentrum Kulturgutverluste 2019a, S. 43–81.

Köpke 2011 Wulf Köpke (Hg.), *«Elmenhorst & Co.». 150 Jahre Hamburger Sammlungen zu den Maya aus Guatemala*, Ausstellungskatalog Hamburg 2011 (Mitteilungen aus dem Museum für Völkerkunde Hamburg, N. F., Bd. 41).

Köstering/Sachse 2019 Susanne Köstering/Alexander Sachse, *Erstcheck: Provenienzrecherche in Stadt- und Regionalmuseen des Landes Brandenburg*, in: Deutsches Zentrum Kulturgutverluste 2019b, S. 163–170.

Koldehoff 2014 Stefan Koldehoff, *Die Bilder sind unter uns. Das Geschäft mit der NS-Raubkunst und der Fall Gurlitt*, Neuausg., Berlin 2014.

Koldehoff/Koldehoff 2004 Nora Koldehoff/Stefan Koldehoff, *Aktenzeichen Kunst. Die spektakulärsten Kunstdiebstähle der Welt*, Köln 2004.

Koldehoff/Lupfer/Roth 2009 Stefan Koldehoff/Gilbert Lupfer/Martin Roth (Hg.), *Kunst-Transfers. Thesen und Visionen zur Restitution von Kunstwerken. Tagung am 2. Oktober 2008 im Residenzschloss Dresden*, München / Berlin 2009.

Koldehoff/Timm 2013 Stefan Koldehoff/Tobias Timm, *Falsche Bilder – Echtes Geld. Der Fälschungscoup des Jahrhunderts – und wer alles daran verdiente*, Köln 2013.

Koldehoff/Timm 2020 Stefan Koldehoff/Tobias Timm, *Kunst und Verbrechen*, Berlin 2020.

Koller 2017 Christian Koller, *Deutschland*, in: Dirk Göttsche/Axel Dunker/Gabriele Dürbeck (Hg.), *Handbuch Postkolonialismus und Literatur*, Stuttgart 2017, S. 399–402.

Kott 1998 Christina Kott, *Kunstwerke als Faustpfänder im Ersten Weltkrieg*, in: Frehner 1998, S. 43–50.

Kraus 2015 Michael Kraus, *Quo vadis, Völkerkundemuseum? – Eine Einführung*, in: ders./ Karoline Noack (Hg.), *Quo vadis, Völkerkundemuseum? Aktuelle Debatten zu ethnologischen Sammlungen in Museen und Universitäten*, Bielefeld 2015, S. 7–37.

Krause 2009 Karin Krause, *Feuerprobe, Portraits in Stein. Mittelalterliche Propaganda für Venedigs Reliquien aus Konstantinopel und die Frage nach ihrem Erfolg*, in: Margit Mersch/Ulrike Ritzerfeld (Hg.), *Lateinisch-griechisch-arabische Begegnungen. Kulturelle Diversität im Mittelmeerraum des Spätmittelalters*, Berlin 2009 (Europa im Mittelalter. Abhandlungen und Beiträge zur historischen Komparatistik, Bd. 15), S. 111–162.

Krause 2005 Katharina Krause, *Galeriewerke*, in: dies./Niehr/Hanebutt-Benz 2005, S. 253–266.

Krause 2019 Stefan Krause, *Ein Inventar der Wiener Kaiserlichen Rüstkammer von 1678 – Einleitung*, in: Jahrbuch des Kunsthistorischen Museums Wien, Bd. 19/20, 2019, S. 149–184.

Krause/Niehr/Hanebutt-Benz 2005 Katharina Krause/Klaus Niehr/Eva-Maria Hanebutt-Benz (Hg.), *Bilderlust und Lesefrüchte. Das illustrierte Kunstbuch von 1750 bis 1920*, Ausstellungskatalog Mainz, Leipzig 2005.

Krempel/Krull/Wessler 2012 Ulrich Krempel/Wilhelm Krull/Adelheid Wessler (Hg.), *Erblickt, verpackt und mitgenommen – Herkunft der Dinge im Museum. Provenienzforschung im Spiegel der Zeit*, Hannover [2012].

Kretzschmar 2007 Robert Kretzschmar (Red.), *Das deutsche Archivwesen und der Nationalsozialismus. 75. Deutscher Archivtag 2005 in Stuttgart*, Essen 2007 (Tagungsdokumentationen zum Deutschen Archivtag, Bd. 10).

Künkler 2022 Eva Künkler, *Koloniale Gewalt und der Raub kultureller Objekte und menschlicher Überreste. Eine systematische Übersicht zu Militärgewalt und sogenannten Strafexpeditionen in deutschen Kolonialgebieten in Afrika (1884–1919)*, (Working Paper Deutsches Zentrum Kulturgutverluste, Bd. 2/2022), Magdeburg 2022, https://doi.org/10.25360/01-2022-00001.

Künzl 2019 Ernst Künzl, *Der grosse Kunstraub. Orient – Griechenland – Rom – Byzanz*, Oppenheim am Rhein 2019.

Kuhr-Korolev/Schmiegelt-Rietig/Zubkova 2019 Corinna Kuhr-Korolev/Ulrike Schmiegelt-Rietig/Elena Zubkova, *Raub und Rettung. Russische Museen im Zweiten Weltkrieg*, Wien/Köln/Weimar 2019 (Studien zu kriegsbedingt verlagerten Kulturgütern, Bd. 1).

Kunze 2010 Hans Henning Kunze, *Restitution «Entarteter Kunst». Sachenrecht und internationales Privatrecht*, Berlin/New York 2000.

Kuprecht 2010 Karolina Kuprecht, *Human Rights Aspects of Indigenous Cultural Property Repatriation*, in: Odendahl/Weber 2010, S. 191–226.

Kuprecht 2020 Karolina Kuprecht, *Kulturgüter aus der Kolonialzeit und Restitution: Änderungen ohne Änderungen*, in: Weller u. a. 2020, S. 153–165.

Lagatz/Savoy/Sissis 2021 Merten Lagatz/Bénédicte Savoy/Philippa Sissis (Hg), *Beute. Ein Bildatlas zu Kunstraub und Kulturerbe*, Berlin 2021.

Lanciani 1989–2002 Rodolfo Lanciani, *Storia degli scavi di Roma e notizie intorno le collezioni romane di antichità*, 7 Bände, Rom 1989–2002.

Landschaftsverband Rheinland 2019 Landschaftsverband Rheinland (Hg.), *Provenienzforschung in NRW. Informationen und Empfehlungen für eine systematische, flächendeckende und nachhaltige Provenienzforschung*, Köln 2019, https://www.lvr.de/media/wwwlvrde/kultur/provenienzforschung/downloads_1/Projekt_Provenienzforschung_NRW_Web~1.pdf.

Landschaftsverband Westfalen-Lippe 2020 Landschaftsverband Westfalen-Lippe (LWL) (Hg.), *Geschichte der Dinge. Zur Herkunft der Objekte in nordrhein-westfälischen Sammlungen. Eine Wanderausstellung des LWL-Museumsamtes für Westfalen in Kooperation mit dem LVR-Fachbereich Regionale Kulturarbeit, LVR Museumsberatung*, Münster 2020.

Langbrandtner/Heyer/Peyronnet-Dryden 2021 Hans-Werner Langbrandtner/Esther Rahel Heyer/Florence de Peyronnet-Dryden (Hg.), *Kulturgutschutz in Europa und im Rheinland. Franziskus Graf Wolff Metternich und der Kunstschutz im Zweiten Weltkrieg*, Wien/Köln/Weimar 2021 (Brüche und Kontinuitäten. Forschungen zu Kunst und Kunstgeschichte im Nationalsozialismus, Bd. 5).

Lange/Schmutz 2021 Carolin Lange/Thomas Schmutz, *Provenienzforschung im Museum I. NS-Raubgut. Grundlagen und Einführung in die Praxis*, o. O. 2021, https://www.museums.ch/assets/files/dossiers_d/Standards/VMS_Standard_Provenienz_NS-Raubgut_D_Web_neu.pdf.

Langer 2018 Robert Langer, *Die Wege der geraubten Bücher. Die Stadtbibliothek Bautzen und die Hertie-Sammlung*, Dresden 2018 (forschung+, Bd. 2).

Lauterbach 2015 Iris Lauterbach, *Der Central Collecting Point in München. Kunstschutz, Restitution, Neubeginn*, Berlin/München 2015 (Veröffentlichungen des Zentralinstituts für Kunstgeschichte in München, Bd. 34).

Lechner 2011 Georg Lechner, *Die Anfänge der kaiserlichen Galerie im Belvedere 1776–1805. Joseph Rosa d. Ä. als Galeriedirektor und das Intermezzo Christian von Mechels*, in: Agnes Husslein-Arco/Katharina Schoeller (Hg), *Das Belvedere. Genese eines Museums*, Weitra 2011, S. 69–91.

Lembke 2021 Katja Lembke, *Ikonen der Kunst. Und wie sie zu dem wurden, was sie heute sind*, München/London/New York 2021.

Lehninger 1782 [Johann August Lehninger] *Abrégé de la vie des peintres, dont les tableaux composent la galerie electorale de Dresde. Avec le detail de tous les tableaux de cette collection & des éclaircissements historiques sur ces chefs-d'œuvres de la peinture*, Dresden 1782, https://gallica.bnf.fr/ark:/12148/bpt6k6476747s/f9.image. texteImage.

Lenhart/Scholz 2018 Markus Helmut Lenhart/Birgit Scholz (Hg.), *Was bleibt? Bibliothekarische NS-Provenienzforschung und der Umgang mit ihren Ergebnissen*, Graz 2018 (Veröffentlichungen der Forschungsstelle Nachkriegsjustiz, Bd. 5).

Lippert 2018 Nicolas Lippert, *Gerechtigkeit im Einzelfall. Provenienzforschung als politische Aufgabe*, in: Barbara Magen (Hg.), *« … Denn das eigentliche Studium der Menschheit ist der Mensch.» Festschrift für Alfred Grimm*, Wiesbaden 2018, S. 199–213.

Lüthy 1995 Michael Lüthy, *Andy Warhol. Thirty Are Better Than One. Eine Kunst-Monographie*, Frankfurt am Main/Leipzig 1995.

Lugt 1921 (1956) Frits Lugt, *Les Marques de collections de dessins & d'estampes*, Amsterdam 1921 (Supplément Den Haag 1956).

Lugt 1938–1987 Frits Lugt, *Répertoire des catalogues de ventes publiques intéressant l'Art ou la Curiosité*, Bd. 1–3: Den Haag 1938, 1953, 1964; Bd. 4: Paris 1987.

Lulińska 2017 Agnieszka Lulińska (Konz.), *Bestandsaufnahme Gurlitt. «Entartete Kunst»* –

Beschlagnahmt und verkauft. Kunstmuseum Bern. Der NS-Kunstraub und die Folgen. Kunst- und Ausstellungshalle der Bundesrepublik Deutschland, Bonn, Ausstellungskatalog Bern/Bonn, München 2017.

Lupfer 2012 Gilbert Lupfer, *Provenienzforschung und ihre Parameter: Politik, Recht, Moral und Wissenschaft*, in: Krempel/Krull/Wessler 2012, S. 41–48.

Lupfer 2020 Gilbert Lupfer, *Provenienzforschung – ein kurzer Abriss*, in: Landschaftsverband Westfalen-Lippe 2020, S. 12–21.

Lupfer 2022 Gilbert Lupfer, *Agieren in Grauzonen. Forschungsfragen zum Entzug von Kulturgütern in der Sowjetischen Besatzungszone und der DDR*, in: Saß/Weller/Zuschlag 2022, S. 101–106.

Luz 1931 W. A. [Wilhelm August] Luz, *Die Rückseite alter Bilder*, in: Der Kunstwanderer. Zeitschrift für alte und neue Kunst, für Kunstmarkt und Sammelwesen, 13. Jg., 1931, Maiheft, S. 261 f.

MacGregor 2015 Neil MacGregor, *Eine Geschichte der Welt in 100 Objekten*, 6. Aufl., München 2015.

Mackay Quynn 1945 Dorothy Mackay Quynn, *The Art Confiscations of the Napoleonic Wars*, in: The American Historical Review, Bd. 50, 1945, Nr. 3, S. 437–460, https://www.jstor.org/stable/1843116?seq=1.

Markschies 2018 Alexander Markschies, *Herrlicher als die Werke der Römer. Der Aachener Dom als Paradigma frühmittelalterlicher Antikenrezeption*, in: Andreas Beyer (Hg.), *Die Präsenz der Antike in der Architektur*, Berlin/Boston 2018 (Colloquia Raurica, Bd. 12), S. 56–78.

Mayer/Tammaro 2018 Gernot Mayer/Silvia Tammaro (Hg.), *Travelling Objects. Botschafter des Kulturtransfers zwischen Italien und dem Habsburgerreich*, Wien/Köln/Weimar 2018 (Schriftenreihe des Österreichischen Historischen Instituts in Rom, Bd. 3).

Mbembe 2019 Achille Mbembe, *Of African Objects in Western Museums. Über afrikanische Objekte in westlichen Museen. Gerda Henkel Vorlesung*, Münster 2019.

McLaughlin 2022 Arthur J. McLaughlin, *Art and the Nazis, 1933–1945. Looting, Propaganda and Seizure*, Jefferson, NC 2022.

Meier 2020 Hans-Rudolf Meier, *Spolien. Phänomene der Wiederverwendung in der Architektur*, Berlin 2020.

Meiss/Off 1971 Millard Meiss/Sharon Off, *The Bookkeeping of Robinet d'Estampes and the Chronology of Jean de Berry's Manuscripts*, in: The Art Bulletin, Bd. 53, 1971, Nr. 2, S. 225–235.

Meller/Michel 2018 Harald Meller/Kai Michel, *Die Himmelsscheibe von Nebra. Der Schlüssel zu einer untergegangenen Kultur im Herzen Europas*, Berlin 2018.

Meller/Schefzik 2020 Harald Meller/Michael Schefzik (Hg.), *Die Welt der Himmelsscheibe von Nebra. Neue Horizonte, Begleitband zur Sonderausstellung im Landesmuseum für Vorgeschichte Halle (Saale)*, Darmstadt 2020.

Milosch/Pearce 2019 Jane C. Milosch/Nick Pearce (Hg.), *Collecting and Provenance. A Multidisciplinary Approach*, Lanham u. a. 2019.

Minges 1998 Klaus Minges, *Das Sammlungswesen der frühen Neuzeit. Kriterien der Ordnung und Spezialisierung*, Münster 1998 (Museen – Geschichte und Gegenwart, Bd. 3).

Mohr/Modarressi-Tehrani 2022 Henning Mohr/Diana Modarressi-Tehrani (Hg.), *Museen der Zukunft. Trends und Herausforderungen eines innovationsorientierten Kulturmanagements*, Bielefeld 2022.

Mucha/Oswald 2022 Franziska Mucha/Kristin Oswald, *Partizipationsorientierte Wissensgenerierung und Citizen Science im Museum*, in: Mohr/Modarressi-Tehrani 2022, S. 295–328.

Müller 2010 Melinda Müller, *Raubkunst – Rückblick und Ausblick*, in: Odendahl/Weber 2010, S. 147–160.

Müller 2021 Lars Müller, *Returns of Cultural Artefacts and Human Remains in a (Post) colonial Context. Mapping Claims between the Mid-19th Century and the 1970s*, Magdeburg 2021 (Working Paper Deutsches Zentrum Kulturgutverluste, Bd. 1/2021), https://doi.org/10.25360/01–2021–00017.

Newbury/Lippincott 2019 David Newbury/Louise Lippincott, *Provenance in 2050*, in: Milosch/Pearce 2019, S. 101–109.

Odendahl 2005 Kerstin Odendahl, *Kulturgüterschutz. Entwicklung, Struktur und Dogmatik eines ebenenübergreifenden Normensystems*, Tübingen 2005 (Jus publicum, Bd. 140).

Odendahl/Weber 2010 Kerstin Odendahl/Peter Weber (Hg.), *Kulturgüterschutz – Kunstrecht – Kulturrecht. Festschrift für Kurt Siehr zum 75. Geburtstag aus dem Kreise des Doktoranden- und Habilitandenseminars «Kunst und Recht»*, Baden-Baden 2010 (Schriften zum Kunst- und Kulturrecht, Bd. 8).

Ohlsberg 1958 Martin Ohlsberg (Red.), *Schätze der Weltkultur von der Sowjetunion gerettet*, Ausstellungskatalog, 2. Aufl., Berlin 1958.

Otten 2008 Thomas Otten, *Archäologie im Fokus. Von wissenschaftlichen Ausgrabungen und illegalen Raubgrabungen*, Bonn 2008 (Schriftenreihe des Deutschen Nationalkomitees für Denkmalschutz, Bd. 53).

Paas/Mertens 2003 Sigrun Paas/Sabine Mertens (Hg.), *Beutekunst unter Napoleon. Die «französische Schenkung» an Mainz 1803*, Ausstellungskatalog Mainz 2003/04, Mainz 2003.

von Paczensky/Ganslmayr 1984 Gert von Paczensky/Herbert Ganslmayr, *Nofretete will nach Hause*, München 1984.

Palmer 2021 Norman Palmer, *Museums and the Holocaust*, 2. Aufl., hg. v. Ruth Redmond-Cooper, Crickadarn 2021.

Partsch 2021 Susanna Partsch, *Wer klaute die Mona Lisa? Die berühmtesten Kunstdiebstähle der Welt*, München 2021.

Parzinger 2012 Hermann Parzinger, *«Geraubt, erbeutet, illegal gegraben – Kulturgüter auf Abwegen»*, in: Krempel/Krull/Wessler 2012, S. 17–39.

Parzinger 2021 Hermann Parzinger, *Verdammt und vernichtet. Kulturzerstörungen vom Alten Orient bis zur Gegenwart*, München 2021.

Passavant 1839/1858 J. D. [Johann David] Passavant, *Rafael von Urbino und sein Vater Giovanni Santi*, Bd. 1–2: Leipzig 1839, Bd. 3: Leipzig 1858,
Bd. 1: https://digi.ub.uni-heidelberg.de/diglit/passavant1839bd1,
Bd. 2: https://digi.ub.uni-heidelberg.de/diglit/passavant1839bd2,
Bd. 3: https://digi.ub.uni-heidelberg.de/diglit/passavant1858bd3.

Pécout 2001 Gilles Pécout, *Vivant Denon, l'impossible négociateur de 1814–1815*, in: Daniela Gallo (Red.), *Les Vies de Dominique-Vivant Denon. Actes du colloque organisé au Musée du Louvre par le Service Culturel du 8 au 11 décembre 1999*, Bd. 2, Paris 2001, S. 497–515.

Penny 2019 H. Glenn Penny, *Im Schatten Humboldts. Eine tragische Geschichte der deutschen Ethnologie*, München 2019.

Penzel 2007 Joachim Penzel, *Der Betrachter ist im Text. Konversations- und Lesekultur in deutschen Gemäldegalerien zwischen 1700 und 1914*, Berlin 2007 (Politica et ars, Bd. 13).

Pilger 2013 Andreas Pilger, *Das Landesarchiv NRW gibt ehemals entfremdete Akten an die belgische Archivverwaltung zurück*, in: Archivar, 66. Jg., 2013, Heft 3, S. 377, https://www.archive.nrw.de/sites/default/files/media/files/ARCHIVAR_03-13_internet.pdf.

Pomian 2020 Krzysztof Pomian, *Le Musée, une histoire mondiale, Bd. 1: Du trésor au musée*, Paris 2020.

Potin 2010 Yann Potin, *Kunstbeute und Archivraub. Einige Überlegungen zur napoleonischen Konfiszierung von Kulturgütern in Europa*, in: Savoy/Potin 2010, S. 91–99.

Prange 2007 Regine Prange (Hg.), *Kunstgeschichte 1750–1900. Eine kommentierte Anthologie*, Darmstadt 2007.

Preuss 2022 Sebastian Preuss, *Ohne Provenienz gehts nicht mehr. Das Humboldt Forum ist eröffnet und mit ihm die Debatte über Kolonialkunst*, in: Kunstplaner, Nr. 1, 2022, S. 26–29.

von Pufendorf 2018 Ludwig von Pufendorf (Hg.), *Erworben – Besessen – Vertan. Dokumentation zur Restitution von Ernst Ludwig Kirchners «Berliner Straßenszene»*, Bielefeld 2018.

Pupeter 2021 Ellen Pupeter, *Restitution, Rückgabe oder Transfer? Ein langer Streit um den passenden Begriff*, in: Zeitgeschichte-online, Februar 2021,
https://zeitgeschichte-online.de/themen/restitution-rueckgabe-oder-transfer.

Purin 2000 Bernhard Purin, *Invent-arisiert. Zur Aneignung von Judaica durch Museen im Nationalsozialismus*, in: Schade/Fliedl/Sturm 2000, S. 75–88.

Puritani/Maischberger/Sporleder 2022 Laura Puritani/Martin Maischberger/Birgit Sporleder (Hg.), *Konstantinopel – Samos – Berlin. Verpfändung, Fundteilung und heimliche Ausfuhr von Antiken am Vorabend des Ersten Weltkrieges*, Heidelberg 2022 (Schriften zur Geschichte der Berliner Museen, Bd. 7), https://doi.org/10.11588/arthistoricum.1014.

Raux 2012 Sophie Raux, *From Mariette to Joullain. Provenance and Value in Eighteenth-Century French Auction Catalogs*, in: Feigenbaum/Reist 2012, S. 86–103.

Regin 2019 Cornelia Regin, *Provenienzforschung im Stadtarchiv Hannover. Rückschau und Ausblick*, in: Johannes Schwartz/Simone Vogt (Red.), *Spuren der NS-Verfolgung. Provenienzforschung in den kulturhistorischen Sammlungen der Stadt Hannover*, Köln 2019, S. 26–33.

Reichelt 1992 Gerte Reichelt, *Internationaler Kulturgüterschutz. Wiener Symposion 18./19. Oktober 1990*, Wien 1992.

Reininghaus 2009 Alexandra Reininghaus (Hg.), *Recollecting. Raub und Restitution*, Ausstellungskatalog Wien 2008/09, Wien 2009.

Remy 2017 Maurice Philip Remy, *Der Fall Gurlitt. Die wahre Geschichte über Deutschlands größten Kunstskandal*, Berlin u. a. 2017.

Ritter 1997 Waldemar Ritter, *Kulturerbe als Beute? Die Rückführung kriegsbedingt aus Deutschland verbrachter Kulturgüter. Notwendigkeit und Chancen für die Lösung eines historischen Problems*, Nürnberg 1997 (Wissenschaftliche Beibände zum Anzeiger des Germanischen Nationalmuseums, Bd. 13).

Rößler 2014 Johannes Rößler, *Zwischen den Fronten. Der Genter Altar im Ersten Weltkrieg und im Friedensvertrag von Versailles*, in: Stephan Kemperdick/Johannes Rößler (Hg.), *Der Genter Altar der Brüder van Eyck. Geschichte und Würdigung*, Ausstellungskatalog Berlin 2014/15, Petersberg 2014, S. 100–111.

Roodt 2019 Christa Roodt, *The Holy Family on an Unholy Odyssey: Legal Ownership of Stolen Trophy Art*, in: Milosch/Pearce 2019, S. 343–358.

Roolf 2017 Christoph Roolf, *Deutsche Kulturgüter-Rückforderungen gegenüber Russland und der deutsche Kunst-, Archiv- und Bibliotheksschutz im östlichen Europa im Ersten Weltkrieg (1914–1918)*, in: Robert Born/Beate Störtkuhl (Hg.), *Apologeten der Vernichtung oder «Kunstschützer»? Kunsthistoriker der Mittelmächte im Ersten Weltkrieg*, Köln/Weimar/Wien 2017 (Visuelle Geschichtskultur, Bd. 16), S. 103–139.

Rudert/Lupfer 2012 Thomas Rudert/Gilbert Lupfer, *Die «Schlossbergung» in Sachsen als Teil der Bodenreform 1945/46 und die Staatlichen Kunstsammlungen Dresden*, in: Dresdener Kunstblätter 56, 2012, Nr. 2, S. 114–122.

Rudolph 2003 Jörg Rudolph, *«Sämtliche Sendungen sind zu richten an …». Das RHSA-Amt VII «Weltanschauliche Forschung und Auswertung» als Sammelstelle erbeuteter Archive und Bibliotheken*, in: Michael Wildt (Hg.), *Nachrichtendienst, politische Elite, Mordeinheit. Der Sicherheitsdienst des Reichsführers SS*, Hamburg 2003, S. 204–240.

Sachse 2019 Alexander Sachse, *Zwischen Schlossbergung und Kommerzieller Koordinierung. Pilotprojekt zur Untersuchung kritischer Provenienzen aus der Zeit der Sowjetischen Besatzungszone (SBZ) und der DDR in brandenburgischen Museen*, in: Kunst und Recht, 21. Jg., 2019, Heft 5, S. 134–142.

Sandkühler/Epple/Zimmerer 2021 Thomas Sandkühler/Angelika Epple/Jürgen Zimmerer (Hg.), *Geschichtskultur durch Restitution? Ein Kunst-Historikerstreit*, Wien/Köln/Weimar 2021 (Beiträge zur Geschichtskultur, Bd. 40).

Sarr/Savoy 2019 Felwine Sarr/Bénédicte Savoy, *Zurückgeben. Über die Restitution afrikanischer Kulturgüter*, Berlin 2019.

Saß/Weller/Zuschlag 2022 Ulrike Saß/Matthias Weller/Christoph Zuschlag (Hg.), *Provenienz und Kulturgutschutz. Juristische und kunsthistorische Perspektiven*, Berlin 2022 (Schriften der Forschungsstelle Provenienzforschung, Kunst- und Kulturgutschutzrecht, Bd. 1).

Saß/Zuschlag 2019 Ulrike Saß/Christoph Zuschlag, *Aus- und Weiterbildung in der Provenienzforschung. Entwicklungen und Perspektiven in Deutschland*, in: Provenienz & Forschung, Heft 2/2019, S. 31–34.

Sauerländer 2008a Willibald Sauerländer, *Alterssicherung, Ortssicherung und Individualsicherung*, in: Hans Belting u. a. (Hg.), *Kunstgeschichte. Eine Einführung*, 7., überarb. und erw. Aufl., Berlin 2008, S. 125–152.

Sauerländer 2008b Willibald Sauerländer, *Die Münchner Kunstkammer, Bd. 3: Aufsätze und Anhänge*, München 2008 (Bayerische Akademie der Wissenschaften, Philosophisch-historische Klasse, Abhandlungen, N. F. Heft 129).

Savoy 2011a Bénédicte Savoy, *Kunstraub. Napoleons Konfiszierungen in Deutschland und die europäischen Folgen. Mit einem Katalog der Kunstwerke aus deutschen Sammlungen im Musée Napoléon*, Wien/Köln/Weimar 2011.

Savoy 2011b Bénédicte Savoy, *Kunstraub*, in: Uwe Fleckner/Martin Warnke/Hendrik Ziegler (Hg.), *Handbuch der politischen Ikonographie*, Bd. 2, München 2011, S. 73–78.

Savoy 2011c Bénédicte Savoy, *Nofretete – Eine deutsch-französische Affäre 1912–1931*, Köln/Weimar/Wien 2011.

Savoy 2013 Bénédicte Savoy, *«Unschätzbare Meisterwerke». Der Preis der Kunst im Musée Napoléon*, in: Gudrun Swoboda (Hg.), *Die kaiserliche Gemäldegalerie in Wien und die Anfänge des öffentlichen Kunstmuseums*, Bd. 2: *Europäische Museumskulturen um 1800*, Wien/Köln/Weimar 2013, S. 407–419.

Savoy 2015 Bénédicte Savoy, *Zum Öffentlichkeitscharakter deutscher Museen im 18. Jahrhundert*, in: dies. (Hg.), *Tempel der Kunst. Die Geburt des öffentlichen Museums in Deutschland 1701–1815*, 2. Aufl., Köln/Weimar/Wien 2015, S. 13–45.

Savoy 2021 Bénédicte Savoy, *Afrikas Kampf um seine Kunst. Geschichte einer postkolonialen Niederlage*, München 2021.

Savoy/Bodenstein/Lagatz 2022 Bénédicte Savoy/Felicity Bodenstein/Merten Lagatz (Hg.), *Translocations. Histories of Dislocated Cultural Assets*, Bielefeld 2022.

Savoy/Potin 2010 Bénédicte Savoy/Yann Potin (Konz.), *Napoleon und Europa. Traum und Traumata*, Ausstellungskatalog Bonn 2010/11, München u. a. 2010.

Schade/Fliedl/Sturm 2000 Sigrid Schade/Gottfried Fliedl/Martin Sturm (Hg.), *Kunst als Beute. Zur symbolischen Zirkulation von Kulturobjekten*, Wien 2000 (Museum zum Quadrat, Bd. 8).

Schaper/Herkenhoff 2020 Birgit Schaper/Michael Herkenhoff, *Ein kapitaler Bücherdiebstahl*, in: Jahrbuch für Buch- und Bibliotheksgeschichte, Bd. 5, 2020, S. 131–190.

Scharrer 2012 Eva Scharrer, *Khaled Hourani*, in: *dOCUMENTA (13). Das Begleitbuch/The Guidebook. Katalog/Catalog 3/3*, Ostfildern 2012, S. 78 f.

Schefczyk 2012 Michael Schefczyk, *Verantwortung für historisches Unrecht. Eine philosophische Untersuchung*, Berlin/New York 2012.

Scherner 2012/13 Antje Scherner, *Eine Beschreibung Kassels aus dem Jahr 1602. Auszüge aus dem Tagebuch Friedrich Gerschows von der Reise Herzog Philipp Julius' von Pommern-Wolgast*, in: Zeitschrift des Vereins für Hessische Geschichte und Landeskunde, Bd. 117/118, 2012/13, S. 57–74, http://www.vhghessen.de/.

Scheunemann 2019 Jan Scheunemann, *Bodenreform und Museum. Sicherstellung, Bergung und Vewertung von enteignetem Kunst- und Kulturgut in der SBZ und DDR*, in: KUR – Kunst und Recht, 21. Jg., 2019, Heft 6, S. 165–169.

Schilling 2001 L. [Lutz] Schilling, *Rückgabe Jüdischen Kulturgutes an die Jüdische Landesgemeinde Thüringen*, in: Archive in Thüringen, Nr. 21/2001, S. 9 f., https://zs.thulb.uni-jena.de/receive/jportal_jparticle_00236969.

von Schlosser 1908 Julius von Schlosser, *Die Kunst- und Wunderkammern der Spätrenaissance. Ein Beitrag zur Geschichte des Sammelwesens*, Leipzig 1908 (Monographien des Kunstgewerbes, N. F., Bd. 11), https://digi.ub.uni-heidelberg.de/diglit/schlosser1908/0001.

Schmidt-Gabain 2019 Florian Schmidt-Gabain, *Eine Verhandlungslösung für die Parthenon Marbles*, in: KUR – Kunst und Recht, 21. Jg., 2019, Heft 2, S. 62–67, https://doi.org/10.15542/KUR/2019/2/4.

Schnabel/Tatzkow 2007 Gunnar Schnabel/Monika Tatzkow, *Nazi Looted Art. Handbuch Kunstrestitution weltweit*, Berlin 2007.

Schnalke 2021 Christian Schnalke, *Die Fälscherin von Venedig*, München 2021.

Schneede 2019 Uwe M. Schneede, *Eine kleine Geschichte der aktuellen Provenienzforschung*, in: Evelyn Brockhoff/Franziska Kiermeier (Hg.), *Gesammelt, gehandelt, geraubt. Kunst in Frankfurt und der Region 1933 bis 1945*, Frankfurt am Main 2019 (Archiv für Frankfurts Geschichte und Kunst, Bd. 78), S. 12–22.

Schölnberger 2021 Pia Schölnberger (Hg.), *Das Museum im kolonialen Kontext. Annäherungen aus Österreich*, Wien 2021.

Schoen 2013 Susanne Schoen, *Beutekunst. Von der Kriegstrophäe zur Handelsware*, in: Weller/Kemle/Dreier 2013, S. 77–90.

Schoen/Baresel-Brand 2007 Susanne Schoen/Andrea Baresel-Brand (Bearb.), *Im Labyrinth des Rechts? Wege zum Kulturgüterschutz. Eine Konferenz des Beauftragten der Bundesregierung für Kultur und Medien vom 9. bis 10. Oktober 2006 in Bonn*, Magdeburg 2007 (Veröffentlichungen der Koordinierungsstelle für Kulturgutverluste, Bd. 5).

Schönberger 2016 Sophie Schönberger, *Restitution of Ethnological Objects. Legal Obligation or Moral Dilemma?*, in: Museumskunde, Bd. 81, 2016, Heft 1, S. 45–48.

Schönberger 2019 Sophie Schönberger, *Was heilt Kunst? Die späte Rückgabe von NS-Raubkunst als Mittel der Vergangenheitspolitik*, Göttingen 2019.

Schönberger 2021 Sophie Schönberger, *Was soll zurück? Die Restitution von Kulturgütern im Zeitalter der Nostalgie*, München 2021.

Schreiber 2015 Stefan Schreiber, *Von kulturellen Objekten zu transkulturellen Dingversammlungen? Archäologie aus neo-materialistischer Perspektive*, Vortrag 2015, https://lisa.gerda-henkel-stiftung.de/von_kulturellen_objekten_zu_transkulturellen_dingversammlungen_archaeologie_aus_neo_materialistischer_perspektive?nav_id=6457.

Schröder 2021 Alena Schröder, *Junge Frau, am Fenster stehend, Abendlicht, blaues Kleid*. Roman, München 2021.

Schröders 2006 Michael Schröders, *Die Bibliothek der ehemaligen NS-Ordensburg Vogelsang 1944–1947. Fragen zu einem verloren geglaubten Bestand*, in: Paul Ciupke/Franz-Josef Jelich (Hg.), *Weltanschauliche Erziehung in Ordensburgen des Nationalsozialismus. Zur Geschichte und Zukunft der Ordensburg Vogelsang*, Essen 2006 (Geschichte und Erwachsenenbildung, Bd. 20), S. 127–140.

Schüppel/Welzel 2020 Katharina Christa Schüppel/Barbara Welzel (Hg.), *Kultur erben. Objekte – Wege – Akteure*, Berlin 2020.

Schürmann 2018 Anja Schürmann, *Begriffliches Sehen. Beschreibung als kunsthistorisches Medium im 19. Jahrhundert*, Berlin/Boston 2018 (Schriften zur modernen Kunsthistoriographie, Bd. 8).

Schulze/Reuther 2018 Sabine Schulze/Silke Reuther (Hg.), *Raubkunst? Die Bronzen aus Benin im Museum für Kunst und Gewerbe Hamburg*, Hamburg 2018.

Schwarz 2014 Birgit Schwarz, *Auf Befehl des Führers. Hitler und der NS-Kunstraub*, Darmstadt 2014.

Schwarz 2017 Birgit Schwarz, *Alle retten den Genter Altar. Der Weg durch Europa 1940–1945*, in: Stephan Kemperdick/Johannes Rößler/Joris Corin Heyder (Hg.), *Der Genter Altar. Reproduktionen, Deutungen, Forschungskontroversen*, Petersberg 2017, S. 12–25.

Schwarz 2018 Birgit Schwarz, *Hitlers Sonderauftrag Ostmark. Kunstraub und Museumspolitik im Nationalsozialismus*, Wien/Köln/Weimar 2018 (Schriftenreihe der Kommission für Provenienzforschung, Bd. 7).

Seelig 2001 Lorenz Seelig, *Historische Inventare. Geschichte, Formen, Funktionen*, in: *Sammlungsdokumentation. Geschichte – Wege – Beispiele*, München/Berlin 2001 (Museums-Bausteine, Bd. 6), S. 21–35.

Settis/Gasparri 2020 Salvatore Settis/Carlo Gasparri (Hg.), *I marmi Torlonia. Collezionare capolavori*. Ausstellungskatalog Rom 2020/21, Mailand 2020.

Sheehan 2002 James J. Sheehan, *Geschichte der deutschen Kunstmuseen. Von der fürstlichen Kunstkammer zur modernen Sammlung*, München 2002.

Speitkamp 2021 Winfried Speitkamp, *Deutsche Kolonialgeschichte*, akt. u. erw. Ausg., Ditzingen 2021.

Splettstößer 2019 Anne Splettstößer, *Umstrittene Sammlungen. Vom Umgang mit kolonialem Erbe aus Kamerun in ethnologischen Museen. Die Fälle Tange/Schiffschnabel und Ngonnso'/Schalenträgerfigur in Deutschland und Kamerun*, Göttingen 2019 (Göttinger Studien zu Cultural Property, Bd. 15).

Steck 1961 Max Steck (Ausw. u. Einl.), *Albrecht Dürer. Schriften – Tagebücher – Briefe*, Stuttgart 1961.

Stephan 2007 Michael Stephan, *Archivalien für die Provenienzforschung. Bestandsgruppen in den staatlichen Archiven Bayerns*, in: Wolfgang Stäbler (Red.), *Kulturgutverluste, Provenienzforschung, Restitution. Sammlungsgut mit belasteter Herkunft in Museen, Bibliotheken und Archiven*, München/Berlin 2007 (MuseumsBausteine, Bd. 10), S. 79–87.

Stoecker/Schnalke/Winkelmann 2013 Holger Stoecker/Thomas Schnalke/Andreas Winkelmann (Hg.), *Sammeln, Erforschen, Zurückgeben? Menschliche Gebeine aus der Kolonialzeit in akademischen und musealen Sammlungen*, Berlin 2013 (Studien zur Kolonialgeschichte, Bd. 5).

Stolberg/Lehmann 2020 Marie Stolberg/Andrea Lehmann, *Best-Practice Guidelines, Research Methods and Tools*, in: Tompkins 2020, S. 54–67.

Strobl 2018 Henrike Strobl, *Kulturgüterrelevante Verhaltenskodizes. Bestand, Analyse und rechtliche Bedeutung*, Baden-Baden 2018 (Schriften zum Kunst- und Kulturrecht, Bd. 25).

Stumpf 2003 Eva Stumpf, *Kulturgüterschutz im internationalen Recht unter besonderer Berücksichtigung der deutsch-russischen Beziehungen*, Frankfurt am Main 2003 (Schriften zum Staats- und Völkerrecht, Bd. 104).

Surmann 2012 Jan Surmann, *Shoah-Erinnerung und Restitution. Die US-Geschichtspolitik am Ende des 20. Jahrhunderts*, Stuttgart 2012 (Transatlantische Historische Studien, Bd. 46).

Terkessidis 2019 Mark Terkessidis, *Wessen Erinnerung zählt? Koloniale Vergangenheit und Rassismus heute*, Hamburg 2019.

Thesing 2020 Dagmar Thesing, *Provenienzforschung im Abseits? NS-Raubgut in privaten Haushalten und Sammlungen*, in: Landschaftsverband Westfalen-Lippe 2020, S. 66–81.

Thiemann/Hübner 2015 Michael Thiemann/Christine Hübner (Hg.), *Sterbliche Götter. Raffael und Dürer in der Kunst der deutschen Romantik*, Ausstellungskatalog Göttingen/Rom 2015/16, Petersberg 2015.

Thiemeyer 2018 Thomas Thiemeyer, *Kulturerbe als «Shared Heritage»? (I). Kolonialzeitliche Sammlungen und die Zukunft einer europäischen Idee*, in: Merkur, 72. Jg., 2018, Heft 829, S. 30–44.

Thompson 2022 Erin L. Thompson, *Smashing Statues. The Rise and Fall of America's Public Monuments*, New York 2022.

Tisa Francini/Heuss/Kreis 2001 Esther Tisa Francini/Anja Heuss/Georg Kreis, *Fluchtgut – Raubgut. Der Transfer von Kulturgütern in und über die Schweiz 1933–1945 und die Frage der Restitution*, Zürich 2001 (Veröffentlichungen der Unabhängigen Expertenkommission Schweiz – Zweiter Weltkrieg, Bd. 1).

Tisa Francini 2018 Esther Tisa Francini, *20 Jahre Washingtoner Prinzipien und die Schweiz: Politik, Forschung und Transparenz im Umgang mit der Geschichte von Kunstwerken*, in: Blimlinger/Schödl 2018, S. 63–76.

Tompkins 2018 Arthur Tompkins, *Plundering Beauty. A History of Art Crime during War*, London 2018.

Tompkins 2020 Arthur Tompkins (Hg.), *Provenance Research Today. Principles, Practice, Problems*, London 2020.

Treue 1957 Wilhelm Treue, *Kunstraub. Über die Schicksale von Kunstwerken in Krieg, Revolution und Frieden*, Düsseldorf 1957.

Tripps 2000 Johannes Tripps, *Das handelnde Bildwerk in der Gotik. Forschungen zu den Bedeutungsschichten und der Funktion des Kirchengebäudes und seiner Ausstattung in der Hoch- und Spätgotik*, 2. Aufl., Berlin 2000.

Tschetschik-Hammerl 2018 Ksenija Tschetschik-Hammerl, *Das Dürer-Monogramm als Gegenstand der Nachahmung im 16. und frühen 17. Jahrhundert*, in: Angela Dressen/Susanne Gramatzki/Berenike Knoblich, *Original – Kopie – Fälschung II/ Original – Copy – Forgery II*, in: kunsttexte.de, Nr. 3, 2018, https://edoc.hu-berlin.de/bitstream/handle/18452/20223/KT_2018-3%20Hammerl.pdf.

Turner 1991 Stefan Turner, *Erster Teil: Die Zuordnung beweglicher Kulturgüter im Völkerrecht*, in: Wilfried Fiedler (Hg.), *Internationaler Kulturgüterschutz und deutsche Frage. Völkerrechtliche Probleme der Auslagerung, Zerstreuung und Rückführung deutscher Kulturgüter nach dem Zweiten Weltkrieg*, Berlin 1991 (Forschungsergebnisse der Studiengruppe für Politik und Völkerrecht in Verbindung mit der Kulturstiftung der deutschen Vertriebenen, Bd. 7), S. 19–108.

Tuzi 2002 Stefania Tuzi, *Le Colonne e il Tempio di Salomone. La storia, la leggenda, la fortuna*, Rom 2002 (Roma. Storia, cultura, immagine, Bd. 11).

Unfried 2014 Berthold Unfried, *Vergangenes Unrecht. Entschädigung und Restitution in einer globalen Perspektive*, Göttingen 2014.

Unger 2010 Michael Unger, *Aneignung und Restitution NS-verfolgungsbedingt entzogenen Kulturguts durch die Staatlichen Archive Bayerns. Ein Überblick*, in: Baresel-Brand 2010, S. 299–311.

Vasari 2020 Giorgio Vasari, *Das Leben des Raffael von Urbino*, hg. v. Roland Kanz, Ditzingen 2020.

Villot 1849 Frédéric Villot, *Notice des tableaux exposés dans les galeries du Musée national du Louvre. 1re partie: Écoles d'Italie*, Paris 1849, https://gallica.bnf.fr/ark:/12148/bpt6k73772x/f1.image.

Volkert 2000 Natalia Volkert, *Kunst- und Kulturraub im Zweiten Weltkrieg. Versuch eines Vergleichs zwischen den Zielsetzungen und Praktiken der deutschen und der sowjetischen Beuteorganisationen unter Berücksichtigung der Restitutionsfragen*, Frankfurt am Main 2000.

Vorster 2018 Christiane Vorster, *Die Zeichnungsalben des Alphonsus Ciacconius und ihr Zeugniswert für die Antikensammlungen des 16. Jahrhunderts*, in: Kölner Jahrbuch 51, 2018, S. 463–481.

Wedel 2011 Carola Wedel, *Nofretete und das Geheimnis von Armana*, Berlin 2011.

Weller u. a. 2020 Matthias Weller u. a. (Hg.), *Raubkunst und Restitution – Zwischen Kolonialzeit und Washington Principles. Tagungsband des Dreizehnten Heidelberger*

Kunstrechtstags am 18. und 19. Oktober 2019, Baden-Baden 2020 (Schriften zum Kunst- und Kulturrecht, Bd. 33).

Weller/Dewey 2020 Matthias Weller/Anne Dewey, *Warum ein «Restatement of Restitution Rules for Nazi-Confiscated Art»? Das Beispiel «Fluchtgut»*, in: Weller u. a. 2020, S. 61–81.

Weller/Kemle/Dreier 2013 Matthias Weller/Nicolai Kemle/Thomas Dreier (Hg.), *Raub – Beute – Diebstahl. Tagungsband des Sechsten Heidelberger Kunstrechtstags am 28. und 29. September 2012*, Baden-Baden 2013 (Schriften zum Kunst- und Kulturrecht, Bd. 17).

Wemhoff 2012 Matthias Wemhoff (Hg.), *Der Berliner Skulpturenfund. «Entartete Kunst» im Bombenschutt. Entdeckung – Deutung – Perspektive. Begleitband zur Ausstellung mit den Beiträgen des Berliner Symposiums 15.–16. März 2012*, Regensburg 2012.

Wescher 1976 Paul Wescher, *Kunstraub unter Napoleon*, Berlin 1976.

Wessel 2015 Günther Wessel, *Das schmutzige Geschäft mit der Antike. Der globale Handel mit illegalen Kulturgütern*, Berlin 2015.

Winkelmann u. a. 2022 Andreas Winkelmann u. a., *Interdisziplinäre Provenienzforschung zu menschlichen Überresten aus kolonialen Kontexten. Eine methodische Arbeitshilfe des Deutschen Zentrums Kulturgutverluste, des Berliner Medizinhistorischen Museums der Charité und von ICOM Deutschland*, Heidelberg: arthistoricum.net, 2022 (Beiträge zur Museologie, Bd. 11), https://doi.org/10.11588/arthistoricum.893.

Wittekind 2015 Susanne Wittekind, *Versuch einer kunsthistorischen Objektbiographie*, in: Boschung/Kreuz/Kienlin 2015, S. 143–172.

Wölfflin 1908 Heinrich Wölfflin, *Über Galeriekataloge*, in: Kunst und Künstler. Illustrierte Monatsschrift für Kunst und Kunstgewerbe, Jg. V, 1908, Heft 2, S. 51–54 (Wiederabdruck in: ders., *Kleine Schriften [1886–1933]*, hg. von Joseph Gantner, Basel 1946, S. 153–159),
1908: https://digi.ub.uni-heidelberg.de/diglit/kk1908/0065,
1946: https://digi.ub.uni-heidelberg.de/diglit/woelfflin1946.

Wolf 2010 Norbert Wolf, *Beute – Kunst – Transfers. Eine andere Kunstgeschichte*, Wiesbaden 2010.

Wolter-von dem Knesebeck 2018 Harald Wolter-von dem Knesebeck, *Anton Springer in Bonn – Sein Weg zur ersten ordentlichen Professur für Kunstgeschichte*, in: Roland Kanz (Hg.), *Das Kunsthistorische Institut in Bonn. Geschichte und Gelehrte*, Berlin/München 2018, S. 83–104.

Yeide 2005 Nancy H. Yeide (Einf.), *Vitalizing Memory. International Perspectives on Provenance Research*, Washington, DC 2005.

Yeide/Akinsha/Walsh 2001 Nancy H. Yeide/Konstantin Akinsha/Amy L. Walsh, *The AAM Guide to Provenance Research*, Washington, DC 2001.

von Zinnenburg Carroll 2022 Khadija von Zinnenburg Carroll, *Quetzalapanecáyotl – Ein Restitutionsfall*, Wien 2022. Englische Original-Ausgabe: https://bibliopen.org/p/bopen/9780226802237.

Zuschlag 1995 Christoph Zuschlag, *«Entartete Kunst». Ausstellungsstrategien im Nazi-Deutschland*, Worms 1995, https://doi.org/10.11588/diglit.52006.

Zuschlag 2009 Christoph Zuschlag, *«… eines seiner stärksten Bilder». Das Schicksal des «Rabbiners» von Marc Chagall*, in: Uwe Fleckner (Hg.), *Das verfemte Meisterwerk. Schicksalswege moderner Kunst im «Dritten Reich»*, Berlin 2009 (Schriften der Forschungsstelle «Entartete Kunst», Bd. 4), S. 401–426.

Zuschlag 2016 Christoph Zuschlag, *Globale Perspektive. Über Aus- und Weiterbildungsmöglichkeiten im Bereich Provenienzforschung*, in: Kunstzeitung, Ausgabe 240, August 2016, S. 4.

Zuschlag 2018 Christoph Zuschlag, *Vom Bild zum Bildnachweis. Über die Provenienzforschung als Zentralaufgabe der Kunstgeschichte*, in: Kunstzeitung, Ausgabe 263, Juli 2018, S. 3.

Zuschlag 2019a Christoph Zuschlag, *Vom Iconic Turn zum Provenancial Turn? Ein Beitrag zur Methodendiskussion in der Kunstwissenschaft*, in: Maria Effinger u. a. (Hg.), *Von analogen und digitalen Zugängen zur Kunst. Festschrift für Hubertus Kohle zum 60. Geburtstag*, Heidelberg 2019, https://doi.org/10.11588/arthistoricum.493.c6573.

Zuschlag 2019b Christoph Zuschlag, *Looted Art, Booty Art, «Degenerate Art». Aspects of Art Collecting in the Third Reich*, in: Maia Wellington Gahtan/Eva-Maria Troelenberg (Hg.), *Collecting and Empires. An Historical and Global Perspective*, London/Turnhout 2019 (Collectors and Dealers, Bd. 4), S. 322–337.

Zuschlag 2020a Christoph Zuschlag, *1937. «Entartete Kunst» – Künstler im Exil*, in: Andreas Fahrmeir (Hg.), *Deutschland. Globalgeschichte einer Nation*, München 2020, S. 596–600.

Zuschlag 2020b Christoph Zuschlag, *Provenienz – Geschichte und Perspektiven eines neuen Paradigmas in den Geistes- und Kulturwissenschaften*, in: Weller u. a. 2020, S. 23–35.

Zuschlag 2020c Christoph Zuschlag, *Kunst und Kunstpolitik im Nationalsozialismus – Eine Forschungsbilanz der letzten 20 Jahre*, in: Meike Hoffmann/Dieter Scholz (Hg.), *Unbewältigt? Ästhetische Moderne und Nationalsozialismus. Kunst, Kunsthandel, Ausstellungspraxis*, Berlin 2020, S. 14–35.

Zuschlag 2021a Christoph Zuschlag, *Der deutsche militärische Kunstschutz – Statement*, in: Langbrandtner/Heyer/Peyronnet-Dryden 2021, S. 497–501.

Zuschlag 2021b Christoph Zuschlag, *Provenienz – Restitution – Geschichtskultur*, in: Sandkühler/Epple/Zimmerer 2021, S. 429–447.

Zuschlag 2022a Christoph Zuschlag, *Provenienzforschung. Persönliche und Bonner Perspektiven*, in: Saß/Weller/Zuschlag 2022, S. 47–54.

Zuschlag 2022b Christoph Zuschlag, *Provenienz, Raub und Restitution als Themen in der zeitgenössischen Kunst*, in: Julia Krings/Grischka Petri/Michael Stockhausen (Hg.), *Das Format Ausstellung. Ein Beitrag zur Defragmentierung. Festschrift für Anne-Marie Bonnet*, Bonn 2022 (Druck in Vorbereitung).

Zuschlag 2022c Christoph Zuschlag, *Die NS-Kampagne «Entartete Kunst» – Hintergründe, Begriffe, Stationen und Folgen*, in: Eva Reifert/Tessa Rosebrock (Hg.), *Zerrissene Moderne. Die Basler Ankäufe «entarteter» Kunst*, Ausstellungskatalog Basel 2022/23, Berlin 2022 (Druck in Vorbereitung).

HINWEISE ZUR INTERNETRECHERCHE

Mittlerweile stehen für die Provenienzforschung eine Vielzahl von Online-Ressourcen für Personen-, Objekt- und Projektrecherchen zur Verfügung.

Die Forschungsdatenbank «Proveana» des Deutschen Zentrums Kulturgutverluste stellt insbesondere Ergebnisse der vom Zentrum geförderten Forschungsprojekte dar. Sie umfasst vier Forschungskontexte: NS-verfolgungsbedingt entzogenes Kulturgut (NS-Raubgut), kriegsbedingt verlagertes Kulturgut (Beutegut), Kulturgutentziehungen in SBZ und DDR sowie Kultur- und Sammlungsgut aus kolonialen Kontexten. Die Datenbank durchsucht auch die Inhalte der Lost Art-Datenbank (http://www.lostart.de) und stellt außerdem Verknüpfungen zu anderen Datenbanken her.

https://www.proveana.de

Kolonialismus

Eine Übersicht über Archivgut in Deutschland zur deutschen Kolonialgeschichte findet sich im «Archivführer zur deutschen Kolonialgeschichte»:

https://archivfuehrer-kolonialzeit.de

Die Deutsche Digitale Bibliothek bietet das Onlineportal «Sammlungsgut aus kolonialen Kontexten» an, das zu einer zentralen Veröffentlichungsplattform für Informationen über Sammlungsgut aus kolonialen Kontexten in deutschen Kultur- und Wissenseinrichtungen ausgebaut werden soll:

https://ccc.deutsche-digitale-bibliothek.de

Darüber hinaus stellen die Ethnologischen Museen ihre Bestände zunehmend online. Beispiele:

http://www.smb-digital.de

https://skd-online-collection.skd.museum

https://onlinedatenbank-museum-fuenf-kontinente.de

https://sammlung-digital.lindenmuseum.de/de

Eine wichtige historische Quelle sind Inventarbücher, die den Eingang von Objekten dokumentieren. Mehrere Museen haben diese Quellen online gestellt. Beispiele:

https://www.smb.museum/museen-einrichtungen/ethnologisches-museum/sammeln-forschen/erwerbungsbuecher

https://www.uebersee-museum.de/ueber-uns/das-museum/sammlung
https://www.museum-fuenf-kontinente.de/forschung/provenienzforschung.html
Eine Übersicht zu laufenden und abgeschlossenen Forschungsprojekten findet sich unter:
https://www.postcolonial-provenance-research.com/ag-projekte

Nationalsozialismus

Zum Thema «Entartete Kunst» ist auf die Datenbank an der FU Berlin zu verweisen:
https://www.geschkult.fu-berlin.de/e/db_entart_kunst/datenbank/index.html
Zum Thema NS-Raubgut sei hier auf folgende, teilweise kommentierte Listen und Übersichten verwiesen:
https://www.kulturgutverluste.de/Content/03_Recherche/DE/Leitfaden-Anlage-Download.pdf;jsessionid=83FD0FC0C8E99531987D209A2C68B1E6.m7?__blob=publicationFile&v=3
https://nsraubgut.slub-dresden.de/ns-raubgut/recherche/
https://retour.hypotheses. org/ressourcen
https://lootedart.com/UN6RBO670361
https://www.lvr.de/media/wwwlvrde/kultur/provenienzforschung/downloads_1/10. Datenbanken_Online ressourcen.pdf
Das (in Fortschreibung befindliche) *Lexikon der österreichischen Provenienzforschung* enthält 349 Beiträge (Stand Juli 2022) zu Personen und Institutionen in Österreich, die mit den Themen NS-Raubgut und Restitution in Verbindung stehen: https://www.lexikon-provenienzforschung.org/
Eine Zusammenstellung diverser Online-Ressourcen mit Kurzbeschreibungen findet sich u. a. bei: Bambi 2021, S. 635–639; Tompkins 2020, S. 195–206 und S. 208 f.
Vgl. ferner das Themenheft «Digitale Provenienzforschung» des Periodikums Provenienz & Forschung, Heft 1/2020.
Vgl. zur digitalen Forschungsinfrastruktur auch Hopp 2018.

Sowjetische Besatzungszone / Deutsche Demokratische Republik

Zu den Akten im Bundesarchiv gibt es folgende Findbücher online:
Staatlicher Kunsthandel der DDR «VEH Bildende Kunst und Antiquitäten» (1974–2002), Bestand DR 144:
https://www.bundesarchiv.de/DE/Content/Downloads/Meldungen/20180601-skh-findbucheinleitung.pdf
Betriebe des Bereichs Kommerzielle Koordinierung, Teilbestand Kunst und Antiquitäten GmbH (1974–2002), Bestand DL 210:

https://www.bundesarchiv.de/DE/Content/Downloads/Meldungen/20180601-kua-findbucheinleitung.pdf

https://www.bundesarchiv.de/DE/Content/Meldungen/20170621-kunst-und-antiquitaeten.html

Ein Spezialinventar zu Stasi-Unterlagen findet sich hier:

https://www.stasi-unterlagen-archiv.de/assets/bstu/de/Publikationen/EV_Kulturgutverluste_Auflage_02 _barrierefrei.pdf

DANK

1997 veröffentlichte ich in einem vom Stadtarchiv Mannheim herausgegebenen Band einen Aufsatz über das Schicksal von Chagalls Gemälde *Rabbiner* im Nationalsozialismus. Das Wort Provenienz kommt in dem Text nicht vor, obwohl er von nichts anderem handelt. Dass ich genau 25 Jahre später eine Einführung in die Provenienzforschung vorlegen darf, ist mir eine große Freude.

Mein großer Dank gilt jenen, die einzelne Kapitel oder Teile daraus kritisch gegengelesen haben: Jasmin Hartmann, Nora Jaeger, Richard Kaldenhoff, Roland Kanz, Mathias Listl, Antoinette Maget Dominicé, Ulrike Saß, Georg Satzinger, Hermann Simon, Matthias Weller und ganz besonders Katrin. Florian Schönfuß danke ich für die sorgfältige Durchsicht des Gesamtmanuskripts. Für alle Kommentare und Vorschläge danke ich herzlich. Verbliebene Fehler oder Irrtümer verantworte ich allein.

Ein weiterer Dank gilt dem Team der Forschungsstelle Provenienzforschung, Kunst- und Kulturgutschutzrecht an der Rheinischen Friedrich-Wilhelms-Universität Bonn, Ulrike Saß und Matthias Weller, sowie Stéphanie Baumewerd, Nora Jaeger, Florian Schönfuß und unserer ehemaligen Mitarbeiterin Lucy Wasensteiner. Der regelmäßige Gedankenaustausch in dieser Runde war und ist mir eine wichtige Quelle der Inspiration. Ebenso danke ich den Studierenden in meiner Vorlesung «Translokation von Kulturgütern» für ihre wertvollen Diskussionsbeiträge.

Wertvolle Hinweise und Anregungen verdanke ich Arthur Abs, Claudia Andratschke, Martin Bentz, Gerard W. van Bussel, Mathias Deinert, Maria Effinger, Larissa Förster, Sarah Fründt, Timo Hagen, Jasmin Hartmann, Uwe Hartmann, Inge Herold, Ulrike Höroldt, Meike Hopp, Christian Huemer, Andreas Hüneke, Tobias P. Jansen, Constanze Keilholz, Marcus Kenzler, Sophie Leschik, Mathias Listl, Gilbert Lupfer, Sonja Niederacher, Johanna Poltermann, Brigitte Reuter, Bénédicte Savoy, Iris Schmeisser, Wolfgang Schöddert, Michael Schröders, Esther Tisa Francini, Matthias Quast, Christiane Vorster, Sabrina Werner und Harald Wolter-von dem Knesebeck.

Ohne die Alfried Krupp von Bohlen und Halbach-Stiftung und die beiden von ihr gestifteten Lehrstühle für Kunstgeschichte der Moderne und der Gegenwart (19.–21. Jahrhundert) mit Schwerpunkt Provenienzforschung/Geschichte des Sammelns sowie für Bürgerliches Recht, Kunst- und Kulturgutschutzrecht an der Rheinischen Friedrich-Wilhelms-Universität Bonn, die den für eine solche Publikation notwendigen ideellen und institutionellen Rahmen geschaffen haben, gäbe es dieses Buch nicht.

Der Gielen-Leyendecker-Stiftung sei für die Gewährung eines Druckkostenzuschusses vielmals gedankt. Vor allem aber danke ich Alexandra Schumacher vom Verlag C.H.Beck, die das Buch angeregt und, tatkräftig und zuverlässig unterstützt von Beate Sander, in allen Phasen seiner Entstehung intensiv begleitet hat. Der fruchtbare Austausch und konstruktive Dialog mit ihr haben diese Einführung bereichert.

ABBILDUNGSNACHWEIS

Tafel 1: © Archives nationales Paris, KK//258

Tafel 2: © Staatliche Museen zu Berlin, Ethnologisches Museum/Foto: Daniel Hofer

Tafel 3: © Erzbistum Paderborn/Foto: Thomas Throenle

Tafel 4: © Kunsthalle Mannheim/Fotos: Cem Yücetas

Tafel 5: © Deutsches Zentrum Kulturgutverluste

Tafel 6: © Kunstpalast, Düsseldorf/Foto: Horst Kolberg

Tafel 7: © KHM-Museumsverband, Weltmuseum Wien

Tafel 8: © VG Bild-Kunst, Bonn 2022/Kunstmuseum Basel, mit einem Sonderkredit der Basler Regierung erworben/Foto: Martin P. Bühler

Tafel 9: © Kunstmuseum Basel, mit einem Sonderkredit der Basler Regierung erworben/Foto: Martin P. Bühler

Tafel 10: © SKD/Foto: Barbara Bechter/Museum des Schlosses Königs Jan III. in Wilanów

Tafel 11: © bpk/Gemäldegalerie Alte Meister, SKD/Foto: Hans-Peter Klut/Elke Estel

Tafel 12: © Bayerisches Nationalmuseum München/Foto Nr. D38277/Foto: Karl-Michael Vetters

Tafel 13: © Bayerisches Nationalmuseum München/Foto Nr. D38278/Foto: Karl-Michael Vetters

Abb. 1: © Bibliothčque nationale de France

Abb. 2: https://archive.org/details/catalogusofnaaml01hoet/page/n5/mode/2up

Abb. 3: © akg-images

Abb. 4: © akg-images/Cameraphoto

Abb. 5: aus: Savoy/Potin 2010, S. 262, Nr. 224/Repro: Jean-Luc Ikelle-Matiba

Abb. 6: © Kunsthalle Mannheim/Foto: Rainer Diehl

Abb. 7: © Landesarchiv Baden-Württemberg, Staatsarchiv Freiburg F 196/1 Nr. 3401. Foto aus der Wiedergutmachungsakte von Lilly Aschaffenburg. Es gelten die Veröffentlichungs- und Vervielfältigungsrechte des Landesarchivs Baden-Württemberg.

Abb. 8: © ULB Bonn, W 2014/4027/Foto: Daniela Lilova

Abb. 9: © ULB Bonn, W 2014/4027/Foto: Daniela Lilova

Abb. 10: aus: Arbeitskreis Provenienzforschung 2018, S. 13

Abb. 11: © Jasmin Hartmann

Abb. 12: © www.creativelab.com.na/Foto: Shawn van Eeden

Abb. 13: © ÖNB/Wien Bildarchiv 434 475-B/Foto: Brigitta Zessner-Spitzenberg

Abb. 14: © bpk/Skulpturensammlung und Museum für Byzantinische Kunst, SMB, Dauerleihgabe der Ernst von Siemens Kunststiftung/Foto: Antje Voigt

EvS ERNST VON SIEMENS KUNSTSTIFTUNG

Abb. 15: © Foto: Christoph Mack

Abb. 16: © SKD/Foto: Barbara Bechter/Museum des Schlosses Königs Jan III. in Wilanów

Abb. 17: © Bundesbildstelle/Foto: George Bachtiashvili

SACHREGISTER